江西财经大学财税与公共管理学院

财税文库

税制变革对清代政权兴衰 和社会演变的影响研究

曾耀辉 戴丽华 欧阳秀兰

著

中国财经出版传媒集团

经济科学出版社

Economic Science Press

图书在版编目（CIP）数据

税制变革对清代政权兴衰和社会演变的影响研究/
曾耀辉，戴丽华，欧阳秀兰著 . —北京：经济科学出版
社，2019.9

ISBN 978 - 7 - 5218 - 0949 - 7

Ⅰ.①税… Ⅱ.①曾… ②戴… ③欧… Ⅲ.①税收制
度-研究-中国-清代 Ⅳ.①F812.949

中国版本图书馆 CIP 数据核字（2019）第 210992 号

责任编辑：顾瑞兰
责任校对：靳玉环
责任印制：邱 天

税制变革对清代政权兴衰和社会演变的影响研究

曾耀辉 戴丽华 欧阳秀兰 著

经济科学出版社出版、发行 新华书店经销

社址：北京市海淀区阜成路甲 28 号 邮编：100142

总编部电话：010-88191217 发行部电话：010-88191522

网址：www. esp. com. cn

电子邮件：esp@ esp. com. cn

天猫网店：经济科学出版社旗舰店

网址：http：//jjkxcbs. tmall. com

固安华明印业有限公司印装

710×1000 16 开 17.5 印张 300000 字

2019 年 10 月第 1 版 2019 年 10 月第 1 次印刷

ISBN 978 - 7 - 5218 - 0949 - 7 定价：86.00 元

（图书出现印装问题，本社负责调换。电话：010 - 88191510）

（版权所有 侵权必究 打击盗版 举报热线：010 - 88191661

QQ：2242791300 营销中心电话：010 - 88191537

电子邮箱：dbts@ esp. com. cn）

总　序

习近平总书记在哲学社会科学工作座谈会上指出，一个国家的发展水平，既取决于自然科学发展水平，也取决于哲学社会科学发展水平。坚持和发展中国特色社会主义，需要不断在理论和实践上进行探索，用发展着的理论指导发展着的实践。在这个过程中，哲学社会科学具有不可替代的重要地位，哲学社会科学工作者具有不可替代的重要作用。

习近平新时代中国特色社会主义思想，为我国哲学社会科学的发展提供了理论指南。党的十九大宣告："经过长期努力，中国特色社会主义进入了新时代，这是我国发展新的历史方位。"中国特色社会主义进入新时代，意味着近代以来久经磨难的中华民族迎来了从站起来、富起来到强起来的伟大飞跃。新时代是中国特色社会主义承前启后、继往开来的时代，是全面建成小康社会、进而全面建设社会主义现代化强国的时代，是中国人民过上更加美好生活、实现共同富裕的时代。

江西财经大学历来重视哲学社会科学研究，尤其是在经济学和管理学领域投入了大量的研究力量，取得了丰硕的研究成果。财税与公共管理学院是江西财经大学办学历史较为悠久的学院，学院最早可追溯至江西省立商业学校（1923 年）财政信贷科，历经近百年的积淀和传承，现已形成应用经济和公共管理比翼齐飞的学科发展格局。教师是办学之基、学院之本。近年来，该学院科研成果丰硕，学科优势突显，已培育出一支创新能力强、学术水平高的教学科研队伍。正因为有了一支敬业勤业精业、求真求实求新的教师队伍，在教育与学术研究领域勤于耕耘、勇于探索，形成了一批高质量、经受得住历史检验的成果，学院的事业发展才有了强大的根基。

为增进学术交流，财税与公共管理学院推出面向应用经济学科的"财税文库"和面向公共管理学科的"尚公文库"，遴选了一批高质量成果收录进两大文库。本次出版的财政学、公共管理两类专著中，既有资深教授的成果，也有年轻骨干教师的新作；既有视野开阔的理论研究，也有对策精准的应用研究。这反映了学院强劲的创新能力，体现着教研队伍老中青的衔接与共进。

　　繁荣发展哲学社会科学，要激发哲学社会科学工作者的热情与智慧，推进学科体系、学术观点、科研方法创新。我相信，本次"财税文库"和"尚公文库"的出版，必将进一步推动财税与公共管理相关领域的学术交流和深入探讨，为我国应用经济、公共管理学科的发展作出积极贡献。展望未来，期待财税与公共管理学院教师，以更加昂扬的斗志，在实现中华民族伟大复兴的历史征程中，在实现"百年名校"江财梦的孜孜追求中，有更大的作为，为学校事业振兴做出新的更大贡献。

江西财经大学党委书记

2019 年 9 月

前　言

历史是最好的教科书，中国悠久的文明历史，是治国理政的宝贵财富。在中国新时代复兴大业当中，丰富的历史文化遗产精华尤其值得继承和借鉴。对于作为治国理政重要制度的税收制度，探究其在历史长河中对政权兴衰存亡和社会演变的作用与影响，充分汲取其中的经验教训，以利于不断改进和完善税收制度，助推当代中国不断走向繁荣昌盛，实现中国梦，具有深刻的现实意义。

明代末期和清代初期，在明朝廷、李自成大顺农民政权、清政权这三大政权博弈中，税收制度对各个政权的兴衰产生了重大影响。明末政府税收来源不断萎缩，入不敷出，财政危机空前严重。明政权为镇压农民起义，抵御清军不断骚扰和进攻，在税收上铤而走险，不断通过加派辽饷、剿饷、练饷等税捐，对广大民众竭泽而渔式地疯狂索取。本来较为成熟得当的明代封建税制被完全扰乱，导致社会持续动乱，农民暴动蜂起，明王朝最终自食恶果，在波澜壮阔的农民起义和清军铁骑双重冲击下加速衰亡。

李自成的大顺农民政权打着"均田免粮"的旗号，得到民众纷纷响应，成为强大的政治军事力量，最终埋葬了明王朝。但农民政权并没有建立起较为稳固的根据地和有效的税收制度，起义军长期处于流动作战的状态，没有稳定的后防和财力作支撑，军事上失利之后，只能被敌人追赶着四处流窜，最后无法逃脱失败的命运。

清军入关之初，其赋税制度总体来说比较混乱，尽管清政府进行了一些整顿，但收效甚微，各种矛盾和弊端相互交织。随着专制制度发展、土地高度集中，不合理的赋役制度导致阶级矛盾和民族矛盾日趋尖锐。为缓和政治危机与经济危机，清政府宣布废除三饷加派，参照明代建立税收制度，并实行更趋完善的一条鞭法，而且开始对田赋进一步实行改革，即固定丁银，推行摊丁入亩制度，通过改进和强化税收管理来保障清政权的财政收入，采取赋税蠲免等优惠措施与民休息，鼓励垦荒，充分运用税收这个利器，促进经济社会不断发展与民生改善。清代早期的工商业与工商税收同前代相比也有发展，除对盐、茶和矿等课税之外，又有专卖收入和各种杂税。工商税的税目种类比以前多，税收收入也不断增加。为了施惠于民，轻课商税。清前期比较适当的税收体系，保证了清政权稳定的财政收入来源，帮助其不断打败各种敌对势力，逐渐取得和巩固了中国这个东方大国的统治权，并通过减轻负担和改善民生缓和了阶级矛盾与种族矛盾，实现了经济社会的稳定与繁荣，催生了康乾盛世。

就在乾隆朝后期大清王朝走到鼎盛之时，也逐渐显现出衰落迹象。额外的加派与勒索逐渐加重，为康乾盛世之后的迅速衰败埋下了伏笔。鸦片战争以后，中国开始由一个主权国家逐渐演变成处处受制于世界列强的半殖民地半封建国家，广大民众惨遭本国专制统治者和外国霸权侵略者的双重压榨，税收实质上也从原来的封建税收变成半殖民地半封建税收。

清代晚期，政府原有的财政来源满足不了因内外战乱和贪污腐败而急剧增加的糜费开支。由于农业税征收范围很广，民众自古就形成了缴纳"皇粮国税"的习惯而相对容易征收，因此不断加重农业税，成为统治者压榨民众的主要途径之一。鸦片战争和太平天国起义形成的烂摊子，迫使清朝廷放宽了地方官府筹集和使用税捐款项的权力，中央税权严重削弱。在清末，官府面对钱粮紧缺，对民众的压榨不断加重，各种名目的加征和苛捐杂税多如牛毛，不仅是加收田赋附加、耗羡与平余等，常关税、盐税、茶税等名目众多的税种也都不断加征，并且征收恶税厘金，逢卡抽厘，税负苛重。加征的税捐则用于镇压民众反抗和官吏挥霍，成为农民起义此起彼伏和反清势力不断强大的重要诱因，并终于催生了波澜壮阔的太平天国农民运动。

太平天国建立以后，逐渐实行了一套颇具特色的赋税制度，包括田赋和工商税等。太平天国税制与日趋半殖民地化的清王朝税制相比，在减轻农民负担、打击地主豪强、维护民族利益等方面改进明显。但太平天国后期因形势所迫，为了保障政权和军事补给的需要，相继开征各项杂税杂捐，征发过滥过苛，百姓的负担也随之加重，使太平天国逐渐丧失了广大民众的支持，成为这次浩大的农民起义失败的重要因素。

清代晚期，受到外国列强和国内农民起义的双重冲击，以及近代商品经济逐渐活跃的影响，晚清赋税结构发生了四个明显的变化：税收主体从农业税转变为工商税；赋税性质由独立自主的封建赋税演变为半殖民地半封建社会性质的赋税；总体上是加重旧税和开征新税；中央税收权力削弱，地方税收权力扩大。清后期关税的税额增加较快，但关税管理的主权却被西方帝国主义列强所逐步控制，关税收入则被作为赔款或是外债偿还的担保，而清政府所能得到的只有"关余"。巨额的赔款给近代中国的政治、经济造成深远影响，加深了中国社会半殖民地半封建化，致使广大劳动人民陷入了赔款和外债的苦难之中，而苦难的具体体现，是要缴纳比以往多得多的加征赋税。清晚期除了课征厘金这项最大的苛捐杂税外，更变本加厉地征收名目繁多的其他杂税和杂捐，甚至用开征鸦片税来疯狂敛财，使鸦片更加泛滥，民众切齿痛恨和抵触。晚清税赋苛重，经济发展和人民生计都受到严重影响。

清晚期内外交困助推税收制度变得更加恶劣，在这样的境地下，清政府为了既筹集到所需的财政收入，又走出苛税恶性循环的困境，开始西学东渐，借鉴西方发达国家的税制，筹议与试办印花税、所得税和营业税等新税种，进行了建立近现代税制的一些探索。然而，因受制于当时的政治、经济、社会环境等各方面因素而难以顺利推进，而且举办新税的同时也并没有停征旧的恶税，老百姓因要多负担新税，其生计更加艰难。因此，大多数新税都胎死腹中或因受到各阶层抵触而无法广泛推行，直至民国初期或中期才得以成功实施。尽管清政府的这些尝试困难重重，却昭示着中国正经历一次全方位的税收制度蜕变，成为封建传统税制向近现代税制转变的先导。

大清帝国由兴盛到衰亡的这幕悲喜剧，在中华文明源远流长的历史长河中既独特又让人感到似曾相识。清代一系列令人扼腕叹息的变化与税收制度的嬗变密不可分，其中的经验教训和启示很值得后世铭记和借鉴。清王朝由盛转衰，既十分典型又具有纵向发展演变的全面性，在当代探索治国理政的治道智慧中令人深思。税收制度的嬗变与大清帝国的兴衰互相影响，相辅相成，给期待实现国家中兴的当代中国不少启示：一是跟生产力进步相适应的税收制度变革是推进社会发展的强大动力；二是休养生息的税收制度有助于国家中兴；三是繁课重敛必致国家衰乱；四是税收制度平稳运行是政权兴盛的重要基石；五是实现国家中兴应建立健全科学、公平、高效的现代税收制度。

　　从清代税制的整个发展变化过程可以看出，税制变革在清代政权和社会由盛转衰的整个进程中扮演着十分重要的角色，得当的税收制度成为政权兴盛的重要推手，而失当的税收制度则是国家衰亡的关键因素之一。顺应时势的税制变革是推进社会发展的强大动力，能够促进经济增长，稳固国家政权，有效发挥收入分配作用；课税过重对政权稳固有害无益，容易引起底层民众怨恨和剧烈反抗，造成社会动乱，并且妨碍经济发展，导致税源萎缩，最后走到恶性循环的险境；税收制度必须同时兼顾公平和效率，才能真正起到对财力的支撑作用。中国当代税收工作应以习近平新时代中国特色社会主义思想为指导，积极稳妥地推进改革，建立健全合乎实情和有利于经济社会持续稳定发展的现代税收制度，充分发挥好税收的各项职能作用，助推中华民族伟大复兴的中国梦早日实现。

目　录

第 1 章

绪 论

1.1 选题意义

清代自 1644 年正式建立，到 1911 年辛亥革命后被中华民国取代，享国达 267 年，这对一个主要以少数民族为统治力量的朝代来说，是十分不容易的。大清帝国的荣辱兴衰历程，有很多经验教训值得行进在强国之路上的当代中国借鉴，其税制变革状况及对政权和社会的影响，尤其值得关注。中国传统税制在清代走到最后阶段，清中后期又是近现代税制的发端，其演变过程本身就很值得探究。而尤其值得探究的税制变革对政权兴衰和社会演变的影响，以往却还没有学者进行专门和系统研究。本书试图在前人研究的基础上，通过充分利用涉税文书实物资料，对清代税收制度的演进进行深入分析，探寻税收在政权兴衰中的重要作用和对民生社会演变的深刻影响，从其中找出有利于中国新时代政权稳固和人民幸福的诸方面启示与执政智慧，以利于不断推进税制改革，改进与完备公开、公平、公正和推进整个社会科学持续发展的现代税制，助推中国综合国力不断提升和兴旺发达，人民政权得以长治久安。因此，本书具有较为重要的历史价值和现实意义。

1.2 研究现状

国外学者以中国清代税收制度为研究对象的较少，日本学者对清代田赋和关税等方面做了一些研究。国内学术界研究清代税制的成果不少，散见于相关论文和论著中，主要体现在以下几个方面。

1.2.1 税收对明末清初政权更替产生重要影响

税收成为明末清初朝代更替的重要因素，学术界对这段时期税收制度的研究已有一定成果，杨涛（1986，1988）、周远廉（1988）、南炳文（1990）、赵连稳（1991）、林枫（2002）等对明代晚期税使矿监的情况以及对明朝廷的危害进行了比较深入的研析，这些专家较为相近的观点认为，在万历期间税卡林立与矿税大兴的原因，一是万历皇帝穷奢极欲，二是当时的商品经济也得到了较快的发展，税使和矿监凭借着强权，对民众进行超经济的残酷掠夺，沉重的税收对矿业、手工业和商业造成了很大破坏，且所收税款都进了税使、矿监及其主子万历皇帝的私人腰包，国家正常的税收收入却受到损害，残酷逼迫与压榨使社会加速动荡，国家政权根基动摇。孙翊刚（2003）分析了明朝的统治者在应税土地急剧减少，从而使税源萎缩之后，为了保证国家政权运转下去，并且能够筹集到剿灭农民起义军和抗击清军铁骑的大量军费，在原本就不轻的田赋基础上大幅加征赋税，把国家推到了崩溃边沿。李胜良（2004）分析，清初统治者与明朝末统治者暴虐的做法形成了鲜明对比，入关定都北京之初就通过一系列减免税措施，特别是免除三饷加派等，逐渐博得了本来敌对意识很强的汉人的好感，使民众经济上与精神上的双重负担得到减轻，为社会在长期战乱后趋于稳定发挥了重要作用。清初实行比较得当的赋税举措，税收制度较为进步，税收管理较为规范，不但税负比较公平，国家税收收入长期稳定增长，还促进了农业和城市工商业共同发展。

1.2.2 对清代税收制度进行了较为系统的梳理

孙翊刚（2003）、李胜良（2004）、黄天华（2007）、付志宇（2007）、邓亦兵（2011）等学者，都在其著作与论文中较系统地介绍了清代税收制度。邓亦兵认为，从整个清代前期的税收制度分析，实施这些制度的目的总体上都实现了。确保税收收入是一个政权颁布税收政策的最终目的，要避免官吏和税务人员贪占税款，防备纳税人逃税。尽管税收制度演变过程较为繁杂，但又具有规律性,在税收法规政策颁布以后,一般在一定时期可达到期待的税收目的,而内外环境变化后,又开始修订改进后再颁布,不断循环往复。日本学者香坂昌纪(1993)分析,对于清朝的国家权力来说,从广阔的土地和大量的人口中取得的农业税收,成为用于保证政府机构运转的财力保障。然而,因为主客观条件的影响,农业税收收入也难以得到保证。而且,往往农业税收在官吏贪占与军事靡费当中消耗得所剩无几,甚至出现相当数额的不足。孙文学(2008)指出,清朝晚期在很大程度上需依赖关税与盐税作为中央政权的直接税源,并成为其权力的重要财力支撑。显得不足的是,这些研究就税论税的多,少有结合当时政治、经济、社会状况进行研究,且从正反两方面分析其经验教训及其启示的较少,对税制在当时的作用持否定观点的多。在最近的一些财税史著作中,不少学者已开始注意了这些方面,比如孙翊刚的《中国赋税史》(中国税务出版社 2003 年版)改进了以往写作的方式,把税收制度跟政权和社会演变结合起来分析研究,但限于篇幅和教材的体例没有展开进行较深入的探究。

1.2.3　清代前期税制是明代"一条鞭法"的继承与完善

持这个观点的学者不少,如史志宏(1985)、翁礼华(2006)、陈光焱(2011)等,认为清前期实行了较为成熟的"一条鞭法",并进一步推行更为完善的摊丁入亩,且采取了较多的税收蠲免措施,有利于清初经济复苏和较好取得巩固政权的财力。孙翊刚(2003)、黄天华(2007)等对清初摊丁入亩税收制度作了较详细的介绍。尚春霞(2006)认为,清代在赋税法律制度上的重大变革,主要是康熙年间出台的"滋生人丁永不加赋"和雍正年间推行的摊丁入亩。正是这两项制度的实施终结了中国古代延续了两千多年的赋税征收模式,彻底改变了对人头征税的传统格局,只按照地亩的多少征税。这对于以自给自足的小农经济为支柱的封建国家来说,毫无疑问是历史性的突破。朱树谦(2005)分析清代摊丁入亩改革成功的原因,把握了改革政策出台时机及政策实施的力度,注重配套措施的采行与推广,而不追求短期的财政增收与府库充盈,从而具备了新税制成功运行的内外部条件。

1.2.4 税收在康乾盛世形成过程中起到了重要作用

郭松义（1982）、邓亦兵（2003）、戴辉（2007）对清朝前期的税收制度和相应的实施情形以及社会影响进行了比较深入的探究，彭雨新（1979）、李华（1979）则将清朝初期税收的册籍制度进行了梳理，探析了从顺治至雍正期间的赋税制度改革的措施与作用。日本学者川胜守（1980）针对清朝前期赋税制度的确立与政权统治关系进行了相关研究，王成柏（1995）侧重研究了清朝税收思想与税收政策，探讨了不同时期税收思想对经济与社会演化的影响。陈光焱（2002）分析了清朝的康乾盛世与税收制度变革紧密关联，顺利进行的税收制度变革离不开当时的有利历史背景，而康乾盛世的产生得益于较为成功的税收制度变革，二者相辅相成，不可分割。从以上研究成果中，可以更加深入地了解到税收制度变革在清朝前期经济社会发展和政权稳固中的突出作用。

1.2.5 清中后期税制乱象丛生

李建明（2003）、李长江（2005）、周育民（2010）、郭茂育（2012）等学者分别从晚清税收的不同角度，阐述了当时税制的各种乱象与民不聊生的悲惨境况。邓绍辉（1997）分析了晚清为解决财政入不敷出的状况，采取透支财政收入等方式来显著提升收入总额，同时随着工商业发展，清晚期税收结构明显从以农业税为主体的传统税制向以工商税为主体的近现代税制转变。秦晖（2003）认为，中国传统税制往往都是表面税负轻、实际税负重、杂征杂派更是无底洞，专制腐败的封建王朝财政支出不断增长，在财政安排上难以做到量入为出，而往往是根据支出来千方百计取得收入，滥征苛派难以避免。但学者们对清后期税制演变的成因与对政权更替和半殖民地半封建社会形成所起的作用，较少进行分析。

1.2.6 对清朝税关和关税进行了较深入的分析

廖声丰（2009）认为，清政府为保证关税的征收，力图用加强管理与强化监督等方法提高征收水平，从而保证国家对税关的有效掌控与税关效能正常发挥。这些税收制度维持了税关的运转，也取得了一定的效果。通过对清代税关制度的个案考察，可以得到两个较为宏观的论断：其一，清代政府的基本政策是保护商品正常流通，体恤商人艰辛；其二，对加强全国的专制集权统治来说，在全国各地建立的税关发挥了重要作用。周育民（2000）认为，1843年签订的中美《望厦条约》正式将协定关税的条款订入了不平等条约，中国就此被套上了协定关税的枷锁。而英国政府强迫清政府接受他们所确定的关税准则，肆意地践踏了中国的关税自主权，开创了帝国主义国家利用所谓"条约"的形式干预中国关税制度的恶例，这是不平等条约的本质。黄天华（2007）指出，咸丰三年（1853年）上海小刀会起义后，英、美、法三国乘机夺取了上海海关行政权，次年成立了关税管理委员会，自此中国海关为帝国主义所把持，其后清政府对西方各国的战争赔款转为外债，并以关税抵押，就此中国的关税自主权丧失殆尽。

1.2.7 鸦片税对清末国家财政和经济产生重要影响

刘增合（2004，2006）从清末禁止鸦片政策导致鸦片税收大幅减少，给清朝中央和地方政府财政带来很大影响，清朝廷为弥补鸦片税收而筹议创设新税，来分析推行新税的时代背景，并进一步指明鸦片税收难以替代清朝廷与地方政府财政的尖锐矛盾，是新税推行和征收效果不佳的原因。仲伟民（2008）则对鸦片税收在清末中央与地方财政与经济中的重要作用开展了比较深入的探讨。黄天华（2007）对清朝征收土药税厘（即鸦片税）和洋药税厘的情形与影响作了相应的叙述。陈勇（2009）指出，鸦片税是清朝晚期中央和地方政府将鸦片作为利益来源的税权争夺和税源分割的相互争权夺利，其税政演变明显地反映出中央财政跟地方财政两者既存在着共生性，又凸显对抗性的社会现实。

1.2.8 清末税制改革为近现代新税制的形成打下基础

夏国祥（2003）认为，由于西方财政思想在中国的传播才刚刚开始，清末近代意义上的税改思想属初开端倪，既不深入，也缺乏整体性与系统性。印少云、顾培君（2001）认为，分税制思想是在清末民初时提出和发展的，在这一时期，分税制思想虽已有所发展，但不够成熟，实践中仍缺乏实行分税制的条件。但此时的分税制思想为中华民国政府正式确立分税制度，使中国的国家形态向现代国家转变打下了基础。王刚（2009）则认为，清末新政在财税方面开始逐步引入西方先进的财税制度。饶立新、曾耀辉（2008）在研究了清末民初引进西洋税制的尝试后认为，1903～1927 年印花税在中国的移植与初步发展显示，印花税为中国引进的第一个西洋税种。陈勇（2004）认为，晚清两次试办印花税失败的主要原因是，政府以筹款为急务将印花税当作一种敛财的新工具而受到商会和民众抵触，但其在税制建设上做了初步尝试，为民国时期印花税法的颁布打下了基础。高秉坊（1943）采取实录的手法将所得税的起源和演变过程、各主要国家开征所得税复杂情形、中国倡议和正式举办所得税的曲折经历作了介绍，指出推行所得税虽很艰难，但顺应了改革和完备税制的趋势，可是由于当时的经济发展水平比较低，清政府政治制度仍然比较落后，先进的财税制度嫁接到清末相对比较落后的社会环境中，出现了诸多问题和阻滞。

可以看出，学术界对清代税收制度作了较深入的研究，但将税制变革与清代政权兴衰和社会演变进行关联研究的较少，以税制变革为视角探求税收影响政经社会的经验教训以供当代借鉴，需要不断深入，综合探寻。

1.3　研究思路、框架及方法

1.3.1　研究思路

税收制度作为国家制度的重要方面，对政权稳固和社会发展作用突出，这在清代表现得尤为明显。本书试图在前人研究的基础上，通过充分运用涉税文书实物与档案资料，深入分析清代的税收制度，研究良性的税制改革对政权兴衰所起的作用，探寻社会演变因税制演进所造成的重要影响，总结政权兴亡受税制影响的客观规律和经验教训，提供税制从良性到不断败坏的历史镜鉴，由此获得税制助益人民民主政权稳固和人民幸福的启示，以更好地改进和完备与新时代发展变革相适应的税制，使新时代税制更加科学、公平和有效，持续促进民生明显改善、国家实力不断增强、经济社会和谐可持续向前发展。

本书由四个部分构成。

第一部分,清初税制变革与康乾盛世。清朝初期的税制变革在中国税收历史上具有重要地位,清初政权不断推进税制改革,通过取消三饷加派等税收减免优惠措施安抚民众,持续改善税收管理筹集足够的税收收入。特别是实行改进后的一条鞭法并全面推行摊丁入亩税收制度,蠲免赋税,鼓励垦荒,充分运用税收这个利器,使经济得以恢复发展,税收得到稳定增长,帮助其从几百人的部族持续发展壮大。最终清政权取代明王朝,剿灭农民起义军与吴三桂叛军等势力,在战争频仍的乱世确立和强化了清政权的统治,阶级矛盾和种族矛盾趋于缓和,经济与社会渐渐复苏并走向繁荣。这从当时的税收票证、征收簿册、官府文告和税收便民易知单证等当中能够充分得到印证。清初由于实行休养生息的财税政策,经济逐渐复苏,工商业不断发展,同时也催生了货物税系统快速发展。

第二部分,清中期税赋加征与政权衰败。乾隆后期,大清王朝走到了鼎盛,却也显露出衰败迹象。在乾隆时期,国家通过连年发动战争来统一和拓展疆域,再加上奢靡之风开始在朝廷上下泛滥,国家财政由此入不敷出。清政权于是加课旧税,人民群众负担愈来愈重,官逼民反。在嘉庆朝以后,反抗清政权的起义与骚乱愈发增多,剿抚农民起义的费用急剧增加,朝廷为维持运转不得不加收旧税捐,同时开征新税捐。鸦片战争爆发之后,自然经济遭到严重破坏,而大幅加征田赋更加使得自耕农没有实力承受沉重的负担,导致许多自耕农破产成为雇农,或进入城市成为工商业主的雇工。城市贫民中的大部分,逐渐成了手工业与近代机器工业所需的廉价劳动力,而雇工的大量出现在实际上又促进了中国近代资本主义商品经济明显发展。税收制度也随着资本主义商品经济的发展出现了重要变化,由以田赋为主体渐渐转为以工商税收为主体,即中国数千年以农业税作为主体税种的传统税收制度开始向以工商税为主体的现代税收制度转变,这一时期,盐、茶、厘、关等工商税种的票证实物出现得越来越多。

第三部分,晚清苛征及税改与社会嬗变。随着第一次鸦片战争的爆发与失败,东西方帝国主义列强用军舰和火炮逼迫清朝廷接受一系列不平等条约,而且大量向中国倾销大机器制造出的低成本工业产品,军事、经济双管齐下导致中国渐渐成为半殖民地半封建社会。赔款的不断增长与镇压农民起义军费的不断膨胀，使得清政府加紧通过税收搜刮百姓，不仅农业税大幅加征，并且遍地设置厘卡，逢卡抽厘，甚至开征鸦片税，鸦片抽税后任其售卖，荼毒国人，横征暴敛，恶性循环。清政府还丧失了税收管理的自主权，特别是全国海关和关税更是渐渐被帝国主义列强所牢牢控制。尽管清朝的统治阶层与知识阶层曾经试图通过向西方发达国家学习，通过变法和实行宪政图存，并筹议和试办新式税种，以推动封建传统税制向近现代税制发展，但积重难返，阻碍诸多。清朝末期的税收制度与国家的性质一样，更加明显地呈现出半殖民地半封建特征，并随着大清帝国的灭亡而寿终正寝。

第四部分，经验教训与当代启示。清代的财税，初期由于开国之初战乱不息，百业凋敝，税源枯竭，钱粮不充，财政困竭，为清代的"紧财政"期。其后经济逐渐恢复和发展，库藏慢慢充盈，府库累积，是清代财政的"宽松"期。清晚期，国力衰竭，财政捉襟见肘，每况愈下，最终难以支撑整个帝国的正常运转。税制变革对清代政权兴衰与社会演变产生了重要影响，适当的税收制度在国家稳定繁荣中作用明显，繁苛重敛在清末政权败亡中推波助澜。清朝税制演变的许多经验教训都值得探寻和引以为鉴，并给新时代税收留下不少启示：与社会发展相适应的税制改革是一种强大推动力，对经济和社会复苏、政权稳固与国家繁荣都很有裨益；休养生息的税收制度有助于国家中兴；税负沉重不仅摧残经济，使税源枯竭，国家财政失衡，还容易激起广大民众的抵触情绪和激烈反抗，招致政权垮台的危险；平稳运行的税收制度才能对政权起到良好的财力支撑作用；实现国家中兴应建立健全科学、公平、高效的现代税收制度，在不断推进税制改革的过程中，改进新时代中国税收制度，使其更加有益于公平分配和经济社会科学可持续发展，充分发挥出税收的各项职能作用。

1.3.2 研究框架

本书研究基本框架如图 1-1 所示。

1.3.3 研究方法

本书一改以往研究税收制度多从制度本身探讨的平面化研究状况，将税制

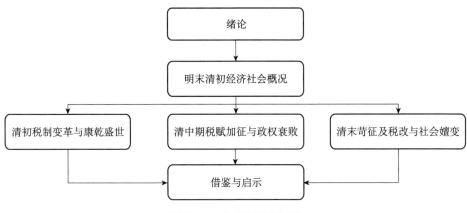

图 1-1　本书的研究框架

与国家兴衰和社会演变结合起来进行探究。

一是在资料收集上，特别注重搜集和整理清代涉税文书实物与文献资料，广泛挖掘历史资料并深入解读实证资料，力求将第一手资料作基础，弥补文献资料的缺陷和不足之处，尽力真实展示清代税收制度演进的史实，并揭示其内在规律。

二是在研究方法上，采取学科交叉分析的方法，融会贯通财政学、经济学、历史学等学科的理论研究成果，拓宽和深化清代税制变革影响政权兴衰和社会演变的研究。

三是在分析方法上，选取清代各个时期微观与宏观财税数据和经济数据，使用统计抽样、对比分析等方法，为得出正确结论提供有力证据。

四是在研究拓展上，对清代不同时期税制演变的背景、法律、政策、征管方法等综合开展比较分析，剖析税收制度的成败得失，探寻当代税制改革与完善的有益启示。

1.4　创新与不足

1.4.1　创新之处

一是从研究方法上看，本书将清代各个时期政治、经济、社会背景与税收制度的演进密切结合进行研究，改进以往研究税收制度的视野较为狭窄、税制结合历史和时代背景进行综合论述较少的缺陷，较为全面地把握和探析税制变革对清代政权更替与社会演变的影响。

二是从研究观点上看，传统观点一般认为，旧社会税收制度大多对社会发展和民生起负面作用，本书综合分析清代各个时期税收制度正反两方面的经验，从中总结出值得当代借鉴的有益启示。

三是从资料的搜集与运用上看，以往大多数的研究成果都有研究资料较为单一和第一手实证资料少的问题，本书不仅充分运用档案文献、著述、论文资料，还依托项目研究者捐赠财税文物收藏品建设的江西财经大学中国税收票证博物馆，深入挖掘整理大量清代涉税文书实物资料，力求研究更深入和直观。

1.4.2 不足之处

一是研究对象演变过程复杂，分析论证内容和视角难免挂一漏万。清代税制变革与政权兴衰和社会演变经历了一个曲折的过程，历经十朝，税制变动与经济社会背景差异均较明显，所涉及的研究资料较多较杂，主要散见于论文、著述、历史档案和其他的文献资料之中，并且可供参考的最新研究成果较少，本书在全面把握研究内容上和研究深度上尚存不足之处。

二是相关统计数据不够全面，开展定量分析难免存在误差，在一些问题的分析上深度还不够，有可能影响到结论的说服力和准确性，需要进一步探究。

第 2 章

苛征兴废与明清王朝更替

2.1 明末清初经济社会概况

明朝末年，统治阶层贪暴腐化，政治社会秩序大乱。而在 16 世纪晚期明朝嘉靖和万历年间，中国东北的辽东地区由于满族社会的发展，满族部落出现了不断兼并和统一的趋势。万历十一年（1583 年）至万历十六年（1588 年），女真贵族努尔哈赤首先统一了建州各部，之后又合并了海西各部和东海诸部。万历四十四年（1616 年），努尔哈赤称汗，建立后金政权，依托不断壮大的军事力量频频向明政权发起挑战。由于明统治者横征暴敛，再加上天灾频频，经济社会凋敝，农地大面积抛荒，到处是一片人烟萧条的荒凉景象，终于酿成此起彼伏的农民大起义，关外满族铁骑常年骚扰与农民起义风起云涌，战争连绵，各方军队大肆争战，许多地方大军所至，田舍十有九空，无辜百姓遭受疯狂掠夺与屠杀，民众大量逃徙或死亡，户口显著减少，经济社会更是雪上加霜，农商经济承受持续摧残，社会生产力遭到毁灭性破坏，造成民怨沸腾，最终起义军攻下了北京城，而早就虎视眈眈的清政权也趁机打进山海关。

清初，为了满足满族贵族的土地贪欲，清廷于顺治元年（1644 年）下令圈地。名义上只圈近京各州无主荒地及前明皇室勋戚所遗留庄田，实际上很多农民的土地及其房屋也被圈占，弄得大量民众倾家荡产。虽有"拨补"规定，但往往不能兑现，或只拨离京很远的不毛之地。失去土地的农民，有的流亡外地，有的留下作满洲贵族庄田上的农奴。圈地运动前后持续 20 多年，共圈占土地 16.67 余万顷。所圈土地大部分给皇室、王公、八旗官员作庄田，部分给旗丁，皇庄和王庄实行的是一种落后的农奴制。圈地不仅是对农民土地的剥夺，在生产方式上也是一种严重的倒退。

清朝统治者在初期对江南已经发展起来的工商业也采取压制的政策。在陶瓷业方面，清政府把大批民窑收归官营。在纺织业发达的苏杭地区，则设置织造衙门，强迫大批优秀的工匠进入官营工场做工，规定民营每户织机不得超过100 张，还要缴纳沉重的赋税。为了防止沿海人民与明末退到海上的反清势力或外国商人接触，以巩固清朝的统治，清政府对外实行闭关锁国政策和严格的禁海规定，"片板不准下海"，勒令沿海人户向界内后撤数十里，对外贸易处于停滞状态。

清军入关之初，清统治者为了消除反抗势力，完成全国统一，巩固自己的统治，在顺治、康熙年间，采用高压与收买相结合的政策。清初统治者看到发展生产是巩固政权的基础，特别注重农业生产恢复和发展，在实行相关政策中也有其进步的地方，持续鼓励垦荒和耕种，大举兴修水利，使不少蛮荒和旱涝之地变成了良田。由于水利条件的改善和精耕细作，粮食作物单位面积的产量有了显著提高，经济作物种植面积也扩大了，棉花、烟草种植普及全国，甘蔗种植普及沿海各省。清初的经济恢复措施，还促进了工商业的复苏和发展，陶瓷、矿冶、纺织、造船和制糖等手工业逐步恢复和繁荣起来。以景德镇、汉口、佛山和朱仙等为代表的许多市镇商业发达，繁华程度超过了明代鼎盛时期。

2.2 明晚期赋税制度

从明晚期的税收状况入手，可了解和分析税收对明末清初政权更替的影响程度。明晚期，税收主要有田赋和工商税收等，其最主要的特征，不是增加新税种，而是在田赋等税种上加征加派苛重。

2.2.1 田赋

太祖朱元璋在明代初年建立税收制度时，参照唐代中期出现并沿用数百年的两税法，即分为夏季和秋季两次征收田赋，然而，各个地方的田赋负担差异较大，"太祖定天下官、民田赋，凡官田亩税五升三合五勺，民田减二升，重租田八升五合五勺，没官田一斗二升。惟苏、松、嘉、湖，怒其为张士诚守，乃籍诸豪族及富民田以为官田，按私租簿为税额。而司农卿杨宪又以浙西地膏腴，增其赋，亩加二倍。故浙西官、民田视他方倍蓰，亩税有二三石者。大抵苏最重，松、嘉、湖次之，常、杭又次之"①。浙江和江苏的田赋与其他地方相比明显偏重，因此，不少重臣屡次上奏朝廷要求减轻这些地方的负担，不过江浙一带的田赋一直高于其他地方，尽管朝廷也数次减轻了畸高地区税负。这种状况得以长期延续，即使到了清代，江浙一带的农业税收负担仍然是全国最重的。税收负担沉重，导致田亩隐匿现象越来越严重，税源不断萎缩。

为了解决税收不断萎缩的困境，明神宗万历九年（1581 年）之后，在丈量土地并登记清丈鱼鳞图册（见图 2 - 1）②的前提下，开始实行一条鞭（一条编）法，其办法是将以往按户和丁派劳役的方式变成按丁粮分派，随后再跟夏秋两税和其余的杂税合在一起编作一条，把田赋和徭役都改成征收银两，官府再用银两雇佣劳力从事徭役。

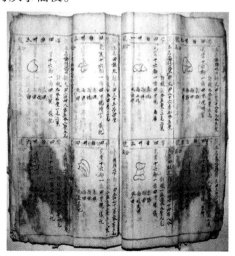

图 2 - 1　据以征税的清丈鱼鳞清册

---

① 张廷玉等：《明史》卷七十八，《食货二》，中华书局 1974 年版。
② 据以征税的清丈鱼鳞图册，内标明田地大小、方位、归属和计税额，因册中绘制的田地形似鱼鳞，故称鱼鳞图册。

明代的田赋管理，将各个税粮征收的地方划作若干个区域，一个区域约征纳万石税粮，一般由这个区域的众粮户推出纳税粮最多者做粮长，其次较多的几个人做副粮长，粮长跟副粮长负责再向本区域里的纳粮户征收钱粮，而且要负责在规定时间内把税粮运到指定地方，这种办法是利用良民来管治税粮，从而达到民众自收自解税粮的目的，是古代一种较为实用的护税协税办法。在具体操作上则采取填开吊票（见图2-2）等方式，把较小的粮户归到粮长或牵头大户名下，随后由大家一起来评定每一户的税负，并且由官府认定，再由粮长牵头组织收齐钱粮，随后把钱粮纳入官府的钱粮库。该种办法的行用，有利于粮户相互监督，降低纳税成本，税粮负担也较为公平和透明。但是此种办法也有一些缺陷，粮长承担的责任往往过于沉重，不堪重负，粮长没选好也会出现徇私舞弊的现象。

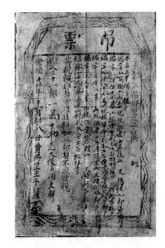

图2-2　明代崇祯十五年（1642年）吊票

明朝的田赋除了正税以外，一般都有加征和加派。明朝晚期的税粮加派，自万历三十年（1602年）就出现了。其时，北方边境与东南沿海都不安宁，只好持续增加军事力量进行防备，而军费开支却十分拮据，为筹集额外的军费，开始在南畿（今江苏、安徽、上海一带）、浙江等富庶地区加派钱粮，这些地区的税负本来就已十分沉重。在这以后，各种税收加派不断增多，其中最主要的加派，就是在后世臭名昭著的辽饷、剿饷与练饷这三种，在这每一种的名义下面，都有数量可观的钱粮数量加派，且均呈不断增加趋势。

在明朝晚期的辽东，明军同清军的军事对抗越来越激烈，投入的兵力不断增多，军费呈逐年增长趋势，财政难以承受。满族部落首领努尔哈赤于万历四十六年（1618 年）在辽东建立起后金割据政权之后，更是不断朝明军所占的周边地区发动攻势，明朝廷为了筹措巨额军费以增强东北地区的军事实力，不断进行粮赋加派，分三次加派钱粮，每亩达 1 钱 2 厘，总增赋达 900 万两银。到了崇祯朝，天灾人祸更加沉重，饿殍遍地，灾民四处流窜，骚乱和农民起义蜂起，西北和中原大地的起义形势更是呈燎原之势。为扑灭农民起义的熊熊烈火，明朝廷不得不加紧扩充军队，继而军费大增，剿饷加派于是自然而然地在崇祯十年（1637 年）付诸实施了。剿饷加派的额度是 1 亩加派 6 合米，1 石折 8 钱银，后来 1 亩再加派 1 分 4 厘 9 丝，前前后后一共加派了 330 万两银。本来加派剿饷定的期限是一年，可是农民起义风起云涌，剿不胜剿，朝廷甚感军力捉襟见肘。要扩军就要练兵，不少大臣在主张练兵的同时自然而然地又打起了老百姓口袋的主意，建议用加派练饷的名目筹措练兵费用。兵部根据形势筹划出方案，须练兵 73 万余人，而这数十万人的费用就通过朝廷加派练饷来解决。练饷加派从崇祯十二年（1639 年）开始，1 亩加派练饷 1 分银，加派的当年就课征到 400 万两银，还课征了 100 万两作为缺额弥补，一共加派 500 万两。在这之后，仍然未停止加派，一共收了 730 余万两练饷加派。[①] 明朝太平的时候太仓年收入 400 万两银，明末加派三饷却多搜刮了 2000 多万两银，是平时正常年赋税的 5 倍。除去以上三种最主要的加派，崇祯八年（1635 年）还征收助饷加派，按税银加派，加征官户钱粮的 10%，民户钱粮 10 两以上的也加征 10%，即 1 两加征 1 钱银，并且还有均饷等加派，越来越沉重的负担逼得老百姓走投无路。

2.2.2 工商税收

2.2.2.1 盐税和盐专卖

在明朝，盐实行的是专卖制度，制盐的民户称为灶户，按照户来计丁，被称为盐丁；按照丁来规定产盐的定额，被称为正盐或是正课；正课以外余下的

---

① 张廷玉等：《明史》卷七十八，《食货二》，中华书局 1974 年版，第 1904 页。

盐，叫做余盐。灶户生产出的盐包括正盐和余盐，这些盐都要交给官府。而在盐的流通环节则有盐商，盐商需要领取引票，在得到引票之前需要向国家缴纳货币或者实物，然后由官府发给引票，凭借引票就场支出盐来贩卖。明朝武宗之后，盐法逐渐败坏，积引增加很多，而盐利大幅减少。为了改变这种状况，在万历中期开始实行"纲法"，这种办法是把淮北的各盐场按照一定的顺序编作十纲，其中一纲专卖积引，而另外九纲则卖现引，企望在10年以内消化积引。而且还设置了纲册，凡是盐商领取引票，都要登记在册。只有在纲册里登记的盐商，才能够到本纲的盐场支取盐，纲册里没有登记的不能够领盐，若是私自贩运盐则追其罪责。这样，盐商就成了专商，并成为一种食盐专商制度，盐商专门获得了一个盐场的盐利。明朝盐的专卖制度主要有开中法、计口授盐法与商专卖法三种，而专卖主要实行民制、官收与就场的办法。在明朝中晚期以后，盐法加速衰败，盐利日减，积引日增，商人无利可图，不愿卖官盐，因此私盐很普遍。再加上灶户改纳盐为纳银，盐课改折，灶户不去贩卖私盐就不能得到银两，推动私盐泛滥。各级官府还不择手段暴敛民财，在盐课上巧立名目加征加派，大肆搜刮灶户，并在定额之外卖出盐引，勒令商人运销，盐课乱象严重，直至明朝灭亡。

2.2.2.2 茶税与茶专卖

明代定官茶、商茶和贡茶之制。所谓官茶，即官府对茶的生产者课征的实物（茶）。商茶，即茶商向官府缴纳实物（如马、米、布等），取得引目，凭引目向茶户购茶。贡茶，即地方直接上贡给中央供朝廷享用的茶。明代制定茶法，发布引由和条例，实行茶专卖。凡商人买茶，须到官府提出申请，缴纳钱钞买引，然后才能领茶运销。无由贴及茶引，或有引与茶分离者，便视为私茶，可以告捕，犯私茶与私盐同罪。[1] 明代的茶专卖与盐专卖一样，实行之初，有一套行之有效的措施，法制较严，但随着明王朝的衰落，这些制度也逐渐遭到破坏。明中期后，贪官与奸商勾结获利，商人采取夹带私贩的方式牟取暴利，致使私茶盛行，官茶营销不畅。朝廷也曾多次整顿茶制，但是许多不法商茶仍顶风作案，运销茶叶的商人多私自出境，二三年不到茶司，十多年不销

---

[1] 孙翊刚：《中国财政史》，中国社会科学出版社 2003 年版，第 266～269 页。

原引，不仅国家茶课流失，而且使番人易得茶，以茶制番的方略难以达到目的，番人更是难以制约，叛服无常。

2.2.2.3　坑冶课

明朝初期，朝廷不鼓励开矿，一直到明朝中期都是实行限制坑冶的政策。到了万历朝，矿政逐渐开始紊乱。明朝坑冶课的对象主要包括铁、铜、银、金、铅、金属矿物颜料、汞、朱砂等。明朝允许民间自由开采铁矿，官府按三十取二课征赋税，然而铁必须经过允许才能贩卖，不许私卖，违者之罪按照私盐法治罪。至于铜、铅、朱砂、汞和青绿等矿，百姓对其开采的少，纳课甚微。明朝对金和银的课征，初期及中期很轻，一般是采取包税制，这种办法是规定某个矿场一年应纳的税额，责令开矿者缴税。明万历之后，因为商品经济有了一定的发展，市场需要不断增多金银，并且万历皇帝和中央财政的需求增加很大，因此，一边鼓励大肆开矿，一边加紧课征坑冶税捐，广大民众负担沉重，怨声载道。

2.2.2.4　酒醋课

明朝初期实行禁酒，而且整个明朝时期都不鼓励，因此，酒在明朝的产量都不大。由于酒的产量小，酒课的税源也不大，所征税款在国家税收总额中占比很小。酒课在明朝完全是一种地方税，由各州县使用，不需要上缴中央。对酒的生产和销售分别征收酒课，在生产时对制酒所用的酒曲先收一道税，然后再对销售的酒征一道税。如果酒自食，则与对外销售区别对待，在洪武二年（1369 年）规定：“凡自行造酒家用者，曲货不在投税之限。如卖酒之家自无曲货者，须要收买曾经投税曲货，造酒货卖，系例办纳酒课。若系自行造曲者，其曲亦须赴务投税。”①醋的情况与酒类似，在明朝初中期禁止或限制制醋，但到了明朝后期，取消了醋的禁令，但醋课一直比较轻。

2.2.2.5　商税与关税

明朝总体来看实行鼓励工商业发展的政策，商税制度较为简便，初中期征课较少，但到明晚期商税制度渐乱，征课加重。商税的征收机构是各地的税课

---

① 《明会典》卷三十五，《商税》。

司，明朝廷对税课司虽然规定了征收数额，但是也不求在这个方面增加收入。根据商税的征收对象不同，商税的征收方法也有差异，对于坐贾贩卖和行商的各类手工业品，一般是先估算其货物价值，然后从价计征；对柴薪竹木这些商品，采取抽分的方法；对河泊中出产的物品，则是征收鱼课。商税课征有本色和折色之分，大多数是用钱和钞缴纳。商税税率一般是 3.3%，而且减免税的范围十分广泛，凡是自织布帛、婚丧嫁娶物品、农器和食物等，非市贩的蔬、鱼、杂果，车船运自己的物品，都可以减免税。明朝的商税和关税除了仿照唐、宋、元旧制外，也有新增的项目，主要有市肆门摊税、钞关税、工关税和各种商税杂敛等。万历以后，横征暴敛剧增，商税所征课钞不可胜数，且多为朝廷所派宦官税使贪占。

2.3　三饷加派与明末衰乱

作为一个国家或者政权各种相应制度中重要组成部分的税收制度，往往深深地影响着政权的兴衰和社会的进步。税收制度的得当帮助政权稳定发展，而不当的税收制度则可能助推政权衰弱甚至走向灭亡。明末清初社会演变的过程，即是现实的印证，当时的三大政权——大明王朝、李自成大顺农民政权和清王朝，在税收政策上都有鲜明的特色，成为影响它们各自截然不同的命运的关键因素之一。

2.3.1　税制败坏与明末乱象

大明王朝雄踞世界的东方，到了嘉靖和万历朝，朝政被昏君和诸多奸臣劣宦搞得一塌糊涂。而除了人祸，水旱、地震等天灾又连绵不绝，大有推波助澜之势。少有的天灾人祸导致社会持续动荡，长期的战乱难以平息，老百姓被逼得走投无路，往往非死即反。到了明末，明思宗朱由检继位做了崇祯皇帝，其可算是一位少有勤政而又立志中兴的皇帝，然而，采取各种欲挽大厦于既倒的措施为时已晚，而且还不得不通过压榨百姓加派赋税来维系王朝财用，最后无法挽回颓败之势，只好用性命来陪葬倾覆的明王朝。在明末衰乱的各种起因中，苛征赋税可以说是直接的主因之一。

2.3.1.1　明末财政危机

在明朝的初中期，总体来说还能够崇尚节俭，财政在大多数的时期收大于支。然而，从中后期开始，各级官府腐败加重，国家的实力处于下降趋势，镇压各方动乱需要越来越多的经费，国家财政收入逐渐负担不起，到了明朝末年，这种情形更是出现了空前的财政危机，呈现出崩溃的趋势。

1. 各级官吏肆意挥霍，国病民穷加深。

明朝的皇帝先后在各地兴建宫殿，地点包括南京、北京和中都（即朱元璋的老家凤阳），驱使的役工众多，花费十分巨大。仅仅在北京一个地方，就建造宫殿 130 余处、楼阁和馆所 40 余处，其他房屋数量更是难以计数。还有修建的大量皇陵，都是地下宫殿，分布在各地，历代不断修建，财政支出靡费巨大。特别是到了万历年间，朝廷更是疯狂在各地采办建造，国家财政和皇室用度亏空严重，费用短绌甚至挪用边防军费来填补亏空①，为达到与民争利大肆敛财的目的，还派出众多宦官担任税使和矿监疯狂搜刮，用以填充皇室财用。

明朝晚期的国家财政收支严重失衡，但由于皇帝"生财有道"并异常贪财，经过矿监税使等不断搜刮，皇室收入数额巨大且积存甚多，然而几位皇帝都是守财奴，不肯拿出这些私房钱来贴补国家财政。明朝的财政收入体制属分灶吃饭，皇室收入称为内帑，主要取自盐业、开矿和关税，而国家财政收入则称为太仓银，田赋等赋税是其主要来源。看起来内帑和太仓银是两回事，但封建专制王朝意味着整个国家都是皇帝的，内帑和太仓银既是国家财政收入，也是皇帝的"私房钱"，都是要为维护整个国家的统治服务的，再说国家都要灭亡了，留着"私房钱"只能是拱手让给下一任统治者了。可这些皇帝偏偏就认不清个中形势，在国家财政收入严重入不敷出的时候，也紧捂住内帑的口袋，虽有几千万的银子却不肯贴补国家财政分毫，反而还要动用户部的钱贴补皇室用度，而为了填补巨额的财政亏空，又一拨又一拨地把额外的税捐加派到老百姓头上。

明朝最后一段时期的崇祯年代，跟国家经济命脉紧密相连的江南水利设施多年未得到修缮，朝中大臣上奏兴修，思宗考虑到重修水利需花费不少银子，

---

①　孙翊刚：《中国财政史》，中国社会科学出版社 2003 年版，第 281～282 页。

而国库又紧缺，需要动用皇室的私藏来填补，于是皇帝私心大发，称兴修水利也是扰民之举，不便实行。而这只是借口罢了，水利修好了，不仅老百姓耕种更有保障，粮食充足民心也安定了，就不会出现这么多动乱，国家的财用也就有了保障。崇祯二年（1629 年）的春季，鉴于西北起义烽火呈燎原之势，陕西三边总督杨鹤上奏朝廷，采取招抚和剿灭并重的办法对付起义军，思宗皇帝同意实施后，这招屡见奇效。但是招抚需要越来越多的义军安置费，崇祯舍不得拿内帑钱贴补国家财政以招安起义军，使得招抚措施大打折扣。而天灾人祸造成饥民遍地之后，本来需要大量放赈来平息饥民危机，然而又因朝廷不肯足额拨付赈灾银，使赈灾效用很低。并且，那些已经接受招安的起义军因为得不到安顿费和遣散费，不得不再次造反以维持生存，再加上大量流窜"趁食"的饥民纷纷"入伙"，反叛的烽火燃成烈焰。而清军铁骑对关内的进攻也越来越猛，甚至有数次都一直冲到了北京城之下，抵御清军的军费也急需内帑补充，然而思宗这个大明帝国的主人，其政治觉悟却和一些私心严重的皇室成员与腐败官僚一样，或者抱着侥幸过关的心理，就是不肯动用数量可观的"私房钱"，可是国家亡了，亡国之君一定不会有好下场，那些臣子倒是有可能在新政权里谋得一份新差事。事实确实应验了，那些明朝历代皇帝积攒下来的数额庞大的内帑，本可以拿出来解决安民和强军等不少问题，消除或者至少是延缓明朝灭亡的危机，但思宗皇帝却好像不是帝国的主人一样，始终吝啬地捂着钱袋任由国家在财政短绌中败亡，自己也在李自成起义军急攻京城的战鼓声中自缢于煤山之上。而那些内库中 3700 万两银子和数不清的财宝[1]，则被蜂拥进城的李自成起义军从宫殿中搜出，成为别人的战利品。若是用这些钱去武装明军或招抚义军，就不必加派那么多税赋，老百姓的日子就会好过一点，造反的也不会那么多，明朝起码不会败亡得那么快。

按照明朝的规制，官员的俸禄很微薄，但是支付给国家财政供养人员的支出总额却很大，其主要的原因，一是官员数量很多，尤其是武职更多，而且明朝在北京和南京还各有一套几乎相同的政府官僚班子，多养了许多无所事事的官僚，这在历朝历代都是绝无仅有的。明中后期，官吏数量比以往任何朝代都

① 李长江：《天下兴亡——中国奴隶社会封建社会赋税研究》，内蒙古出版社 2005 年版，第 140 页。

多，各类俸粮总计数千万石，而十三布政司与南北直隶共派夏税秋粮 2668 万石，入少出多，其结果是"王府久缺禄米，卫所缺月粮，各边缺军饷，各省缺俸廪"①。二是经过二百年的不断繁衍，皇亲贵戚这个由国家提供优厚待遇的特殊群体加速膨胀，到了明朝末年，这些不劳而获的人员令人难以置信地达到近 70 万人，而且在群体内攀比和奢靡之风盛行，消耗了大量的资财，国家财政不堪重负，在原来的财政危机之上雪上加霜。② 严重入不敷出的财政，必定要靠向老百姓苛征苛派来填补。

在国家财政十分困难之际，与之形成非常鲜明对照的是，各级官吏不仅苛征苛敛，肆意加重广大民众的负担，而且中饱私囊，贪贿成风，将本该归入国库的钱粮据为己有，完全不顾明末非常严重的财政危机和摇摇欲坠赖以安身立命的国家政权。起义军在一举攻进北京城后，为了逼迫王公贵族、官僚大臣交出他们的私房银子，发明了一种叫做"夹棍"的酷刑，所获巨大。周皇后的父亲、嘉定侯周奎就是一个典型的例子，起义军攻城的当口，崇祯皇帝要求皇亲国戚捐资助饷，在百般动员之下周奎才捐出 5000 两银子。而当城破周奎一家当了俘虏之后，周奎在痛心裂肺的夹棍侍候之下，却吐出了惊人的 50 万两银子！还有其他的王公大臣，也在严刑中吐出了数量不菲的金银。起义军在攻破北京半个月以内，用夹棍法就"夹"出银子 7000 万两。③ 光靠菲薄的俸禄，明末的权贵们显然是无法聚敛这些巨额资财的，只有靠着敲诈勒索和肆意贪占才能"豪富"，这也为明朝败亡提供了注脚。

2. 田制败坏致田赋大量减收，国家财政入不敷出。

"黄册"与"鱼鳞清册"这两项登记人口和土地的册簿档案，在明朝农业税制度中作为赋役征发的基本依据，使用两项册簿有利于清查隐匿的土地与人口，在农业税的核定和征管当中起着举足轻重的作用，这项有效的制度后来被清朝沿用。而且在税收管理上，还采用双联收税票和割税票④（见图 2-3）来

① 钱穆：《国史大纲》第 37 章。

② 蔡劲松：《明朝崩溃与财政保障失控》，《内蒙古财会》，2003 年第 8 期。

③ 李长江：《天下兴亡——中国奴隶社会封建社会赋税研究》，内蒙古出版社 2005 年版，第 139 - 140 页。

④ 这种税收票证为分别给田地买卖双方的计税证明，收税票给买方，说明这块土地买方须完纳赋税的情况，割税票则给卖方，证明所卖土地的相应赋税过割给买方。

与之配套，但两项册簿要发挥作用还需仰仗当权者的悉心管理，然而在时过境迁之后，社会秩序大乱，豪强地主任意霸占田地，贪官污吏疯狂聚敛和贪赃枉法，两项册簿中的内容严重失真，形同虚设。为了敛取各级官府所需的钱粮，只有将册簿随意篡改，强行摊派到无权无势的纳税户头上，广大的普通百姓负担越来越沉重，而即使这样也无法阻止国家财政收入日益枯竭。

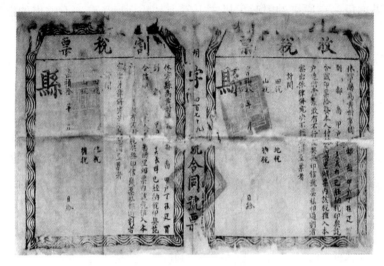

图 2 - 3　明崇祯十年（1637 年）双联收税票和割税票

1）特权阶层免纳赋税，税源萎缩。在明朝，国家对王公贵族实行优厚的待遇，特别是皇亲国戚，不仅赐予大量土地，而且将这些土地用专门的金册记载，凡是记入金册的土地就全部免纳钱粮，这些勋戚们还免服徭役。明朝土地和资财拥有最多的就是王公贵族了，而且数量惊人，这就意味着大量的土地和人口都不需要缴纳赋税和服徭役，且他们占有的田地往往又是全国最好的良田，良田的产出只供王公贵族们所有，国家得不到半点好处。明朝建国之初，能够享受到国家供给的宗室人员只有 58 人，而到了嘉靖朝则猛增到 28840 人，在近 200 年中就剧增了 500 倍。[①] 万历以后，这个人数还在不断增加。剥削阶级的生活腐朽糜烂，欲壑难填，不断兼并田地，霸占资源。比如，万历皇帝给其儿子福王朱常洵的分封，包括山东、河南、湖广等地的 4 万顷良田，后来很

---

①　翁礼华：《礼华财经历史散文》，浙江文艺出版社 2000 年版，第 6 页。

多大臣提出异议，才减半至2万顷。而这还只是一个王的封地，至明朝末期的天启年间，全国的王府庄田数量总计已超过50万顷。[1] 王公贵族以及阉党等的封地加起来，总计可想而知更是一个巨额的数量，而且豪强在征地过程中常常使用强迫和暴力手段，普通百姓有冤难伸。

2）田地过度集中，大量隐匿田产。由于国家给予了豪强地主许多特权，造成贫富差距越来越严重，富者越富，穷者走投无路往往只好变卖田地解决燃眉之急，致使兼并土地的现象越演越烈，且不断集中在有免税特权的豪强手中。而失去控制的税收征管使得社会运行机制严重失衡，往往豪强不纳税或少纳税，普通百姓的税收负担却异常沉重，致使大量规模较小的农户为了减轻税负依附在豪强的羽翼之下。而王公贵族、官僚地主们在兼并侵吞大量土地后还千方百计隐匿田产，以达到逃避纳税的目的。土地兼并之风越来越严重，使得国家的税田面积大量减少，全国的田亩总额与课税田亩的差异不断增大。到了弘治十五年（1502年），全国的田亩总额为835万顷，而实际课税田亩却只有422万顷，只占到全国田亩数的一半。[2] 税源缩水，税收收入自然减少。然而，那些卖地的贫民照样还是要负担苛重的丁税与徭役，甚至是已出卖田亩的田赋。这样税赋就极不公平，无产者课重税，有产者反而可不交税，整个国家与社会走到了赋税收入不断萎缩、地主豪绅横行霸道、广大民众穷困潦倒的险恶境地。

明万历九年（1581年），内阁首辅张居正全面推行一条鞭法的田赋制度，这是一项在重新清理丈量土地、按丈量土地填制清丈归户票逐一归户（见图2-4）基础上的农业税新政，对后世土地管理和田赋征收的影响很大。一条鞭法规定，将各种徭役折银随同田赋一并收取，即正赋、杂税和各种差徭都以丈量的田地为依附均摊，取消了豪强地主原来的免税和免役特权，在一定程度上促进了税赋公平，拓宽了税收来源。实施一条鞭法制度，原来土地加速兼并的状况得到较为明显的缓解，限制了豪强和奸猾纳税人转嫁税收与躲避徭役的行为，国家状况明显好转，税收收入增长较大。然而，实行一条鞭法之后，许多利益受损的权贵都阻挠新法的推行，或者利用各种方式偷逃赋税，转移负担，千方

---

① 张廷玉等：《明史》卷七十七，《食货一》，中华书局1974年版。

② 翁礼华：《礼华财经历史散文》，浙江文艺出版社2000年版，第7页。

百计保有既得的政治经济特权，一条鞭法预期的作用没有很好地发挥。而且，一条鞭法作为新鲜事物，各地在推行的过程中方式方法多种多样，少有严格按照一条鞭法的要求来执行的，地区差异较大。明朝后期的横征暴敛，权贵们在政治经济上的腐败堕落，各地灾荒和动乱加剧，致使一条鞭法难以按照规制来运转，土地兼并和田园撂荒又变得越来越严重，税基萎缩严重。

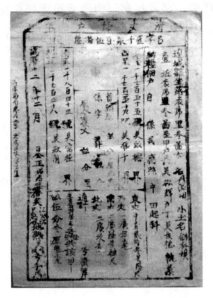

图 2 - 4　明万历十二年（1584 年）清丈归户票

在明朝末年，普通老百姓的土地被皇族和土豪劣绅肆意兼并，全国许多地方土地都加速集中到少数人手中，有的省更是惊人地出现土地"半入藩府"①，还有些州和县的土地几乎全被土豪劣绅霸占。② 比如在浙江的一些地方，地主的土地成百上千顷，而穷人自己拥有田地的往往不到十分之一，租佃地主的土地达到十分之九，仅会稽一个地方就有十余万人是这种状况。③ 而江苏的吴中，情况也与会稽等地类似，贫富悬殊很大，一成的人占据了九成的耕地。④ 土地不断兼并，造成整个社会严重贫富不均。

---

① 陈继儒：《笔记》卷二。
② 《南安县志》，《艺文志》卷十七。
③ 徐渭：《徐文长文集》卷十八，《户口论》。
④ 顾炎武：《日知录》卷十。

3）军事费用猛增，财政入不敷出。明朝晚期，北方的蒙古族和东北的满族持续在边境发动袭扰，政权的稳固和国家的稳定都受到严重威胁。因为防线绵长，明朝军队倾尽全力防备也勉为其难，防不胜防，不得不花费巨资建立据点和修建长城来抵挡。特别是清军铁骑不断强大起来，咄咄逼人，难以应付。而在明政权控制区域，天灾人祸导致的起义烽火越烧越猛，清剿起义军的军费像滚雪球一样加大。一边花费加速增长，一边收入来源不断萎缩，国家财政日益短绌。

首先，耗费巨资持续加筑长城。长城一直是古代内地抵御北部边疆外敌的有效军事防御利器，明朝也不例外，为了抗击蒙古军队和清军铁骑，长期以来都在不断修筑长城，特别是明晚期更有其迫切需求，现代所看到的北方连绵不绝的雄伟长城，多半是明朝的杰作，所耗费的资源巨大。根据《明实录》等记载，明朝时期的万里长城工程浩大，从成化七年（1471 年）开始修筑，其后又不断加筑，连年兴师动众，每修建一段都要加筑墩堡，层层布防，重要的地段还有多重构筑，又宽又高，有的里面有三层，能够藏兵上百人。修筑城墙总计有一万多里，这样庞大的工程在世上绝无仅有，所花费的大量人力和财力无法精确统计，而几乎所有的耗费都要来自赋税，这不仅使广大老百姓的负担大大加重，也使明朝廷的财政不堪重负。

其次，对抗清军铁骑使边饷大增。随着边防任务不断加剧，明朝军队不断增多。根据万历《明会典》上的描述，各个地方的边防军队在弘治朝就达到89 万人之多，与明朝初年相比增加了 30 余万。每个军人一个月配给军粮 1石，一年的边饷就比明初增加 300 余万石。到了明朝中后期，粮食的价格又涨得厉害，1 石粮值 1 两银以上，军饷加上其他耗费，一年边防需银达到 1000万两有余，全国的财政收入每年却只有 400 万两上下。特别是明末战乱频发，需要加快招募新兵，边疆军费更是逐渐增至 2000 万两以上，这些巨额的军费支出成为国家最主要的财政支出，但显然光靠平时的财政收入显然远远不够，财政赤字十分庞大。那个时候，增兵的情况和军费增加的情况大致是：正规军力不足，就招募新兵，新兵越募越多，耗费的钱粮也越来越多。而储备粮不够，就调集民众的粮食，军饷大大超出了原来的额度，而且还有许多贪占靡费者。①

---

① 孙承泽：《春明梦余录》卷四二。

尤其是努尔哈赤自万历十一年（1583 年）反叛至崇祯十七年（1644 年）明朝灭亡的 60 余年间，东北争战不断，军费的缺口不断加大，光靠常额钱粮无法弥补，只有通过用增加赋税的手段来达到，这就是辽饷产生的缘由。

最后，扑灭起义烽火耗资巨大。明朝晚期，东北剿灭清军没有多大起色，而天灾人祸特别是赋税苛派逼迫大量的老百姓难以维持生存，不是饿死，就是走上反抗的道路，揭竿而起成为常态，起义烽火迅速蔓延，特别是李自成和张献忠的军队变得越来越强大，驰骋在大江南北，屡败官军，成势如破竹之势，朝廷大伤脑筋。于是，又想方设法增练用于剿灭起义军的官兵，而练兵的钱粮和战费加速膨胀，不得不大规模加派赋税。

战乱使明王朝财政严重入不敷出，只有通过各种赋税加派来弥补财政出现的巨大亏空，而赋税加派使整个社会陷入恶性循环，逼迫更多的老百姓走向明政权的对立面，官府为了扑灭起义之火又不得不扩充军队，为筹集巨额军费则进一步加派赋税。

2.3.1.2　明朝晚期的苛征

明王朝在万历时期，皇帝朱翊钧贪得无厌，不断采取各种方法聚敛财货供自己靡费。万历后期，税基受到进一步侵蚀，财政面临越来越大的困境，对民众竭泽而渔苛征暴敛赋税，走上了恶性循环的不归路。在以往还算正常的赋税机制，到了明朝末年已被肆意苛敛彻底扰乱，苛征赋税逼得民众走投无路，群起造反，王朝最终在起义烽火的蔓延和清军铁骑的逼迫下，走上了覆灭的不归路。

1. 税使和矿监严苛重敛引发动乱。

明朝初期本来实行的是有益于工商业发展的轻税政策，这项政策也促使了明初中期开始出现资本主义萌芽，工场手工业和矿业都有了较大发展。然而到了明朝中期以后，朝廷和各级官府的盘剥加重使本来较好的工商业发展趋势受到严重阻滞，百姓生计被粗暴侵害。在这些盘剥当中，商税加重与矿税肆行尤其严重，甚至动摇了原来较为稳定的政体。

朝廷委派太监控制矿山收取税捐，造成了严重的矿税之弊。还是在明英宗的天顺年间，朝廷就开始派太监前往云南、福建、四川和浙江等地，提督这些地方的银矿。明成化时期，又在湖广开挖金矿，大量征调民夫，多的时候一年征夫 50 余万人，许多民夫累死和病死，但挖金只挖到数十两。16 世纪晚期，万历皇帝极好财货，只想到多聚敛钱财，却不顾老百姓的死活。① 万历二十四年（1596 年），皇帝为了加大聚敛力度，派出许多太监去做税使和矿监，在全国广设税卡，大肆开采和控制矿山，广收矿税和商税，甚至连地方官吏也要进行奉献。② 那些宦官受皇帝直接派遣，趾高气扬，一点也不把地方官吏放在眼里，甚至公然欺辱官吏，借着开矿的名义勒索老百姓的财物。只要是矿监所到之处，多是把富户指定为矿头，贫民则被驱使进行开采，许多地方都像冬天的衰草一样一片凋敝。③ 这些宦官心肠狠毒，想尽办法聚敛，甚至明目张胆地进行敲诈勒索，对那些名门望族，就诬陷为盗开矿山，大户人家的田宅就说其下藏着矿脉，带领仆役进行围捕，甚至玷污这些富户的女性，还残忍地把人的手脚砍下投到河中去。④ 不仅矿监横行霸道，一些不法之徒也跟在其后助纣为虐，大肆搜刮民财，不交易也要收商税，不开矿也要开矿税，聚敛的巨额财物达到数百万两白银。

派宦官担任榷税使是皇帝的私心使然，同时也有一些偶发因素。本来明朝的商税税负是较轻的，有利于工商业的发展。但到了明中期以后，商税渐重，特别是万历时期，由于皇宫中建造宫殿引起火灾，烧毁了三座殿和两座宫，要修复这些宫殿需用巨额银子，皇帝下令大量增加对商税的征收，收入用来修缮损毁的宫殿。万历二十六年（1598 年），开始在全国各个地方设置税卡，派遣一批又一批的宦官为榷税使，监督税卡对进出商贾和过往百姓征税。商税课征的品种繁多，在一些商贾往来较多的河流，每隔一段距离，就竖起旗帜，建起征税关卡，即所谓的竖旗建厂，横征滥敛，肆意盘剥，甚至连行李都被搜查。那些税卡不论过卡人是谁都一律抽税，就是有身份的举子都不予豁免，太监税使甚至恶劣到命人击杀官吏。此后，朝廷又设立土商等名目，对各地土产征税，即使是穷乡僻壤养的鸡鸭鱼猪一概都需上税。

当时，派出的宦官广布全国，矿监税使遍地，威胁驱使官吏，盘剥百姓，

① 《明神宗实录》卷三四九。
② 张廷玉等：《明史》卷二三七，《田大益传》。
③ 谷应泰：《明史记事本末》卷六五，《矿税之弊》。
④ 张廷玉等：《明史》卷八十一，《食货五》。

花样百出残酷压榨工商业者，致使经济备受打击，民不聊生。

征榷的税使急于星火，搜括的命令密似牛毛①，这些税使和矿监不仅聚敛钱财，还坏事做尽，他们挖掘百姓的祖坟，损坏百姓的房屋，甚至奸淫百姓的妻室，使百姓倾家荡产②，即使是很小的村庄也难以幸免，通衢之地更是备受摧残。③ 全国各地都好像烧开的油锅一样，没有一处是平静的地方，几乎人人都难以躲开被盘剥的境遇，农业和工商业越来越萧条，百姓被逼抛妻鬻子，远走他乡。④ 猖狂酷虐的宦官们不仅领矿和征税，还极尽敲诈勒索之能事，致使田野荒芜，民众度日艰难，引发了多起民变，动摇了国之根本。在万历皇帝时期，许多地方都因宦官逼迫引发了激烈的民变。比如万历二十七年（1599年），在武汉就因湖广税监陈奉在该省胡作非为，苛征暴敛，导致民众激烈对抗，"商业鼓噪者数千人，飞砖击石，势莫可御"⑤。而且陈奉一意孤行，变本加厉大肆聚敛，终于在万历二十九年（1601年）导致武昌民众万余人抗税抗捐，并引发暴动，围绕着陈奉的公署，发誓要杀了他。陈奉吓得从后门逃出去，藏在楚王府中。民众于是把他手下的番校耿文登等一共16人捆上手脚，投到江里去。⑥ 宦官潘杨获得做江西税监的机会，他在赣严苛逼督，引起景德镇窑工群情激愤，激烈对抗，窑工还捣毁了官窑的厂房。宦官高淮被委派去辽东做税使，因专横跋扈致使前卫屯军和锦州松山的军队兵变。宦官马堂做山东税监，极尽苛敛勒索之能事，凡是背负着米豆等生活用品的也都征税，于是贩卖商人都不进城，城市居民生活必需品短缺。在临清一带的百姓忍无可忍，聚合上万人，一把火烧毁马堂的官衙，杀死马堂手下走狗37人。⑦ 因矿监税使苛虐，直隶蔚州的矿工于万历二十八年（1600年）暴动，同年，广东潮州百姓造反。而在于万历二十九年（1601年），宦官孙隆由于对苏州的织造业加重征收商税，压榨手工业者，"每机一张，税银三钱"⑧，激发民变，在葛贤领导

---

① 顾炎武：《天下郡国利病书》原编第十二册《扬州府》。
② 《明神宗实录》卷三七〇。
③ 董其昌：《神庙留中奏疏汇要》户部卷二。
④ 《明神宗实录》卷三六七。
⑤ 《明史记事本末》卷六五，《矿税之弊》。
⑥ 文秉：《定陵注略》卷五，《军民激变》。
⑦ 张廷玉等：《明史》卷一〇五，《陈增传》。
⑧ 《明神宗实录》卷三六一。

下，苏州手工业者数千人包围和杀死孙隆的下属税官等爪牙数十余人，吓得孙隆潜逃到外地。宦官杨荣领矿云南，引发数万百姓造反，杨荣也被民众抓住投进火里。国家的秩序已经完全被打乱，根据当时的史料记载，全国各地由于受税使和矿监压榨而奋起反抗的达到数百起。

明朝中晚期，已经有数千年的传统小农经济模式受到不断发展的商品经济愈来愈强的冲击，长期以来的自然经济结构逐渐松动，在工矿区与城市表现得尤其明显。工商业的逐渐发展壮大使其中的从业者有了更多诉求，而十分重要的诉求就是希望减轻超经济剥削，这同由皇帝派遣的税使和矿监等所代表的传统利益攫取者的冲突与矛盾越来越突出。明末各行业和各阶层持续反抗税使与矿监的斗争，为中国数千年文明史上工商业者首次大规模的反抗斗争，而且有不少受到宦官欺辱与排挤的地方官府中的官吏也参与其中。这个时期以手工业者、商人和城市贫民为主干的反对封建专制与残酷剥削的斗争，意义十分特殊，这标志着中国商品经济发展壮大后，工商业者显示出越来越强大的力量，宦官税使与矿监推波助澜所酿成的动乱，也成为明朝衰亡的重要原因。

2. 赋税加派逼迫百姓群起造反。

基于农业税税基大幅缩减所带来的财政危机，为了维持国家的统治，清剿起义军和抗击清军铁骑，明晚期统治者决定铤而走险，采用不断加派赋税的办法来增加财政收入，希冀以此充裕军费，增强明军的实力。

在明朝中期以前，加派赋税只是偶尔为之。而到了万历朝之后，加派就变得越来越常见了。且在加派数额与频率上超过以往很多，这跟不断动乱的年代息息相关。一项赋税加派，本来是用于短期应急的，但局势越来越糟糕，加派也就变得欲罢不能了，已有的加派难以维持财用，只好想尽办法出台新的加派项目，这种恶性循环的状况直到大明王朝灭亡也没有稍许好转。在明朝的万历时期，由于清政权强势催逼，辽东成为大明王朝的重大隐患，战事频仍，财力消耗巨大。万历十一年（1583 年），太仓的银库全年收入为 367.61 万两白银，可在当年支出就达到 452.47 万两白银，只是由于原有府库还剩有以蠲免灾伤的名义留下的 176.1 万两白银，才让财政收支没有出现赤字。① 而当年有留银

①《明神宗实录》卷一四四。

相抵，其他年份却没有，在这种入不敷出的情景之下，要支持不断增加的军队饷银等，只有对田赋等进行加派，于是就有了辽饷、剿饷和练饷苛派。

1）辽饷加派。顾名思义，辽饷加派是明军为了对抗和剿灭清政权而加派赋税以充实军饷。辽饷加派是从万历四十六年（1618 年）开始的，在这一年，明军与努尔哈赤的满族军队的辽东战争已如火如荼地展开，军饷频频告急，明朝廷为了弥补军饷，议定除了贵州以外，从全国其他地方的田地中一亩加派 3厘 5 毫田赋，即使这样还不够，于是在此基础上加征 3 厘 5 毫。具体缘由和所征数额均有详细记载：其后接踵三大征，颇有加派，事毕旋已。至万历四十六年（1618 年），骤增辽饷 300 万。[①] 辽饷作为一种解决军费问题的方式，在实施之前，已经有案例在先，那便是"三大征"的军费来源。"三大征"主要是指三次成功达成军事目的的国家军事行动，分别是两次朝鲜之役，宁夏之役和播州之役，这三次军事行动固然保卫了国家的领土和稳定，巩固了中国在东亚地区的主导地位，但是也耗费了庞大的军事开支。所谓"宁夏用兵，费帑金200 余万。其冬，朝鲜用兵，首尾八年，费帑金 700 余万。二十七年，播州用兵，又费帑金 200~300 万。三大征踵接，国用大匮"[②]更具体的数字记载则有：近岁宁夏用兵，费 180 余万；朝鲜之役，780 余万；播州之役，200 余万。[③] 于是，万历二十年（1593 年）至万历三十年（1603 年）间，三次军事行动就耗费了 1160 余万两，而明朝被称之为"年例银"的养兵支出在正德年间还只有 40 余万两，到了万历年间已然猛增至 380 万两。万历四十七年（1619 年），通计 1461 万两的财政收入，入内府 600 余万两，而其中除百余万两金花银、子粒银外，其余皆为实物。作为国家经费的太仓，则只有折色银400 余万两，这些收入减去"年例银"以及其他政府开支以后，便所剩无几，甚至在一些年份常常入不敷出。因此，"三大征"的军费来源以征收民间为主，从嘉靖时期为了应对蒙古而加派赋税开始，明朝应对庞大的军费支出，最常用也是最重要的方式便是通过田赋加征的方式，将军费支出转嫁到平民百姓身上，每逢出征，必会加征赋役，这成了明朝后期的常态事项。辽饷便是在这

① 张廷玉等：《明史》卷七十八，《食货二》，中华书局 1974 年版。
② 张廷玉等：《明史》卷三百五十，《陈增传》，中华书局 1974 年版。
③ 张廷玉等：《明史》卷一百二十三，《王德完传》，中华书局 1974 年版。

样的情况下，明朝政府以一种"援例"的方式向民间加派。

在以后各年，辽饷总体趋势是不断递加（见表 2 - 1）。

表 2 - 1 　　　　　　　　　　辽饷加派的具体实数 　　　　　　　　单位：两

年份	总收实数	田赋	杂项	盐课	关税
万历四十六年（1618 年）	2000031	2000031	—	—	—
万历四十七年（1619 年）	4000062	4000062	—	—	—
万历四十八年（1620 年）	5200060	5200600	—	—	—
天启元年（1621 年）	5000186	4251513	116006	59425	29242
天启二年（1622 年）	2916096	1810525	689383	363716	52472
天启三年（1623 年）	4763376	3515712	1010000	68424	65240
天启四年（1624 年）	4110100	3610000	500100	70015	65240
天启五年（1625 年）	4993600	3610000	1200000	117440	65240
天启六年（1626 年）	5587420	3610000	1150000	537000	200240
天启七年（1627 年）	5450120	3610000	1100000	540000	200120
崇祯元年（1628 年）	3900000	3000000	600000	210000	100000

资料来源：朱庆永：《明末辽饷问题》，《政治经济学报·经济统计季刊》第四卷第一期，1935 年版。

与其他许多临时加派的军事费用不同，辽饷自开征之后，就没有再停征过。明史上的记载为：时任户部尚书的李汝华援引以往的征剿倭寇加派先例，开始每亩加 3 厘 5 毫田赋，总共加派了 200 余万两白银赋额。第二年，又加派田赋 3 厘 5 毫。在这之后，兵部和工部提出再加派议案得到批准，又派田赋 2 厘。于是，辽饷加派总共达到 9 厘，多收田赋 520 万两白银，遂为岁额。[1] 辽饷由当时的户部尚书李汝华于万历四十六年（1618 年）提出，以田赋为加征方式，至万历四十七年（1619 年）共计征收 200 余万两白银，但是在万历四十七年（1619 年）以及万历四十八年（1620 年）后又再次提高了税率，数额大增，超过了太仓库的岁入，也就是征收的辽饷总额远远超过了当年政府部门的财政收入，可见辽饷的税负之重，数量之多。当时辽阳的兵力有 15 万人，每岁的军饷就达到 800 余万两白银。因此，《明熹宗实录》卷十四记述：明总理三部侍郎王在晋在天启元年（1621 年）就兵马钱粮事禀告：前年在辽阳战

---

[1] 张廷玉等：《明史》卷七十八，《食货二》，中华书局 1974 年版。

事中 15 万军队耗费了 800 余万两白银，现在比前年多增加了 25 万兵，则一年的耗费需 2000 万两白银……国家将满族军队视为大患，然而若是有兵无饷，兵也是患。臣忧兵的祸患要甚于虏，而忧军饷的紧急更甚于忧兵也。①

到了天启时期，天启皇帝听从给事中甄淑的提议，因"辽饷加派，易致不均"，将辽饷的收取方式更改，按照地方的具体情况，分别采用布帛粟米力役之法。布帛粟米力役之法，即采用改折、征实、劳役等不同征收赋役方式。② 通过这样的方式，榷关、行盐以及其他杂项都被列入辽饷的征收范围，而且税赋负担更加沉重。但辽饷依旧是以田赋为主，而且长期没有减少，反而是到了崇祯四年（1631 年），田赋每亩又增 3 厘，派银 667 万两，实征 520 余万两，另加盐税、关税、杂项等其他收入，共计征收 740 万两白银。从万历四十六年（1618 年）到崇祯四年（1631 年），总共 13 年时间，辽饷加派由 200 余万两到 1029 万两，增长 5 倍以上，这在我国财政史上也是很少见的。③ 辽饷田赋加派却成为民众的常赋，即与田赋本身一样成了固定的负担。其时有位史学家孙承泽惊叹："余在崇祯十四年巡视旧册……统计旧饷额数不过 496 余万两，由全体民众共同承担，还不算重负。加派辽饷之后，遂增加 913 余万两。再加上练饷 734 余万两，与原饷旧额相比是其 3 ~ 4 倍。这还不包括私派的。"④ 可见，明朝自辽饷开征之后，便没有再停止征收，前后共有四次大的递加，其数额一直保持在较大的数字，而且随着征收领域的扩张和具体税率的提高，辽饷的负担不断增加。

按照明朝政府以往加派兵饷的惯例以及明朝政府的规定，辽饷初定为加派一年，但是辽东战场的败退迫使朝廷打破了先期预定的加派期限。万历四十七年（1619 年），当时的户部尚书李汝年在奏疏里说："看得援辽兵饷，原议三百万可以结局，不意今已解过三百万，而局犹未结。"可见，辽饷刚开始征收的那一年效果并不好，但是由于辽、沈一带对于明朝的安全来说非常重要，由于辽饷征收之后的战事依旧胶着，因此辽饷的征收仍然不能够终止。同年，户

---

① 《明熹宗实录》卷十四。

② 李洵：《明朝食货志校注》，中华书局 1982 年版，第 84 页。

③ 郭松义：《明末三饷加派》《明史研究论丛（第二辑）》，江苏人民出版社 1983 年版，第 225 页。

④ 孙承泽：《春明梦余录》卷三五。

部尚书李汝华又上奏疏，称"太仓如扫，搜括已穷，止有加派一途"。万历四十六年（1618 年）时，出剿辽东的官军不足 9 万，就已经消耗军费 300 余万两白银，而万历四十七年（1619 年）时，出剿辽东的官军已达 13 万~14 万，到万历四十八年（1620 年）时，官军已达 16 万。军队数量的不断攀升，却没有带来前线战事的改善，反而将这笔战时支出变成了常态支出，而且数目越来越大。值得注意的方面有两点：一是辽饷并非是算作年例银中的军费，它是在军饷以外特设的一个加派科目，并且长期保持下来成为一个常例加派，这与先前封建附加税与增税有着本质上的不同；二是辽饷在长期征收之后，其作用也不仅仅局限于用作对抗清军，从天启元年开始，明朝在镇压西南地区爆发的两次少数民族反抗明朝统治，以及山东白莲教的起义时，截留了当地以及周边省份的辽饷加派银作为军费，这种可以被称之为越线的行为反过来又助长了辽饷数额的加派和进一步滥派。辽饷在具体实施效果上是失败的，因为它不能起到预期的目的，而且还是明朝末期农民起义等诸多问题的起因，但辽饷在具体效用上却也是不可或缺的，因为如果不加派辽饷，单凭明朝政府的年例银作为军费更无法应对满族铁骑的进攻。巨额的赋税，给民众带来越来越重的负担，而无良官吏们借机苛征滥敛，使广大百姓难以生存，被迫群起造反。

2）剿饷加派。天灾人祸，民不聊生，导致农民起义此起彼伏，范围巨大，起义军不仅在以往的根据地陕西出没，而且席卷了河南、山西、北直隶、湖广、四川地区。此时的地方起义已经不是一省之地的地方官员可以对抗得了的，明朝的统治面临着极大的威胁。为了镇压地方的叛乱，当时的兵部尚书杨嗣昌制定了合称为"四正六隅十面网"的平叛围剿计划，但要实现这个计划，必须要有额外的军费来源。为筹集巨额军费镇压农民起义，朝廷于崇祯十年（1637 年）采纳杨嗣昌的建议，又加征剿饷，在原有税收的基础上，每亩再加派 6 合，还以每石粮折合银 8 钱的方式征税，这之后又每亩加派银 1 分 4 厘 9丝，前后一共获得银 330 万两。崇祯帝对杨嗣昌的计划极其热衷，下诏说：不集兵无以"平"贼，不增赋无以饷兵，暂累吾民一年。于是"布告天下"，增幅 280 万两，称为剿饷。① 而剿饷的征收也是以田赋为主，包含"均输""溢

---

① 杨涛：《明末财政危机与三饷加派》，《云南师范大学学报（哲学社会科学版）》，1985 年第 2期。

地""事例""驿递"四大类别，前两者是田赋的类别，是剿饷的主要部分，而剿饷原定的加派时间计划为一年。崇祯皇帝信誓旦旦地说，剿饷作为一种临时的税收加派，"勉从廷议，暂累吾民一年"①。然而一年以后，剿饷加派仍然不断。

加派剿饷的直接目的是为了筹措镇压各地农民起义的军费，兵部尚书杨嗣昌称剿饷得派，即可"三月灭贼"，但是这个直接目的也没有能够达成，相反，却引发了规模更加宏大的农民起义，直到崇祯十七年（1644年）明朝灭亡，农民起义军也没有被明朝军队消灭，反而越来越强大，李自成的大顺农民起义军还攻陷了北京城，逼得崇祯皇帝自杀身亡，也直接导致大明王朝灭亡。在时间上，剿饷的续存与辽饷相似，预期时间过后没有能够达成目的，就继续征收，直到崇祯十二年（1639年），剿饷还"全征"未停，明朝的经济、政治在征收剿饷之后遭到了更大的打击，开始走向全面崩溃。崇祯十二年（1639年）之后，政府赖以运转的正常赋税无法保证收入，而加派的辽饷和剿饷还在强制征收，且由于地方官员的贪占，加派无节制地扩大，反而使得辽饷和剿饷的数目越来越大，引发的社会危机也就越加严重。

3）练饷加派。崇祯十二年（1639年），农民起义军声势浩大，有燎原之势，而辽东战事更加吃紧，大明王朝受到多方冲击，越来越感到剿抚力不从心。此时，就有大臣提出来训练新兵，经过兵部尚书杨嗣昌的规划，从西面的陕西、中部的直隶、东面的辽东和山海关广练新兵，练兵数量达到73万名。训练新兵就需要军饷，于是对全国土地亩加赋银1分，总共增加赋税730余万两，此项收入被称为练饷。练饷与辽饷、剿饷一样，成为明廷又一常赋。练饷于崇祯十一年（1638年）提出施行，这项加征只比剿饷晚了一年，而在崇祯十二年（1639年）被正式定议。此时，明朝政府管辖的畿辅、山东和河北地区都遭到了清军的入侵，收集的练饷作为用于九边各镇以及北直隶等地的总兵、总督分头训练边兵的饷银。在训练边兵的同时也训练民兵，需要时可以抽调用以防备农民军，因此，练饷一方面是应对清军，另一方面也是为了镇压农民起义。练饷的主要来源依旧是田赋，"越二年，杨嗣昌督师，亩加练饷银一分"②。光田赋

---

① 张廷玉等：《明史》卷二五二，《杨嗣昌传》。
② 张廷玉等：《明史》卷七十八，《食货二》，中华书局1974年版。

就共派银 481 余万两，除田赋以外，还有赋役核实、站银、关税、盐课等其他项目，合计超过 278 万两。练饷第一次开征的总数是 730 余万两，在起始征收的数额上大大超过了辽饷和剿饷。这种情况即使是当时的明朝政府也不会觉得过于正常，在朝堂上也有许多人，包括崇祯皇帝本人都觉得有所顾虑，于是在崇祯十三年（1640 年）开始征收练饷的时候，皇帝下诏免除剿饷的征收。但实际情况是练饷在数额上大大超过了剿饷，百姓面对的税负压力依旧巨大，而且免征剿饷的缺额从练饷中拨补，因此，实际上练饷就已经包括了剿饷。同时，练饷和辽饷一样存在递加的情况，到崇祯十五年（1642 年），练饷已经增加到了 870 余万两，成为当时百姓背负的又一沉重税收负担。

练饷所意图达到的目的是惊人的，即训练兵员 73 万，但是这个目的并没有达到，甚至是相差甚远。相反，由于明朝政府加派赋税，造成的各地农民起义态势如火如荼。练饷不仅没有能够带来可以挽救明朝危亡的充足士兵，反而带来了因为加派练饷而导致的更大规模叛乱，甚至导致许多地方政府的小官小吏也加入了起义队伍，明朝的统治基础遭到了严重的打击。而政治强制加派的手段越发无忌残忍，使得明朝统治的正统性也越发薄弱。在练饷宣布实施之后，明朝的财政制度走到了崩溃边沿。

笔者收藏的一件崇祯九年（1636 年）应天察院颁发的契尾（见图 2-5）可以证明，不仅是田赋加征练饷，民众取得税契也同样要加征练饷。在契尾里面，清清楚楚地印着加派契税的缘由："巡按应天察院为议增税契额银资练兵加饷事，奉都察院勘劄，准户部咨内开各省直，见行税契则例每产价一两，税银二分。近以募练新兵，该本部议增兵饷一百万两，议加税银二十万两。自八年为始，每产价一两照旧征税银三分，设法稽查，悉行解部，违者题参。盖见今日饷额，如地亩、屯粮、盐课、关税，举无可复增之额，而税契一项出自殷实实产之家，犹可量行增益。惟是郡邑长吏博宽大之名，不问高门而问悬簿，不问阡陌而问町畦。故豪右置产多不经税，又或经税多不解部。今募练新兵，坐定税契二十万两，自非有产悉解，何以满此额耶等因。题奉圣旨，各省直税契银两，七年分着勒限催解，自八年为始依议加原额二分之一载入考成，仍专责巡按御史严明挂号，按法稽查，如有漏税、漏解、侵隐、那（挪）移等弊，从重参处，倘不肖有司借端滋扰，加耗重征，一并参擎究治。钦此。钦遵移咨备劄前来除抄全案通行申饬外，合行刻印契尾颁发。为此，仰县官吏自崇祯八年为始，凡民间置买田地、山塘、房产，俱用本院颁行契尾，每业价一两输税三分，将房产亩步及价税银数填注齐备，用县印钤盖定数张或数十张，不拘多少随投随送，即发给买业之人收领，毋令守候。如有隐税不报者，有司不得过册，许卖至首告，田产半追没官。契尾每次编一千号，填注号簿，完即缴院。如有缺额，即系漏税，除题参外，仍责令有司补足起解。须至契尾者。"

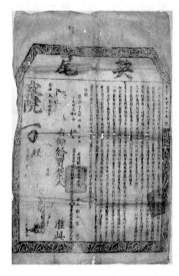

图 2 - 5　明崇祯九年（1636 年）应天察院契尾

契尾是政府发给购买田地、房产和山塘等不动产产权拥有人的产权证明和缴纳契税凭据。从这件契尾之中，能够较为清晰地了解当时的经济与军事状况：一是明朝晚期不仅对田赋加派了练饷，还把练饷加派至广大民众所能承受的最大可能（契尾中指出，如今的饷额，如地亩、屯粮、盐课和关税，已没有可以再增加的税额），而且因筹措军饷还将契税的税收负担提高了 50%（每产价一两税银 2 分增为 3 分），因此多派契税达 20 万两白银，用来填补军饷的不足。二是彼时税契的契尾一般是各省的布政使司刻印下发，但是这种契尾却是巡按应天察院刻印下发。而察院为执法监察机构，原本没有课税的职责，但在明末面临严重财政危机之时，明政权要通过加强赋税征收管理的力度来多课税，察院也就直接作为保障来行使课税职权了。于是，察院印发的契尾也就出现了，通过这种手段严格督察，来减少偷税漏税。而且，察院还通过采取一系列发放、填开、收缴与处罚等措施，一环紧扣着一环，通过严密的程序来达到聚敛的目的。从这件契尾可以看出，明朝末年的财政危机严重到什么程度。

2.3.2　明末苛征造成的恶果

史料记载，明末正常年份的田赋收入，一般在 400 万两白银上下。辽饷、剿饷、练饷这三饷加派以后，加派敛取的收入高达 2000 万两白银。明政府加派三饷，是向广大民众转嫁财政危机的剜肉疗疮恶政，当时就有御史上奏朝廷：一年就搜括 2000 万两白银输到京城，又搜括京城 2000 万两白银输到边疆，这是前所未有的事。① 从中可知，全国的民众每人要负担比以往多数倍的狂征滥敛。可以征到税的田地不断缩水，而摊到老百姓身上的负担却成倍增加。加派三饷把广大老百姓逼迫到了水深火热的境地，当时即有人记载：旧课没完，新饷已催，常额尚难以交纳，常额意外又催逼急迫。乡村几乎断了人烟，荒野见到白骨青磷。② 这些惨不忍睹的景象都源自三饷加派。

除了三饷加派以外，还有均输、新饷、丁银和杂项等其他名目繁多的加派，真可说是数不胜数，老百姓被一步一步地逼上了绝路，也一步步把民众驱赶到了明末政府的对立面。

2.3.2.1　经济方面的影响

三饷加派直接影响了明朝政府正常的财政收入，使通过正常渠道筹集的财政收入由于农民不断逃徙和土地大量撂荒而逐渐下降，而三饷的加派却成了政府收入的重要来源，对于一个政府来说，这种临时加派却成了财政主要来源，既不应该，也不正常，这标志着明朝正常的财政制度已难以运作下去。在明末三饷加派的过程中，有数额可以查考的部分已经非常巨大，而在明史中更有记载"各地暗自加派者，不知几百千万"，甚至是"私派多于正赋"。这些更多是官员的徇私枉法与地方豪强的仗势加派，由于明朝末年的土地兼并现象非常严重，地主富商可以在缴税的同时增加佃户的租金，轻松将加派转移到百姓身上。这些恶行不但摧残了明朝自身的财税制度，更摧残了明朝的经济基础。

---

① 张廷玉等：《明史》卷七十八，《食货二》。
② 郑廉：《豫变记略》卷一。

2.3.2.2　政治方面的影响

明朝晚期军费开支是财政支出中最大的部分，这不仅是边疆反叛势力和内乱所造成的恶果，还是大明王朝帝国腐败堕落的必然恶果。在明朝初期也有很大的军事用度，取得这些用度主要不是靠税收，而是通过军屯来实现的。对明朝财政不断恶化产生直接影响的便是土地兼并，官员、王公贵族们兼并土地的行为使得收税的成本越来越高，政府的财政日趋恶化。于是，政府对各地基层的控制力被地主豪强所取代，户籍制度被严重破坏，军户不能自给而需要国家的财政拨款。这样的结果是恶性循环性质的，政府的基层控制力下降，土地兼并和隐瞒土地的行为越发严重，以此循环往复。到了明朝的中后期，因为三饷加派而不堪重负的农民会变成流民，变成起义军。军事镇压的巨额负担，帝国只能通过加税转移到农民身上。这样的结果还会导致士兵哗变，最终影响到明朝的统治基础，而这些都可体现在豪绅地主的利益与国家利益的背离。三饷加派所释放出的信号不单是明朝的统治阶级与广大老百姓的严重矛盾，还包括统治阶级内部的利益分歧。

2.3.2.3　造成的连锁反应

崇祯三年（1630 年），御史郝晋言："万历末年，合九边饷止二百八十万。今加派辽饷至九百万。剿饷三百三十万，业已停罢，旋加练饷七百三十馀万。"[1] 加派总计达到 2000 万两以上，对于百姓而言是沉重无比的负担，其连锁反应对于明朝来说也是致命的。三饷加派的目的是为了维持统治，平息动乱，但由于三饷加派本身只是单纯的加税，没有根本改变制度，因此，造成的结果往往事与愿违，进入了一个无奈的循环，也就是加派是为了镇压，加派又催生更大的反抗，而镇压更大的反抗不得不需要更多的加派。于是税负飙升，而这些增加的税负却成为另一些农民变成起义军的推手。

如果说，万历年间的危机是因明神宗朱翊钧有钱不用还大肆搜刮但还没到穷途末路的话，到了明王朝最后一个皇帝崇祯执政期间，内外战乱更加频仍，不得不持续实行新的加派来熬过难关。民变的出现都不是无缘无故的，整个王朝已腐败透顶，各级官吏不计后果地贪赃枉法，大肆聚敛私财，越来越猛的搜

---

① 张廷玉等：《明史》卷七十八，《食货二》，中华书局 1974 年版。

刮成为民变越演越烈的直接原因。

明末加征赋税与贪官污吏疯狂敛财,全部来自普通老百姓,人民大众无法承担繁苛的税捐,被逼流亡他乡"趁食"(即讨饭),在很短的时间内,流民的数量就达到 600 万人以上,全国有 1/8 的人在外流浪和乞讨,无数的村镇"十室九空"。而在遭遇人祸的同时,水、旱、地震等天灾又一拨一拨地出现。甚至在明天启六年(1626 年)5 月 30 日,皇城北京还发生了莫名其妙的大爆炸,死伤 2 万余人,连皇宫都严重受损,宫内也死伤多人。多地还连年遭灾,如河南自崇祯三年至五年(1630 ~ 1632 年)连遭旱灾,此后一直出现饥荒,崇祯十三年(1640 年)又遭受三百年未出现的奇荒[1],老百姓冻饿交加,死亡超过半数,鬻妻卖妾不足为奇,人心都希望世道更替。[2]

从笔者收藏的一件《知长垣县时救荒疏》(见图 2 - 6)上可看出当时的灾荒和赋税之重。该件是崇祯十四年(1641 年,离明亡的 1644 年仅隔三年)知县杨其廉向朝廷上奏的奏疏,当时其任直隶大名府开州所属长垣县(今隶属河南省新乡市)知县,目的是请求朝廷减免该县税粮和抚恤灾民,并希望迁民充实本县人口。从一个侧面让后人了解到明朝末年严峻的社会现实。

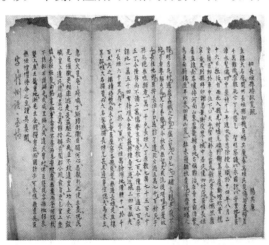

图 2 - 6　明崇祯十四年(1641 年)知长垣县时救荒疏

---

① 郑天挺等:《明末农民起义史料》,《山东巡按李近古题为再报官兵奋勇荡平流寇等事》中华书局 1954 年版,第 306 页。

② 乾隆二十年,《汲县志》卷一,《祥异》。

　　杨其廉在给朝廷的救荒疏中称，其于崇祯十四年八月初来到长垣，看到"村墟瓦砾，野鞠蒿莱，庐断烟炊，骨枕涂藉"，感到十分难过。详细询问当地百姓之后得知，全县"四载凶荒，一粒未获"，老百姓"八口七亡，一釜为艰，半菽不饱，甚者妻解夫尸，兄分弟赘"而且秋收无望，全县 7.7 万余人走死逃亡得只剩下不到 2 万人，灾害的严重程度十分令人震惊。长垣县位于畿辅的重地，尚且遭受这样严酷的天灾人祸，明朝末年全国灾祸连绵、百姓生计无着的惨状得到印证。从中可知，明朝末年的种种危机到了十分严重的地步，天灾人祸逼迫广大民众大量走死逃亡，许多流民忍无可忍揭竿而起，劫富济贫，猛烈冲击原有封建秩序。

　　在这件奏疏里面，说是当时"边事倥偬，夫马米豆，急如火星，奄奄残喘"，这反映了那段时期清兵铁骑横行肆虐，粮草供需急迫，国家财政难以正常保障的残酷现实。

　　奏疏在末尾的一段里，请求皇帝敕下户部尽早商议减免粮赋事项，或者核减里编户口，或者迁民实村。据此能够分析出，明朝的税收制度较为规范，各级官府直至户部都备有底册记载纳税户的基本情况及纳税标准，而明王朝高度集权，必须得到最高统治者皇帝的恩准才能蠲免税收，包括调整户口数量与税收底册。然而，当时的崇祯皇帝在奏疏上批复："字字恺恻，语语至情"，意思是救荒疏的字里行间都情真意切地牵挂着民众的冷暖和苦乐。这也能够可以看到，最高统治者对当时全国的艰难境况与百姓的苦难深为了解并且同情，但是御批却没有明确的救荒和减免指示或"交部议"一类的交代，可见当时这种民众身处水深火热之中的境况在全国来说已是普遍现象，即使皇帝也已无能为力，难以通过捉襟见肘的王朝财政来抚恤灾民，或者开口子减免赋税，与民休息。

　　这件救荒疏很明显地反映了明朝末年在王朝加速衰亡的时期，重重的危机已经非常严重地反映在王朝的经济、政治、军事与财用的各个方面。多重危机的不断冲击，致使那个有着近 300 年维护统治经验的大明王朝难以支撑，这座外表华丽而里面腐朽不堪的大厦终于在崇祯十七年（1644 年）崩塌。

　　当时，有张明弼针对世情作《人唉人歌》，里面这样写道："人食百物还食人，相生相唉谁能躲。""朝中夔契知不知，犹议催科法未奇。"① 在如此大

---

　　① 陈梦雷：《古今图书集成·历象汇编·庶徵典》卷一一二。

的灾难下，官吏们却变本加厉地苛派催逼，无异于饮鸩止渴，致使民众难以生存，甚至易子相食。

农民在天灾人祸的重重催逼下，走到了破产的境地，整个国家的经济和社会也濒临崩溃，大量流民不绝于道，不是饿死就是揭竿而起，加入起义的大军。这其中河南、陕西是重灾区，尤其在陕北的许多地方，民众的苦难比其他地方更为严重，常年遭受旱灾，甚至颗粒无收，百姓愁容满面，说到死一点也不惊惶，生计无着，饿殍枕藉于道。各级官府不但拿不出好的救济抚恤措施，还变本加厉地征收苛捐杂税，残酷进行剥削和压迫，更逼得广大老百姓生计无着。政治上的腐败、经济上的崩溃与自然灾害肆虐，多重压终于导致明朝末年的农民暴动在陕北地区率先爆发，随着灾民一拨一拨地加入，时间不长就蔓延到长城内外和黄河两岸。

风起云涌的农民暴动，迫使官军加大剿抚力度，剿抚肯定需要靡费大量军费，用不断搜刮和盘剥来增加军费开支的来源，而加派赋税是最常规的做法，不断的赋税加派更逼迫越来越多的民众变为流民，进而加入暴动的行列。这样，苛重的加派就形成了恶性循环，加派数量越来越大，农民暴动也就更加猛烈。加派走向疯狂，却依旧无法满足巨额且越来越加大的军费开支。并且，军将与官吏们能从加派中获得许多利益，这些人利用加派的机会，贪占军饷，侵吞税款。虽然是加派越来越多，军费却仍然无法保证，欠饷巨大，士兵积怨越来越深。从明神宗万历三十八年（1610 年）到天启七年（1627 年）间，积欠的军饷累计 900 余万两。崇祯元年（1628 年），陕西的军饷已经积欠超过 30 个月。到崇祯二年（1629 年），延绥、宁夏和固原三镇的欠饷达到 36 个月。兵饷积欠的时间长，军官贪占克扣成风，每个月士兵仅能发饷银 5 钱，按照市场的米价来折算，仅可买到 10 斤米。士兵们饥寒交迫，难以维持生活，不仅打败不了强敌，反而不断劫掠扰民，乃至催生哗变，掉转枪口进行暴动，加入起义军的洪流。[①]乱世的出现，往往是内外多种因果催生的。

闯王李自成带领起义军打到北京城外，朝廷立即征调各处军队勤王，可是由于军饷无法解决，被征调勤王的各路兵马不是按兵不动，就是故意磨磨蹭

---

①　翁礼华：《礼华财经历史散文》，浙江文艺出版社 2000 年版，第 7 页。

蹭。当定西伯蓟镇总兵唐通带领军队来到北京后，朝廷不但军费拨得很少，还派出太监监视，把唐通逼得率领部众向居庸关撤退，而等到李自成的起义军一到，唐通即率部投诚。

虽然明朝末年的崇祯皇帝在继承大统之后，应该算得上是一个勤勤恳恳履职的帝王，其励精图治与夙夜操劳的治国热情与操劳程度，在中国帝王史上能与之相比者，实在不多。并且，崇祯皇帝自己也认识到了苛征滥敛的后果。从崇祯十七年（1644 年）二月二十日至三月十八日，在这不到二十天时间里，其为了挽回困苦局面，有史以来罕见地先后下发了四道罪己诏，其中每一道罪己诏都有自责的内容，责备自己在税收上"加赋多无义之征，预征有称贷之苦"，而且承诺要"与尔士民相约，钱粮剿饷，已行蠲免；郡县官有私征私派，滥罚滥刑，朕不时密访正罪"①。作为高高在上的皇帝，这么深刻的反省不可谓不为之动容。

可是，一直到李自成的大顺军攻进北京城，崇祯皇帝绝望地自己上吊于煤山之上，"废除三饷"的旨意并没有得到落实，即使是圣旨能够得到贯彻，也是为时已晚，无法挽回形同水火的民心和早已涣散的军心。令人扼腕的亡国悲剧不可避免地在这个"勤勉"的帝王身上发生了，他即使再英明亦回天乏术，更何况末代帝王的天资也不是特别突出。

崇祯皇帝登基以后，管理的是一个自嘉靖、万历和天启以来的烂摊子，长期累积而成的阶级矛盾越来越激化，天灾人祸导致民不聊生，起义军和边患内外夹击。其中，张献忠、李自成等诸多起义军攻城略地，甚至称孤道寡；在边境则有清军铁骑虎视眈眈，肆意侵扰。西北和中原天灾频发，流民盈道，饿殍遍地；而水利失修，洪水频发，导致江南这个全国的粮仓经年短收。兵连祸结又带人祸与天灾，让令人同情的崇祯皇帝一步一步走向穷途末路。后人评价明朝衰亡的悲剧：到了病入膏肓，已无可救药。因此，明亡看起来亡于农民起义，但其致亡最根本的原因，并不在于农民起义，而在于政繁赋重，天灾流行，并且救亡乏术②，崇祯自裁，这不只是他个人的悲剧，更是业已腐朽透顶的明王朝与僵化残酷封建专制体制的下场，只不过这个悲惨下场历史性地罩在

① 余同元：《王朝鼎革与英雄悲歌》，河北大学出版社 1999 年版，第 24 页。

② 张廷玉等：《明史》卷二九六，《流贼传》。

崇祯皇帝的头上。崇祯皇帝也许算不上亡国之君，可他确确实实地遭遇了亡国之祸，亡国这本"总账"只有背负在崇祯皇帝的身上。

明朝末年政权衰败之象跟有史以来的许多朝代末世有诸多相似之处。政权的治理与兴亡，往往都与天命和人事休戚相关。在百业兴盛与政通人和的时期，虽然天灾严重，也有方法解决，可以通过损有余而补不足，加强赈灾，全力同灾害抗衡，多半可以抚平灾害造成的损伤，而不至于导致灾民暴乱。然而，哪怕是天时与地利都在，但君王昏聩，乱臣贼子肆行，不事政务却专事巧取与豪夺，只会使得人心思乱，造成内外交困的结果；天灾频频，人事败坏，走到天怒人怨的地步，政权就必然会走上加速衰亡之路。

2.4　赋税制度与李自成大顺政权的兴亡

从明末到清初，李自成的农民起义军在这段时期是一支举足轻重的力量。李自成建立的大顺农民政权所走过的历程，是税收影响政权兴衰的另一面镜鉴。农民起义胜如风卷残云，败似江海决堤；暴动起时令人震撼，而起义军迅速败亡时却让人惶惑。大顺农民政权的兴衰，以荡人心魄的方式演绎着一出让人扼腕叹息的跌宕短剧。而明朝末年的农民大起义，又是促使清军打进关内、建立大清王朝的直接因素之一，也对明末清初财税制度演变产生了重要影响。

明朝末年农民暴动此起彼伏，风起云涌。在这些暴动队伍中，李自成的大顺军也同许多别的起义军一样，历经多次沉沉浮浮。到了崇祯十三年（1640年）的年末，李自成的大顺农民军提出了"均田免粮"①的土地政策和税收政策，其后还提出了"平买平卖"的经济政策。受到明朝官吏沉重赋税盘剥与酷虐压榨的民众在短时间内群起响应，农民起义军声势浩大，攻城略地，势如破竹。

就在崇祯十七年（1644 年）正月初一的这一天，闯王李自成于陕西西安建立自己的国家，建元"永昌"，国号"大顺"。在税收政策上，对民众"三年免征"，通过没收明朝官吏和地主豪绅的财产来筹措起义军的粮饷。不久，

---

① 查继佐：《罪惟录》传三十一，《李自成传》。

李自成带领军队向明王朝的帝都北京城进发，一路势不可挡，在大概3个月的时间里即攻到了北京城下，眼看着城破，不愿做阶下囚的崇祯皇帝被迫于当年三月十九日在煤山上吊自尽。北京城里的百姓则主动打开城门，迎接闯王的大顺军进了城，享国276年的大明王朝就这样灭亡了。

让谁都意想不到的是，大顺农民政权攻下北京之后却只存在了40天，真可谓昙花一现。对农民军抱着很大希望的百姓们，转瞬就对肆意抢掠的兵将大失所望，紧接着起义军在山海关兵败于吴三桂和清军，李自成在崇祯十七年（1644年）四月二十八日于紫禁城武英殿搞了个仓促登位的仪式之后（其实这本是多此一举的，因为李自成在西安就已经登过基了），次日则匆忙退出北京，从此即走上了迅速败亡的穷途末路。李自成领导的大顺农民政权迅速衰亡有许多原因，如举止失措、兵骄、内讧、流寇主义与丧心病狂等，而与这个农民政权兴衰密切相关的，还有一个特别重要的因素——赋税。

2.4.1 赋税政策兴盛了大顺政权

可以说，是明王朝的繁苛重敛逼迫广大民众暴动，又是李自成的起义军运用蛊惑人心的赋税政策催生了大顺农民政权。

李自成在起义军遭受重大挫折之后，开始重整旗鼓，采纳李岩和牛金星提出的建议，采用一个有很大号召力的口号："均田免粮"。这个口号就是告诉民众，要进行土地改革，将地主和豪绅的土地没收后分给贫民，在大顺农民政权的区域内不课征任何赋税。这么一句看似平常的口号，却刚好符合受到残酷压榨的广大民众的迫切期望，在民众中形成了浩大的向心力。在这之前，李自成领导的起义军屡遭失败，几起几落，而自从竖起这面"均田免粮"的大旗以后，大顺军所向披靡，深受广大民众的真心拥戴，起义队伍快速发展壮大，军队数量达到"众逾百万"，占领了中原重镇洛阳，并且在较短的时间里占据中原和西北的大片地区，还于崇祯十六年（1643年）攻下了西安。李自成还在次年的伊始黄袍加身称帝，建立了大顺农民政权。在制定王朝规制时，又实施了"平买平卖"和"三年免征，一民不杀"①的顺应民心政策，大顺农民军

---

① 计六奇：《明季北略》卷二十，《彭琯奏》。谈迁《国榷》卷一百记载略有不同："三年免租，一民不杀"。

也在沿途老百姓发自内心的拥戴之声中，风卷残云般地攻占了北京城。

2.4.2　赋税制度的缺失削弱了大顺政权

战争的进行和政权的建立，都要用大量的物资来作为支撑。李自成在经年累月的战争中摸爬滚打，自然领悟这其中的道理。然而，李自成的起义军在从拓展势力到建立政权的过程中，自始至终走了明王朝繁苛聚敛的另外一个极端，即完全不征赋税。在"均田免粮"这个鼓动口号的作用之下，起义军及其大顺政权的赋税制度体系长期没有建立起来。可是"众逾百万"军队的军费十分高昂，仅以消耗的食物来看，每个军士一天最少 1 升，庞大的军队每天就需要耗费粮食达到 1 万石。于是，李自成也感觉到"今军需匮甚"①。皇帝也不差饿兵，为了筹集足够的军饷，大顺军把"追赃助饷"的方法做到极致，有时甚至到了惨绝人寰的地步。

这种极端"追赃助饷"的做法，源于李自成等农民起义军首领根深蒂固的观念，认为地主豪绅和贪官污吏的不义之财，都是从广大民众身上巧取豪夺来的钱财，与赃款赃物一样，于是，责令这些人把搜刮来的钱财充给起义军，添作军饷，也就称这为"追赃助饷"②。李自成在陕西西安称帝后，即发布了《掠金令》，勒令明朝各级官吏缴纳赃款的数额动辄万两以上，其中，九卿要五万以上，中丞三万以上，监司万两以上，州县长吏半之。③ 其后，又强迫地主豪绅必须助饷，乡绅输助多的三四十两，少的三五两，只有举人可以免输。④ 进占北京城之后，大顺政权重新确定了追赃助饷的标准，非常明确地规定京堂十万两以上，部、院、中堂、锦衣追索七万或者五万两，科道吏部五万或者三万两，翰林一至三万两，部属之下也要追一千两以上。⑤ 而勋戚、富商与士绅助饷数额，则按照实际情况来定金额。

从实际效用来看，这种做法既可以筹措到军费，又能够抚民慑敌，可以算是一个筹集粮草的好方法。然而，打土豪劣绅和贪官污吏的劫掠之策有很大的

① 屈大均：《皇明四朝成仁录》卷四。
② 冯梦龙：《甲申纪闻》："输赃助饷，名曰追赃，言衣冠所畜，皆赃耳"。
③ 戴笠、吴殳：《怀陵流寇始终录》卷十六。
④ 钱粤只：《甲申传信录》卷六。
⑤ 杨士聪：《甲申核真略》。

后遗症与局限性，因为"追赃助饷"每人只能追一次，很可能一次就会劫掠光，不像赋税，只要来源在，今后还能连绵不断地收取。光靠"追赃助饷"，而缺少其他有效的聚财办法，在自己控制的地盘上财源只会越来越少，必定造成民心与军心不稳。李自成的大顺农民军尽管骁勇善战，在短期内能够占据很多地方，然而，没有在这些地方建立起稳固政权和财税制度来作为支撑。随着百万大军孤军深入，打胜仗的时候还好，一朝战败，其结果是无处退守，溃如潮水。

大顺军不但不区分对象"追赃助饷"，把明王朝所有的地主、豪绅、官吏和商人都列入，也不管这些人对新政权是对抗还是合作，并且在"追赃助饷"过程中，完全不注意把握度的问题，过激行为出现很多，一些本可争取过来的人被逼到了新生政权的对立面。据史料记载，大顺军经过一段时间的"追赃助饷"以后，仅仅凭着外貌取人，"贼兵手执麻索，见人面魁肥，即疑有财，系颈征贿"[1]。并且，李自成也没有详细分析时势，采取得当的策略，在大顺军占据北京后，镇守在山海关的总兵吴三桂本有意投降，可在毫无差别的"追赃助饷"之后，形势急转直下。"（吴）三桂差人进北京打探老总兵（即吴的父亲）、圣上消息。有闯贼在北京捉拿勋戚文武大臣，拷打要银。将吴总兵父吴骧拷打要银，只凑银五千两。已交入。吴骧打发旗鼓傅海山，将京中一应大事，一一诉禀。吴老总兵已受闯贼刑法将死。吴总兵闻之，不胜发竖，言君父之仇，必以死报。"[2]于是，吴三桂就投靠了清政权。如果李自成能针对吴三桂及其家人采取较为策略的安抚措施，吴三桂的军队可能就为己所用了，清军也许就打不进山海关。而当吴三桂投靠清政权之后，即引清兵入关与大顺军决战，并将大顺军打得一败涂地，一直非常强调"夷夏之大防"的明朝知识分子却没有即刻斥责吴三桂为汉奸，并且还有人将他比作唐朝平定安史之乱的功臣郭子仪与李光弼，甚至还夸奖："吴三桂克复神京，功在唐郭、李之上！"[3]令人哭笑不得的是，清政权本是窃据皇权，然而，清军所到之处，却受到不少地主豪绅与旧官僚们的热烈欢迎。这其中的原因，正是大顺军的极端"追赃

---

① 陈济生：《再生纪略》。

② 赵士锦：《甲申纪事》（外三种）附录第二十七页《塘报》。

③ 李天根：《爝火录》卷四。

助饷"做法造成失去民心。

大顺军的"追赃助饷",并不像税收那样有比较规范的制度与措施来确保财产归公,往往变成了谁追赃谁就获得私利。大顺军在占领北京城之后,由于私利巨大,李自成的部队上上下下都陷进了"追赃"的狂热之中,半个月的时间里,"追赃"得到的银两达到 7000 万两巨款,比明朝政权在财力充裕的万历初期财政收入 496 万两还要超出十余倍,而导致明朝末年王朝衰亡的三饷加派,其总额也只有 2000 万两。这笔巨额资金本来能够维持大顺军一段时期的费用开支,或许能够坚持到李自成政权赋税制度走上正轨。可起义军占据北京之后,大顺军的军将们几乎人人"追赃"追得腰包鼓起,少的掠到白银数百两,多的则有万两以上,从而"人人有富贵还乡之心,无勇往赴战之气"[1]。全然不顾近在咫尺的山海关外清军和守关明将吴三桂等大敌,只派出了几千人去迎战,另外多达几十万军队却拥在北京城里享乐和"追赃助饷"。而李自成手下大将刘宗敏这些人,更是肆无忌惮,昼夜以"追赃助饷"为乐,采取各种手段搜括赃款,并严刑逼供甚至杀人。刘宗敏还把已投降大顺政权的吴三桂父亲吴骧关进牢房,没收其所有财产,并想将吴三桂的爱妾陈圆圆霸占,"不得,拷掠酷甚"[2]。此后,刘宗敏尽管得到了巨额钱财与美人陈圆圆,也把本想投降李自成起义军的吴三桂逼得投奔了清政权,随后引清军入关。大顺军与吴三桂和清军一战大败之后,从此清军就所向披靡地践踏关内大地,李自成的大顺军则一败再败,一年的时间里百万军队即灰飞烟灭了。

如果说大明王朝因强征暴敛覆亡,那么,李自成的大顺军则在很大程度上是亡在免税和劫掠,而极端的"追赃助饷"其实也是另一种形式的苛索滥敛,且手段愈加酷虐。大明王朝与大顺这两个政权,其各自极端的税收政策和聚财手段,最终都让明王朝和大顺政权走上了覆亡之路,而清政权则捡到了一个多少年都没有得到的大便宜。

2.4.3　大顺政权赋税制度的假设和遗憾

李自成大顺农民政权的兴亡,从某种意义上说可以说是"成也税收,败

---

① 翁礼华:《礼华财经历史散文》,浙江文艺出版社 2000 年版,第 8 页。

② 计六奇:《明季北略》卷二十,《吴三桂请兵始末》。

也税收"的典型案例。

事实上，大顺农民政权在西安建立起来之后，李自成本来是准备筹划建立税收制度的。史载："李岩进曰：'欲图大事，必先尊贤礼士，除暴恤民。今虽朝廷失政，然先世恩泽在民已久，近缘岁饥赋重，官贪吏猾，是以百姓如陷汤火，所在思乱。我等欲收民心，须托仁义。扬言大兵到处，开门纳降者秋毫无犯。在任好官，仍前任事。若酷虐人民者，即行斩首。一应钱粮，比原额只征一半，则百姓自乐归矣'，自成悉从之。"① 从中可知，大顺农民政权建立之初，税收政策并不是全免，而是在明朝税收规定的基础上减征一半。然而实际情况是，因急于赢得战争的胜利，出于宣传鼓动的需要，大顺农民军放弃减半征收的税收政策，实行"均田免粮"或是"三年免征"，着力描绘出"吃他娘，穿他娘，开了大门迎闯王，闯王来时不纳粮"② 的那种诱人社会情景。上述赋税政策能大大激发广大民众的造反热情，各地望风归顺。③ 这种政策对取得敌占区是十分有效的，然而，在已夺取的控制区还推行全免赋税则是很大的失策，没有持续稳定的收入来源，对于巩固新生政权非常不利。

如果李自成在西安登基建立大顺政权时，就摈弃以往的流寇主义做法，于统治区内设立一套较为规范且有办事效率的政权机构，尤其是制定实施能够保证政权财源的赋税制度，这套赋税制度不仅征收税款，并可对拥有大量土地的地主豪强征收重税，还可以对穷苦的民众免税和减税，进而实行土地改革，让耕者有其田，有田者交皇粮。这样，可通过合理合法的方式得到充足粮饷的保障，既可沉重打击地主豪强，动摇封建统治根基，又不会由于"追赃助饷"枯竭之后断了新生农民政权的财政来源。

大顺农民政权可通过没收地主豪强的土地，再分配给无地或者少地的贫苦农民，除垦荒、灾害等减免之外采取均田而不免粮的方式，保障税基不断稳定扩大。广大民众由于土地改革成为土地的主人，一定会衷心拥护大顺政权，积极缴纳该缴的赋税，政权的财力可以得到长久的保障。在20世纪40年代的解放战争期间，解放区实行了比较深入的土地改革，在分田分地之后，规定推行合理的农业税（公粮）政策，但由于老百姓具有很强的政权认同感，都积极

---

①② 计六奇：《明季北略》卷二十三，《李岩劝自成假行仁义》。

③ 计六奇：《明季北略》卷二十，《张履旋投崖》。

交纳公粮，并推着自己的小车运送公粮支援前线。如果李自成采取了相似的土地改革政策和赋税制度，就很可能建立起较为稳定的大顺政权根据地，不但能够支持前线的战事，哪怕是前方战事不顺，仍然可以退守到自己的根据地，通过养精蓄锐再决胜负，而不至于败如潮水，上百万的军队在一年多时间里就消耗殆尽，李自成自己也竟然在围剿中被小股的地主武装偷袭身亡。

　　然而，数百年之前的起义军首领还没有充分认识到稳固根据地对政权的极端重要性，从头到尾采取的是只攻不守的流寇战术，没有建立起较为稳固且还能提供持续财源保证的后方基地。赋税制度自始至终缺失，政权就无法长久维持已占地区的稳固，等到战事失利以后，就只有再流窜作战了。李自成的大顺农民政权缺乏赋税等执政制度的强有力支撑，看起来除了军队之外其他就像是一个空壳，这样的政权难免会走上历史上许多农民政权失败衰亡的老路。

2.5　取消三饷加派与清政权稳固

　　从明朝的万历年间开始，满族这个偏于辽东的少数民族快速发展，在短短数十年间努尔哈赤部落即从一个只有上百人的小部落（到顺治元年（1644 年）清军攻进北京时满族也才 20 万人丁）不断发展壮大，后来还神奇地征服并统一了包括几千万人的汉族和其他民族的中国，迅速建立起了较为稳固的清政权。在人口、地域、经济与文化等诸多方面皆处在劣势的清政权，除去大明王朝的腐败与风起云涌的农民起义在事实上帮了清政权的大忙以外，这个既强悍又有韧性的民族顺应时局变化，在政治、军事和财政等各个方面实行了更有利于巩固政权的政策与措施，迅速打败了各方面的敌对势力，在战乱破败的旧山河上建立并且巩固了清政权的统治地位，而且还在一定程度上缓和了阶级矛盾及种族矛盾，经济社会得到逐渐复苏和繁荣。从这个方面来说，当时从边疆而来的满族是中国大地很富有朝气与比较先进的民族，满族的快速崛起也就较好理解了。

　　在这一系列较为合适的政策与措施当中，得当运用赋税制度，通过取消三饷加派等苛征收买人心，对清王朝的迅速崛起与稳固，起到了十分重要的作用。

2.5.1　取消三饷加派的情形

跟明朝末年税使与矿监四处搜刮、赋税疯狂加派，导致广大民众群起暴动的苛政相比，清政府更知道怎样才能归顺人心。清军铁骑在进入山海关不久，就把大清国首都从盛京（今沈阳）迁到北京，在迁都前夕，清摄政王多尔衮即颁布了《大清国摄政王令旨》，宣告取缔明朝末年的各种赋税加派，要求薄税敛，特别是要蠲免原来加派的辽饷、剿饷和练饷，以及召买米豆。如果有官吏混征暗派，查实后杀无赦。这一项令旨向遭受到明末政权摧残的民众传递出了大清王朝致力于体恤民众苦难、结束虐政和整顿吏治的意向。

清兵入关定都北京后，顺治皇帝首先颁令免除都城居民被兵者赋役三年。此后不久，顺治皇帝在顺治元年（1644 年）十月大清国开国大典登基时的诏书中重申："地亩钱粮俱照前朝（即明万历朝）《会计录》原额，自顺治元年五月初一日起，按亩征解。凡加派辽饷、剿饷、练饷、召买等项，悉行蠲免。"[①]　这之后，顺治皇帝又屡次下达取消明朝末年各项加派的谕旨，总共达到 10 多次。这既反映了取消明末加派在具体执行过程中的难度，更表明了清朝初期统治者希图通过落实轻徭薄赋的政策来稳定社会，稳固政权。顺治初年，时京师初定，即免各关征税一年，并豁免明末关税亏欠。浙、闽等地被荡平后，复禁革明末加增税额，及各州县零星落地税。顺治三年（1646 年），革明末加增太平府姑溪桥米税、金柱山商税。[②] 清初政权蠲免的政策，在一定程度上得到落实。

2.5.2　取消三饷加派的作用

清政权顺应时势，作出了取消三饷加派的决定，成为争取人心和稳固政权的重要举措。清初由于军费紧张，财政状况困难，南明尚存，因此并没有彻底废除三饷加派。而在顺治四年（1647 年），清朝还决议复征辽饷加派。顺治七年（1650 年），多尔衮边外筑避暑城加派九省额外钱粮 250 余万两。顺治十四年（1657 年），辽饷加派还被编入《赋役全书》，即为"九厘额银"。顺治十

---

①　《清圣祖实录》卷九。
②　赵尔巽：《清史稿（第十三册）》卷一百二十，中华书局 1976 年版。

八年（1661 年），还恢复了明朝剿饷加派，加赋 500 余万两，州县也常私自另有科派。① 因此，清初各种加派仍存，始终是压在平民百姓身上的负担。虽然蠲免赋税的诏书实际上并没有完全贯彻下去，不少地区还是依照明末苛征的筹款方式以获得更可观的财政收入，而且顺治朝为了摆脱课税地丁锐减、财政困窘日趋严重的局面，还向民众勒索了大量钱粮，有些地方甚至仍然保留三饷加派，但总体来说，老百姓的负担减少较多，汉族老百姓对清政府的抵触逐渐有所缓解，特别是有助于与民休息和发展农业生产，有利于清初政权的巩固。

---

① 杨涛：《清初顺治朝的财政危机与敛赋措施》，《云南师范大学学报（哲学社会科学版）》，1990 年第 3 期。

第 3 章

摊丁入亩与康乾盛世

3.1 从一条鞭法到摊丁入亩

3.1.1 参照明代建立赋税制度

清初的赋税制度，吸收了明代一些较为成熟的做法，主要有田赋及其附加、工商税收和其他一些杂税。清初建立起的一套赋税制度，可以说是中国数千年传统赋税制度的继承和发展，从中可以看出，虽然满族是一个少数民族，但这个少数民族相对来说善于汲取和融合一些较为先进的前朝制度和措施为己所用，这是少数民族满族能够统治地域广大和民族众多的中国的重要因素之一。

3.1.1.1 田赋及田赋附加

1. 田赋。

顺治元年（1644 年）清军入关，建立大清国，为尽快镇压全国各地的反清抗清斗争，清政府不得不千方百计筹集军饷。由于明代赋役册籍大多散佚，只有万历年间的尚存，于是令全国田赋都按照万历年间则例征收。同时，开展详细的户口清理，除了外藩扎萨克所属的编审丁档归理藩院管理，满洲、蒙古和汉军的丁档归户部八旗俸饷处管理之外，其他的各省各色人丁户口，要求所在地官府于每年十月编造册籍，在第二年的八月之前报送到户部，归口到浙江清吏司具体管理。① 有了赋役册籍和户口清理数据，征收田赋就有了依凭。

清初仍实行田赋和丁赋分别征收的方法，田赋沿用明代的夏税秋粮制，分两季课征。田赋将田亩按土地的肥瘠分为上、中、下三等九则，实际上因各地田制、经济条件和自然环境不同，土地的等则和税率的高低，差异较大。以田制为例：如民赋田，浙江每亩科银 1 分 5 厘至 2 钱 5 分 5 厘；陕西每亩科银 2 两 3 钱 8 分 1 厘 7 毫；广东每亩科银 8 厘 1 毫至 2 钱 2 分 3 厘 2 毫；河南每亩科银 1 厘 4 毫至 2 两 2 分 7 厘；盛京、吉林平均 1 分至 3 分。更名田：山东每亩科银 1 分至 3 钱 7 毫；直隶每亩科银 5 厘 3 毫至 1 钱 1 分 7 厘 3 毫。以地区为例：直隶的河沙地，每亩科银 2 分 9 厘至 2 钱 5 分 6 厘 5 毫不等；蒿草籽粒地，每亩科银 5 分至 7 钱 2 分 5 厘 1 毫不等；归并卫所地，每亩科银 7 毫 2 丝至 7 分 9 厘 3 毫不等；学田，每亩科银 1 分至 2 钱 6 分 7 厘 8 毫不等。

清初，百姓缴纳田赋的物品有粮、钱、银等。在夏秋两季进行课征，分别称为上忙和下忙，这其中夏征时间为二月至五月，秋征时间为八月至十一月。② 清初的田赋课征形态，普遍实行的是征收银钱，尤以征银为主，因此也称为地银。顺治八年（1651 年），清政府公布了各直省田赋折银数额。顺治十年户、兵、工三部遵谕改折各省本色钱粮，归到一条鞭法，总收后再分解。清代在顺治期间，已基本完成田赋折银工作，即除漕粮和军米等仍征本色外，其他一律折银征收。

清代继续按照明制在江苏、安徽、浙江、江西、山东、河南、湖北、湖南八省征收漕粮，通过水路转运京师，供皇室、官军和市民食用，故亦称漕运，漕粮是清代田赋的主要内容之一。因此，清初的田赋跟明代一样，地丁以银两缴纳，漕粮以实物缴纳。漕粮有正兑、改兑、改征、折征四种。顺治二年（1645 年），户部奏定每年额征 400 万石。运到京仓的，为正兑米，原额 330 万石，其中，江南（包括江苏、安徽两省）征 150 万石，浙江省征 60 万石，江西省 40 万石，山东省 20 万石，河南省 27 万石，湖广（包括湖北、湖南两省）25 万石。运通漕（即入通州西仓和中仓的漕粮）的为改兑米，原额 70 万石，江南省征 29.44 万石，浙江省征 3 万石，江西省 17 万石，山东省 9.56 万

①　赵尔巽：《清史稿（第十三册）》卷一百二十，中华书局 1976 年版。
②　孙翊刚：《中国赋税史》，中国税务出版社 2003 年版，第 324 页。

石，河南省 11 万石。其后颇有折改。山东、河南除征漕粮外，还征收小麦、黑豆。折征有四种，即永折、灰石米折、减征、民折官办。永折漕粮，山东、河南两省各 7 万石，石折钱 6 钱、8 钱不等；江苏 10.65 万石，石折银 6 折不等；安徽 7.6 万石，石折银 5 钱至 7 钱不等；湖北 3.25 万石，湖南 0.52 万石，石均折银 7 钱。其价银统归地丁报户部。灰石改折，江苏 2.94 万石，浙江 1.87 万石，遇闰加折 0.4 万石，石折银 1 两 6 钱，以供工部备置灰石之用，从顺治七年（1650 年）开始。各省征收漕粮，一向是官民交兑，运军往往勒索扰民。后来改为官收官兑，酌定赠贴银米，随漕征收，官为支给。赠贴的名称多种多样，山东、河南叫润耗，江苏、安徽叫漕贴，浙江叫漕折，江西、湖广叫贴运，数量多寡不一，随粮征给，而且刊列在易知由单中，私派挪移的追究罪责。康熙十年（1670 年），议定江宁等府起运耗米及正粮一起收赠贴，苏、松、常三府改折灰石，帮贴漕折等银都予以减免。康熙二十四年（1684 年），朝廷令各省随漕截银免解道库，直接令州县给发。乾隆七年（1742 年），定江南漕米赠耗永免停支。各个省份征收漕粮的州和县，除了随正耗米和军运行月粮本折漕赠等项目之外，另外再收取漕耗银米，每个地方的数量多少不一，此项号外之米，皆供应给官军兑漕杂费和州县办公之用。[①] 而且，在正常的漕粮之外，江苏苏、松、常三府和太仓州，浙江嘉、湖两府，每年需通过漕运输送糯米于内务府，以供皇帝及百官仓禄之需，称作白粮。这项原额正米为 21.74 万石，耗米 6.2 万石。可见，清代在征收漕粮和漕运中，民众负担不仅是田赋，还有各式各样的其他税费杂捐，其中负担最重的，是江苏、浙江两省。

按照清政府的规定，课征丁赋，凡是 16～60 岁的成丁均须缴纳丁银，原则上以贫富为差，分上、中、下三等计征。但实际征收上，各省课征方法不一，税率也各不相同，或以一条鞭法，或以丁随地派，或以三等九则。丁赋缴纳也以白银为主，或折成白银，故亦称丁银。

顺治初年钱粮征收处于相当混乱的状况，赋役之制未颁，官民无所遵守，有时一二亩之地，要纳五六亩之粮，而且荒地多，劳力少，于是不少地方以荒

---

① 赵尔巽：《清史稿（第十三册）》卷一百二十一，中华书局 1976 年版。

地当累熟地征,逃亡者的丁银往往加在未逃亡者身上。赋税正额之外,附加和应急派征层出不穷。

清军入关之初的赋税制度总体来说是比较混乱,尽管清政府不断地对其进行改革和整顿,然而收效甚微,各种矛盾和弊端相互交织,并被掩盖着。随着专制制度发展、土地高度集中,不合理的赋役制度导致阶级矛盾和民族矛盾日趋尖锐,清代统治者再也难以任其恶化下去了。为缓和政治和经济危机,在沿用明代一条鞭法的基础上,清王朝于初期就开始陆续对田赋进一步实行改革,即固定丁银、摊丁入亩。清代初期田赋以物品、粮食、银两为征税对象,当然最主要是银两,纳税时间为每年的夏季和秋季,分别在 2~5 月、8~11 月。康熙五十年(1710 年),首先在广东省试行丁银摊入地亩征收,接着在全国推行。到了康熙五十二年(1712 年)二月二十九日,康熙皇帝正式以诏书的形式宣布了"滋生人丁永不加赋"的主张:令各省以现行钱粮册内丁数作为定额,不另行增减。对之后新生人丁不征缴银粮。人丁的数额若没达到定额,就由户口新添的人丁来补齐,如果还没有达到定额,就用亲戚中多余的人丁补齐,如果还有不足,就由同一甲内的人丁进行抵补。于是,清政府就把康熙五十年(1710 年)该年丁册里的人丁数当作常额(2462.1324 万丁)。在确定了人丁常额以后,进而固定了全国合计 335 万余两的丁银,将丁银摊入地亩,从而摊丁入地、地丁合一即顺利推广开来。康熙五十五年(1710 年),户部另议:在一户之内以新添抵丁数补减少丁数;假如新添的丁数不够抵补减少丁数,则在亲族中丁多人户选择抵补;如果还不够,以同甲粮之丁补报。[①] 人丁数目被固定后,丁银数量也就能固定,丁银固定为雍正皇帝实现摊丁入亩创造了有利条件。

2. 田赋附加。

清朝的前中期,清政府名义上"永不加赋",但实际上随田赋有名目不少的附加,主要有以下几项。

1)耗羡。耗羡亦称火耗,其实是火耗与羡余的合称。火耗,是因征田赋本色折银及地丁征收银两,征收过程中会收到不少散碎银两,因为银两的成色

---

① 赵尔巽:《清史稿(第十三册)》卷一百二十一,中华书局 1976 年版。

不一样，但上解到户部却要求成色符合规定，并熔化成锭银才能够上交到国库，熔炼的时候肯定就会有损耗。官吏们为了弥补其中的损耗，在征收时就会多征一部分，征得重的达到数钱，轻的也有钱余。多征收的部分用来弥补实际损耗之后，其剩余的银两就叫羡余。如果有羡余，则对相关官吏进行奖赏，因此，官吏们往往就在定额之外多加课派，以便于讨好上司和自己贪占，久而久之就成为一种弊政。若是课征粮食，则要搬运仓储，自然就产生了鼠耗、雀耗、脚耗等，这些也由粮户额外负担。封建赋税制度的一大特点，就是国家规定赋税的本额，而各个地方官府则自定课征的费用，总之，不管是税还是费都由民众全部负担。耗羡既没有一致的征收标准，政府也不会作出明文规定，因为征收耗羡本身就是既不合理又不合法的。于是，耗羡就成为地方官府弥补财政亏空和各级官吏大肆搜刮贪占的重要手段，这种方法不仅转嫁了损耗风险，还是有利可图的途径，可谓一举两得。

火耗在明代就有，清初顺治年间曾下令禁止私加火耗，官吏征收钱粮，私加火耗者以贪赃枉法论处。康熙朝的初期更是多次下令禁止额外课敛和加收耗羡，但令行而不止，火耗反而逐渐得到了朝廷的默许，成为官吏掠夺人民财富的一种惯常手段。地方官吏乐得拥有征收自主权，苛派的耗羡数额越来越大，有的地方甚至税轻耗重，耗羡数倍于正额，更是成为地方官吏的重要收入。

横征耗羡，不仅是地方官吏所为，而且整个官吏阶层都参与了分配。耗羡不单单是州县官的日用资财，从中央各部门到地方州县，常用征收耗羡所得行贿和馈送礼物，地方官吏用苛派百姓所得谄媚上官，总督、巡抚、司道等得了好处，又转而馈送在京大臣，且逐渐成为常例，并被视作养廉的行为，事实上形成了贪官污吏沆瀣一气的状况。如果收受节礼之外别无需索，上司即为清官；只征耗羡而不进行其他苛派，州县官甚至被视为廉吏。

康熙六十年（1721 年），州县额征钱粮，大州上县每正银 1 两收耗羡银 1 钱及 1 钱 5 分、2 钱不等。如果是偏州僻邑，很可能税轻耗重，有的数倍于正额，康熙六十年全国平均耗羡数当在每两加征 1 钱以上。康熙年间，陕西总督年羹尧曾建议，将耗羡收入作为官员津贴和弥补地方亏空，使之合法化，亦即耗羡归公，但康熙皇帝以在位期间从未加征民间火耗为由，予以否决。

但雍正皇帝却没有任何选择的余地，因地方财政产生巨额亏空，雍正二年

（1724 年）开始酝酿耗羡归公改革。同年七月，雍正皇帝发布了耗羡归公和养廉银制度的谕旨，指出州县火耗原非应有之项，因通省公费及各官养廉又不得不取给于此，本不愿天下州县取之于民，但历年州县火耗加派横征，使国帑受到侵蚀，亏空达数百万，形势不允许取消火耗。州县征收火耗，不少送给上司作日用费用，还有名目繁多的种种馈送，因此，州县以此为借口更加征取无度，而上级有利益也不肯参奏。与其让州县征火耗供奉上司，不如上司拨火耗养州县。雍正皇帝希望通过耗羡归公，以达到上不误公，下不累民，无偏多偏少之弊，无苛索横征之忧，从而澄清吏治，健全财政制度。但从实际情况可以看出，这种改革，老百姓并未减轻丝毫负担，只是改变了火耗征收以后如何使用的问题。雍正年间实行的耗羡归公，实质上是把明末清初以来的部分非法田赋附加和地方搜刮存留银，用法律的形式固定下来，成为地方收入，变非法为合法。耗羡除用于补耗之外，又作养廉银和办公费用。耗羡事关地方官吏的切身利益，故耗羡输纳往往重于正供，而官吏却养而不廉，耗羡之外更有耗羡，苛征滥派日趋增加，人民负担日趋加重。

2）平余。平余，意即平色之余，为耗羡归公后的又一田赋附加，最初在乾隆二年（1737 年）征于四川，每百两银提解 6 钱银，以充各衙门杂事之用。除上缴正项钱粮给户部，清代地方另需给户部缴纳一部分钱粮，该部分钱粮由户部与地方瓜分。有的在耗羡内划扣，也有的另立名目加征。在乾隆年间，曾下令四川永行革除平余，并要求各省督抚查明具奏。但实际上明除暗增，各省仿行，遂成公例，于是平余成了正式附加，民众又添一项额外重赋。

3）浮收。据《清史稿》记载：乾隆初年，州县征收钱粮多存在浮收的弊端，起初不过就斛面浮收，后来逐渐就有折扣的方法，每石折耗数升，渐增到 5 折和 6 折，浮收米竟达到 2 斗 5 升，加重了老百姓的负担。有的地方省、州县计两仓岁收不过 10 万余石，而各种浮收却达到 20 余万缗。还有的县官吏征收田赋，外加各种名目的杂费，民众有不肯交的就锁至收粮局。完粮以后，要放人还要另交开锁钱。[①] 浮收越来越重，使不少人倾家荡产。

4）预征。府库钱粮不足，提前征收以后年度的钱粮以补亏空为预征。顺

---

① 黄天华：《中国税收制度史》，华东师范大学出版社 2007 年版，第 572 页。

治元年（1644 年），由于军费不够，要求粮户预缴三年本色 5 分，以充实军粮。顺治八年（1651 年），军饷严重不足，库仓无储，议照上年例于西安所先派征九年额赋预备兵饷。顺治八年，还在湖北预征过各营兵饷 218423 两。顺治十年，在广西因军粮不济，急不能待，预征来年 30%。康熙年也有预征的情况，其预征钱粮为次年正项税粮。

5）漕粮附加。漕粮作为田赋的一种特殊形式，是清朝田赋的重要组成部分（见图 3-1）。漕粮的征集，来源于清朝规定通过水道将粮食运到北京，以供给朝廷和官军食用。清代的漕粮征运继承了明代的漕运做法，但废除了民运，改作官收官兑。根据运至的地点不同又分为正兑、改兑。正兑为由州县直接运至京仓的漕粮，改兑为运到通州仓的漕粮，但不管是正兑还是改兑，都要另加数量不等的损耗，这即是漕粮附加，随着正粮收到仓库。此外，还有帮费、房费与漕规等多种浮收的名目。

图 3-1　清乾隆三十四年（1769 年）安徽歙县征收地漕银执照和比照

注：执照为开给交纳地漕银粮户的税收票据，比照为票据存根。

漕粮在转运过程中有各种损耗，因此课征漕粮时，加派各种损耗，称漕粮附加，亦称漕粮经费，有正耗加耗、轻赍、船耗、席木、行粮月粮、贴赠杂费等多种。

正耗：各省正兑米，每石 2 升 5 斗加耗；改兑米，每石 1 升 5 斗加耗，其用途是作为通州插运耗、贮仓折耗及运军回船食米的花费。

船耗：正兑米，每石 1 升 5 斗至 5 升加耗；改兑米，每石 2 升 3 斗至 8 升加耗，用途是作为运军沿途耗费。

轻赍：正兑米，江苏、安徽每石 2 升 6 斗加耗，山东、河南每石 1 升 6 斗加耗，江西、浙江、湖北、湖南每石 3 升 6 斗加耗；改兑米，江苏、安徽、浙江、江西每石 2 升加耗。

贴赠：各省名称不一，山东、河南称为润耗，江南称为漕赠，江西、湖北、湖南称为贴运，浙江称为漕载。山东、河南漕船每运米百石，给润耗银 5 两，米 5 石；江西给贴运银 3 两，米 3 石，副耗米 13 石；湖北、湖南给贴运米 20 石；浙江给漕载银 3 两、4 两不等，都随漕粮课征。

行粮月粮：凡出运之年，各省负责押运的运兵，各支行粮 2 石 4 斗至 3 石不等，运兵月粮 8 石 9 斗至 12 石不等。根据实际情况，或折银发放，或银米各半。

席木：各省正兑米和改兑米，每 2 石征 1 张苇席，70% 随船解到通州，用作仓庾苫盖。

虽然清初征收的税收附加不少，但这些附加多为承袭前明，因为取消了大部分明末加派的辽饷、剿饷和练饷，并实行了一些鼓励垦荒和减税政策，与明末相比较，清初的农业税总的来说有所减轻，且征收相对较为规范。

3.1.1.2 徭役

在清代，徭役最初是参照明代的相关制度，按丁口派徭役，每三年编审一次，后来五年派一次。如果一里之内有百十户人家，即编为 10 甲，推丁多的 10 户做里长。管一里之事，在城里叫坊，近城为厢，乡村叫里，里长 10 人轮流应征，10 年一个轮回，一年轮一人，办理各项公事，其中，催办赋役为重要职责。

按理说，清前期既然已经摊丁入亩，田赋中已含了丁银，百姓就不用再服徭役了，公家若需要劳力，就应该花钱雇佣。然而事实上并不是那么简单，官家实际上使用劳力仍然存在无偿加派，这样老百姓交了丁徭的钱，有时也不得不服徭役。

1. 河工役。

治水历来是事关社会经济发展和国计民生的大事，受到世人的普遍关注。河工役为十分繁重的力役之差，主要是整治河流，修筑海塘。清政府的河工制度，在徭役改革后由佥派夫役改为官雇夫役。对重大工程力求实行官修，一般工程由官修与民修相结合或直接民修。康熙九年（1670年）河工役改革，实行官雇夫役，并规定将役银每日4分加上2分，《土方则例》也详尽地设置了雇工制度的细则，明确了盖筑堤愈高则愈难，故必先为斟酌难易而差等其工价的原则。筑堤者每筑堤一方，给银1钱4分，每朵一方增1分；挑土者，凡挑土四尺深者，每方给银6分，五六尺深者加1分，七八尺、九尺一丈、一丈一二尺、一丈三四尺深者分别递加1分，至1钱1分。这一改革调动了雇佣夫役的劳动积极性，有效地整治了河湖海塘，促进了治河及水利工程的发展。[①] 所以，在康熙年间治河较有成效，而百姓河工役的负担也相对较轻。但是，河工役制度本身有缺陷，使力役之征只可能减少而不可能免除，有时仍有沿袭老办法派役的情况。

2. 驿役。

清代疆域辽阔，驿站设置从内地扩大到边疆，诸如阿尔泰军台驿站、独石口驿站、库伦驿站、乌里雅苏台驿站、伊犁驿站、科布多驿站等。驿站是维持清政府内部传递公文军令的运行体系。清政府将全国驿站分为边外驿站与直省驿站，驿站的管理工作十分复杂。各省督抚和驿传道总揽各州县的驿务，州县的驿丞具体负责驿务，不设驿丞的州县驿务直接由州县官管理。驿站历来就为州县负责办理，由里甲组织中佥民户丁粮多者充驿递马户，一般民户充驿夫，其驿站供役的人员还有馆夫、伬轿夫和兽医等。清前期驿站运行完全是由马户和驿夫负担，亦称为驿役或驿差。驿役的苦累，以及额外的勒索凌辱是骇人听闻的，以致州县官吏都时有被迫自杀者。最为辛苦的是京城附近的驿递，上自王公大人，下至满汉使客，往来络绎不绝。贡献方物、捷报军机、外解杠鞘等项，无一不取给车马夫役，而且经常要集中迎送，往往招架不住。且经费不足是驿站的普遍现象，常常筹措无门，驿役的待遇之差可想而知。遇到政务与军

[①] 黄天华：《中国税收制度史》，华东师范大学出版社2007年版，第576页。

情紧急，差遣驿递要增加数倍，且不敢有半点闪失，地方官吏难以承担，大都是压给里甲无偿派役。康熙朝着手改革驿站事务，用雇募取代金派。这本是一大进步，也有利于驿传事务的发展，但是因为朝廷拨付的驿站经费不够，每年仅 200 余万两，而且拨款难以及时到位，地方官府又雇用了许多铺兵、工食和马乾，消耗的资财很大，正常的经费很难维持驿站的正常运转。①

康熙、雍正年间对役法的改革与整顿是有成效的，在这期间封建徭役负担相对来说还是减轻了不少。但若说是杜绝了丁役和额外加派，则不符合事实。

3.1.1.3　工商税收

工商税收在清初较前代有所发展，除对盐、茶、矿等课税之外，又有专卖收入和各种杂税。工商税的税目种类比以前多，税收收入也不断增加。

1. 盐课。

清朝初期的盐税收入比较多，在工商税收里面盐课占有比较重要的位置。清朝初期的盐法主要是承袭明制，但也稍微作出了一些改变，在不同的期间、不同的地方都有所不同。清前期的盐法，主要是采取官运商销、官督商办、官督民销、官督商销、商运民销、商运商销和民运民销七种形式。清前期的盐法种类较多，其中，官督商销形式最广最久。商有两种：一种是场商，主收盐；另一种是运商，主行盐。② 各省的盐政，大都是总督或者巡抚兼任，并有都转运盐使、盐道、司运使与盐课提举司等职位，官制比较复杂。官督商销也称为引岸制，亦叫纲法，由名列于纲册上的盐商缴税之后，请领引票至指定的盐场，把盐运往指定的区域经销。清朝前期的盐课大概分为两个部分：场课和引课。场课又分为滩课、锅课、灶课与井课等，课税人为灶户与场商，前者为食盐生产者，后者为购盐商人。引课构成盐税的最主要方面，包括正课、包课和杂课。正课是按照盐引向经销盐商所课收的税；包课是包销商缴纳的盐课；杂课是盐课附加，课征的额度变动较大。清前期的盐课总体上负担比较轻。

2. 茶课。

凡商贩入山制茶，不论精粗，每担给一引，每引额征纸价银 3 厘 3 毫。其

---

① 黄天华：《中国税收制度史》，华东师范大学出版社 2007 年版，第 573 – 576 页。
② 赵尔巽：《清史稿（第十三册）》卷一百二十一，中华书局 1976 年版。

征收的茶课，在经过各个关卡时按照则例验引后课征，汇到关税项下上解户部，其间可能也有汇归地丁款项之下奏报的。① 清初茶法沿用明制，根据目的不同，茶叶有用于储边易马的官茶、给引征课的商茶和专供皇室用的贡茶。官茶课征的是实物，在最初大引由官与商均分，即课收 50% 的实物税；小引则三分入官，七分给商，即课收 30% 的实物税。顺治七年（1650 年），取消了大引和小引的分别，一律按照 30% 的税率课征茶税。雍正八年（1730 年），确定了茶税课征例，由户部发放茶引给各地方官，茶商交纳茶课领到引后，才可前往产茶的之地购茶，然后行销到指定的区域。没有茶引的叫做私茶。有些州县承引后没有商来缴税领引，就只好发给种茶户经纪人。

清朝统一全国以后，边疆逐渐安宁下来，疆域亦拓展了，牧场也随之增加，马匹的繁殖逐渐增多，使得换马的紧迫性大为降低，官茶所需减少，于是清政府着手修订茶法，将官茶全课实物改为八分课茶，二分课银，这也是根据时势作出的改进办法。

从总体来看，清朝茶课分作课和税两项，这是根据有无茶引来区分的，有茶引的征茶课，没有茶引的征茶税。茶课又分作引课和纸价。在清朝初期，大引附茶 60 篦，小引附茶 67 斤有零，每茶 1000 斤一概准许附茶 140 斤，如果有夹带，则严查并治罪。引课的税率在各省是不一样的，而且差距比较大。比如，浙江省每引茶课为 1 钱银，湖南省每引则征茶课 1 两银，云南省每引征茶课 3 钱 3 分银等。纸价则是办理引票的成本费用，在请领茶引的时候，各地都必须按照每道 3 厘 3 毫向户部缴纳纸价。如果商人未领取茶引而贩茶，政府即向商人课收茶税，茶税的税率一般要高于引课的课征率。

3. 矿税。

清朝初年，朝廷严禁开矿。顺治四年（1647 年），张尚任甘肃巡抚时上奏，请求朝廷允许开矿并课收矿税，用来补充军饷。朝廷随即回复："开采重务，未经奏闻，何得擅自举行？"② 清初尽管严禁开矿，但是百姓偷采的行为却时有发生。清政府迫于形势，于康熙时期不得不放宽开矿的限制，在官府派

---

① 孙翊刚、王复华：《中国工商税收史资料选编》第七辑清代前期部分，中国财政经济出版社 1993 年版，第 394 页。

② 《清世祖实录》卷三十二。

员监督的前提下允许民众开矿，但由商人买卖的矿产品数限定在 40% 之内，大部分矿产品则上缴官府或由官府统销。实际上，清初矿禁时禁时弛，此地禁彼地不禁，且禁而不止，只要不聚众生事就不禁或弛禁。

4. 关税。

清前期的关税，包括内地关税与国境税（海关税）两种。

1）内地关税。内地关税是指于国内水陆交通要道或者商品的集散地设税关课税。税关分作户部主管的户关与工部主管的工关两种，户关关税有正项与杂课，正项就是后世所说的常关税，包括正税、商税和船料三种，构成内地关税的主要方面。正税于产地课征，属于货物税；商税则从价课征，属于货物通过税性质；船料为沿袭明朝的钞关依照船的梁头大小征收的税。工关主要设于长江等主要航道，征收对象为通过的竹木，这部分关税的收入供给建造船只与修缮等费用。

2）国境税（海关税）。在清朝初期推行闭关锁国的边关政策。顺治朝时期，为了阻隔东南沿海郑成功集团反清实力，清政府采取了严酷的海禁政策，号称片板不能入海，并禁绝外国商船到中国来做贸易，对外的通商口岸仅限于澳门一地。在康熙二十二年（1683 年），占据台湾的郑氏王朝被征服，台湾就和大陆重新统一了。第二年清朝就开放了海禁，允许外国商人来广州、漳州、宁波与云台山（现名连云港）四个口岸开展进出口贸易，并征收海关税，分作货税和船钞两部分。货税是针对进出口货物课收的税，没有一定的课征税则，除去正税之外，还要征收各中规银与附加。一般的情况，正税是比较轻的，但加课部分却有时远远高于正税。

3）落地税。落地税属于关税杂课，是对商人、农民和小贩售卖产品时所征的税，其性质类似于商税。清前期的落地税没有统一的税法，附于关税则例，地方随时酌收，无定地，无定额，其收入款项交由地方官留作地方公费，不入国税正额。各地落地税的征收对象很广，货物、用品等都纳入征税范围，甚至蔬菜、农具、鱼虾等也要纳税。而且，在一个市场纳过落地税的货物，到另一个市场仍然须再纳税。落地税征收机关除税务机构外，偏远之地也委托差役征收或牙行代征代缴。虽然雍正十三年（1735 年）朝廷曾规定，只在府州县城内贸易繁华、易于稽查之处征收落地税，其他乡镇村落不得征收，但未见整顿成效，落地税仍然征收于各地。落地税名义上说是留充地方经费，实际上各地征收落地税银很少交公，大都被官吏中饱私囊，这也是其难以取缔的重要因素。

5. 契税。

契税也叫田房契税，是以保障产权为由，对买卖田地房屋等不动产的契约所课征的税收，在明代就已开征。清初对买方即不动产的取得者课征契税，因此也叫买契。顺治四年（1648 年）规定，凡是民间田地房屋买卖者，由买方按照买价每 1 两银纳 3 分税银，即税率为 3%，完税之后在契约上由官府加盖红色官印，这种契约就叫做红契，而没有完税的契约，其上不可能加盖红色官印，因此称这种契约为白契。到了雍正年间，又在原税率之上，买价每两加征 1 分，专用于科场经费。由于契约盖印后，由业主收存，官府不留存根，很容易发生错乱，于是在雍正时，改作契纸契根法，由各行省布政司将预盖印鉴的契纸发到各州县，买卖田房者验契投税后取得契纸，官府保留契根。但这种方法容易造成官吏敲诈舞弊，雍正十三年（1735 年）不得不停用。于是民间买卖田地房产，仍然自行立契，到官府验契纳税并加印。到了乾隆十二年（1747 年），审定税契则例，借鉴明代实行了契尾法。由各地布政司负责印发契尾，契尾前半部分预先加盖布政司的印鉴，由使用的各州县登记买卖双方的姓名、买卖的数额、价银与征税数额，后半部分则空白，等到买卖双方交易纳税的时候，由州县官府在上面填写契价银数，加盖州县官府官印，当场撕下前半部分作为回执给缴税的买方，并要求将其粘在契约上，后半部分留在州县官府，而且要按期将缴税数额汇送布政司查核备案。对不纳税、无契尾的，按照漏税论处。清前期的契税，实行契尾法后逐渐完备起来，并实行了很长一段时间，直到清末还在使用此法。

6. 牙税。

牙税是向牙商或牙行征收的一种税，亦称牙帖税，属营业牌照税，这种税明代已有。牙行和牙商是市场买卖的中介，牙商即在市场上撮合买卖双方成交或代客买卖货物，并从中抽取佣金的中间商人，也称为经纪人。牙行与牙商必须先在规定的官府进行登记，领取牙帖，并缴纳牙税后，才能够从事业务，牙商有时还代官府行使征收商税的职责。清前期，由各省设定牙税定额，由藩司颁发牙帖，收到的税款须报户部存案。牙行为平抑物价而设置，对公平交易和促进商品流通有积极的作用，但有利有弊，不法牙商如果以征税为名，滥征贪占，就会成为市场的一大祸害。雍正初年，各地滥发牙帖，许多地痞流氓都领到了牙帖，强行把持市场，抽分利息，商民苦不堪言。乾隆时期进行了整顿，规定各省对牙商五年编审一次，调整牙商，更换新帖，并规定除新开集市允许少量给帖外，其他一律不得增加。清政府注重设置牙行，一般设在物产丰富和交易量较大的地方，因货制宜，因地制宜，因此，各州县牙行设置不完全一样，牙税税率也不统一，因此税收收入大小不等。牙税的税率一般为按照资本额或者经营额的大小，分等来定则，以上则课银 3 两、中则课银 2 两和下则课银 1 两比较普遍。[①] 清前期牙税收入不多，但征收牙税就连着征收商税，因此在工商税征收中牙行和牙商所处的地位较为重要。

7. 门面税。

门面税明代就有，是在商贾云集之地或大中城市，对居民临街铺面征收的一种税。清代沿袭门面税，也叫房号费。门面税是典型的杂税，没有统一的税法，征收面较广，但税源比较分散，有些地方征，有些地方不征。具体则例各地不太相同，一般来说，征税的州县大都采取定额征收，税收收入有限。

8. 牲畜税。

牲畜税主要是向马牛驴等大牲畜征收，有些地区也包括猪羊的买卖，兼有商税性质。清初规定，凡买卖牲畜从价课征 3% 的牲畜税。乾隆、嘉庆年后，各地开征牲畜税较为普遍，税收增长幅度较大。陕西等西北地区是牲畜的主要产区，其牛马等牲畜多数输往内地，因此牲畜税收入也较高。

9. 当税。

清初创设了当税，这是一种向典当店铺课征的税，其性质类似牙帖税银。顺治九年（1652 年），制定当铺税例，各当铺每年课银五两。康熙三年（1664 年）制定当铺税则，按经营额的大小，每年纳银 2 两 5 钱、3 两、5 两不等。雍正六年（1668 年），又重定了当铺税则，民间开设当铺都要申请交税领帖，帖作为营业许可证使用。这时，当税跟康熙朝相比已增加了 1 倍，当铺或者小

---

① 黄天华：《中国税收制度史》，华东师范大学出版社 2007 年版，第 588 页。

抵押铺缴纳完当税后领取当帖，就获得了营业许可权，当税除正税外，还有各种附加，如海防筹款即责令当商另捐银饷，叫做帖捐。

10. 酒税。

清初禁酒，因此不征酒税。雍正年间，曾经对通州地区的酒铺课征过税收，上户每天课银 1 钱 5 分，中户课银 1 钱，下户 8 分。清代酒税主要有酒麯税、缸税和关征酒税等形式。酒麯税是对酿酒所用的曲块征税，在直隶等地是按例课征酒麯税，由官府发给造曲商执照，对曲块数量严加限制，一般不得超过 300 斤。缸税是对造酒缸户所征的酒税。缸户造酒先要领取牙帖，官府按牙帖征收缸税。清初对造酒业控制很严，均规定了每个地方缸户的定额，按定额上解缸税。关征酒税是对需经长途贩运而不在本地销售的酒，在关卡征收的酒税。清初对酒征税，主要在于加强控制酿酒业，而不在于增加财政收入，因此酒税收入较少，而且多留作地方办公费用，可以说是一种地方税。

清前期将许多民营工业收为官营，为了施惠于民，在税法上轻课商税，即在政策上，征了关税（常关）往往不征商税，这也是清统治者怀柔政策的一个表现。

上述各种赋税组成清前期的税收体系，较好地保障了清政府取得稳定的财政收入。

3.1.2 改进税收管理保障国用

清朝初年，统治者逐渐意识到滥征苛敛与暴力统治难以建立长期稳定的政权，必须整理与改进赋役体制，建立起与经济社会发展相适应的税收制度，改进和加强征收管理，才能够既使广大民众增强认同度，又保障财力所需。在赋税制度建设过程中，清政府陆续实施了多项比较得当的税收管理措施。

3.1.2.1 编制《赋役全书》，确定赋额

清政府入关以后，清初的统治者比较清醒地认识到，要取得较为稳定可靠的税收收入，首先要建立起一套相对完备的赋役制度。于是，在顺治三年（1646 年）清户部开始汇编《赋役全书》，至顺治十四年（1657 年）基本完成汇编，随后颁行天下，作为各地征收赋役的依据。汇编《赋役全书》最基本的原则，即是把明朝万历年间的赋役则例作为基准，实际上总额也包含了明代

酷虐的辽饷等加派，并改名为九厘银，重新核定一条鞭银，从而为清初征收田赋提供了统一的法律依据。《赋役全书》登载土地、人丁的等则与数量较为详尽，而且依据这些资料来计算与确定每户缴纳的田赋丁银的征收数额。清朝廷一再强调，以府、州、县一年中夏税、秋粮、存留、起运数额，均徭、土贡、里甲、雇募、加银等各项负担，一次统交后，再在这里面来支出相关雇募人员和运输的费用，民众不再负担这些靡费。但在事实上情况要复杂得多，不少地方仍然将徭役额外派在老百姓头上。

按土地的肥瘦，把田赋分作上、中、下三则，并且规定了与之相适应的税率。丈量土地后，发给土地所有人业户执票（见图 3－2）。成丁则以贫富为差，分上、中、下三等课征丁银。田赋丁银均折征白银。分夏秋两季征收，夏征在二至五月，称为上忙，秋征在八至十一月，称为下忙。《赋役全书》颁布后，每州县发给两本，一存有司，一存学宫。

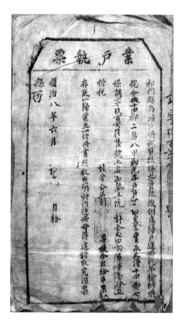

图 3－2　清顺治八年（1651 年）业户执票

清政府在编制《赋役全书》的同时，还参照明代另立了"黄册"和"鱼鳞图册"。"黄册"也叫做户口册，以登记户口为主，田地为辅，使用簿籍形式，每年登载户口的增减。"鱼鳞图册"亦称丈量册，用地图册这样的形式，以登记田地为主，人户为辅，主要图文并茂记载田地所处的位置与好坏。"黄册"与"鱼鳞图册"相当于税务登记底册，与《赋役全书》互相参照，一起形成较为完整的税赋登记体系，赋役情况就一目了然了。

3.1.2.2 普遍采取归户制度

清前期采取了不少护税协税措施，如普遍采取归户制度，即由一户较大的户或德高望重的户牵头，将其他户归入其名下，由牵头户汇总将应纳税粮送交官府，也是继承明代的一种行之有效的税收管理做法。归户制度是由归集的户大家一起来评定每一户的税收负担，再经过官府认定，在缴纳税粮时，由牵头户先行收齐每一户该纳的税粮，再组织大家把税粮运送到官府的府库。税收负担的确定采取此种办法比较透明和公正，从而形成互相监督的机制，还可以使纳税成本的负担更为合理。从这种归户制可知，在清朝初期护税协税和民主评税已经开始实实在在地推行了，而且成效较为明显，这种方法仍值得当代税收工作借鉴。清雍正七年（1729 年）的一张吊帖（见图 3-3）即印证了这种归户制度，这是将一户的农业税粮调入另一牵头纳税户的凭证。这份吊帖很长，记载了许多田地，说明该户是大地主，应税土地很多。

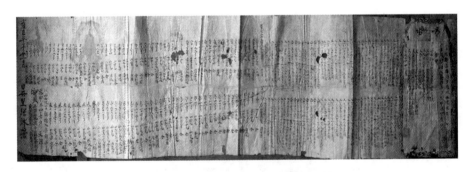

图 3-3　清雍正七年（1729 年）吊帖

3.1.2.3 实行联保联坐制

清军入关后，顺治皇帝发布编置户口牌甲之令。方法是：州县城乡十户立一牌长，十牌立一甲长，十甲立一保长，户给印牌，书其姓名丁口。出则注所住，入则稽所来。[1] 从一张清顺治元年（1644 年）十户联保地粮税票（见图 3-4）

---

① 赵尔巽：《清史稿（第十三册）》卷一百二十，中华书局 1976 年版。

中可看出，清初实行的是联保连坐赋税制度。这是在明代粮长税收管理制度基础上的延伸，即将 10 户编在一起，在税收上相互进行联保和监督，只要 1 户漏欠赋税，其余 9 户都负有连带责任。这种联保连坐制对基层行政管理和赋税管理都很有效，但也束缚了人身自由和人口流动，不利于工商业的发展。

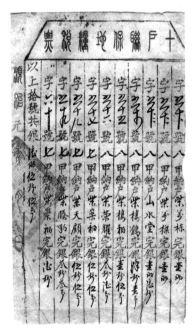

图 3-4　清顺治元年（1644 年）十户联保地粮税票

在清初，并没有设立专门的税务机构来从事田赋的征收，官府机构还较为精减，征税职能大都是由各级官府兼任，专兼职征税官吏也较少，从为数众多的纳税户那里直接收上税粮来绝非易事。因此，官府就想出了使纳税人相互督导的办法，通过纳税人管理纳税人，征收力量不足的问题得到较好的解决，偷税与逃税也可有效遏制，还能在一定程度上解决税负不公平的问题，并且税收成本降低了，官府和民众之间的征纳矛盾也能够得到有效缓解。

3.1.2.4　实行易知粮单制度

清朝初期，税收服务就已经作为一项专门的制度加以贯彻落实，赋税征纳状况有了较大的改进。州县官府不仅以告示的形式将国家税法的有关规定在官衙前张榜公示，还大力实行易知粮单（见图 3-5）制度，"每州县开列上、中、下则，正、杂、本、折钱粮，末缀总数，于开征一月前颁之"[①]。即是于课税的前一个月，官府预先将写明了税率、应纳税粮和欠纳税粮数等内容的易知粮单（亦称作便民易知单和易知由单等，类似后来的纳税通知单），分发到纳税户手上，告知征收赋税规定与纳税户应缴税额等事项，此种易知粮单的做法跟现代社会的税收便民服务措施很相似，既宣传普及了税法，也使纳税人知晓自己应当履行的纳税义务，同时又起到了催收税款的作用。

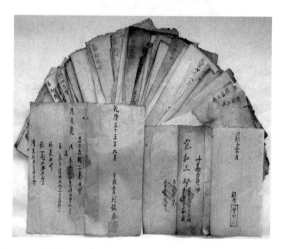

图 3-5　从清乾隆年间至光绪年间一户纳税户的易知粮单

3.1.2.5　建立税收奖惩制度

1. 税收奖励。

对于应缴纳赋税的农民而言，由于承担了国家大部分赋税任务，多数人拥有田地的数量和质量都有限，收获所得能充足缴纳赋税已很不容易，较难有主动多缴的行为。但对于以农业为本的封建制国家来说，田赋、地丁收入始终是国家赋税收入的主要或者十分重要的部分，清代也是如此。若想稳定增加国家的赋税收入，鼓励农民专事耕种，安于田亩劳作自然成为国家农业政策的首选。于是，清前期国家为了稳定和扩大赋税收入，还建立了税收奖惩制度，主要是鼓励垦种所实行的奖励制度，朝廷要求各级官吏对百姓悉心相劝，各级官府还做些访贫问苦的事，不允许妨害农业耕作的行为。而且，为显示政府的爱

---

① 王庆云：《石渠余记》卷三，《纪赋册粮票》。

民与鼓励耕种之意，每年在各个乡镇中选择 1~2 名勤劳耕作并俭朴端正的老
农给予奖赏，有的还给予八品顶戴，以示奖励和作为榜样。从政府来说，给予
一个荣誉性的顶戴不过是举手之劳，更何况只是八品顶戴，清政府此举不过是
想通过一点小的恩赏来收买民心。但对于终年事于农作、毫无加官晋爵机会的
农民来说，却是莫大的荣耀，更有助于将农民牢牢束缚在田亩之中，从而保障
国家赋税的稳定增收。而对边远地区长年不辞劳苦主动足额缴税的纳税户，官
府可照章给予他们可不纳杂费的优免。

清政府根据商品经济不断发展、从业人员增加迅速、商税收入在国家赋税
收入中越来越占重要地位的现实，在商业领域也采取了相应的税收奖励措施，
鼓励商人多纳赋税，缓解国家急需，且商人的收入远比农民高得多，随着生意
越做越大也有增加的可能，因此增税效果明显。而且，清政府在增加商税的同
时，还鼓励商人捐纳，清代的盐商报效就是一个很好的例证。如康熙十年
（1671 年）六月淮阳水灾，淮商报效银 22670 两；康熙十八年（1679 年）扬
州旱灾，淮商又报效银 3300 两；因瓜州河道整治，康熙末年淮商捐水利报效
银 240000 余两。清政府对这样的报效一般会进行嘉奖，例如在康熙十三四年
间就有 30 余名商人得到了优叙，最高者封五品官。① 在清朝，曾经出现过大
批的红顶商人，很多是因为官府对报效商人进行奖掖。

2. 税收惩罚。

清政府为保证赋税及时足额入库，自然会想到对偷逃、拖抗税捐行为实行
惩处，相关律例主要有以下方面。

1）揽纳税粮。揽纳他人税粮的，杖 60，而且责成犯人赴仓照所揽税粮数
纳足，并追罚犯人所纳数的 50% 入官。

2）影射差役。即脱免自己的差役，凡逃避差役的，追其欺隐田粮等的罪
责。其减额诡寄的田亩予以改正，坵段收归本户，而且要按照规定当差。里长
如果知情不报，即与犯人同罪。

3）欺隐田粮。凡是欺隐田粮的，全部不报户入册。脱漏版籍的，1~5 亩
笞 40，每 5 亩加一等，最多杖 100。其脱漏的田入官，所隐税粮依亩数、额

① 尚春霞：《清代赋税法律制度研究（1644 年—1840 年）》，中国政法大学 2006 年博士学位论
文，第 118 页。

· 71 ·

数、年数总计其数征税。如果将版籍上自己田土移垞、换段、挪移等，就以高的计数。

4）典买田宅。凡典买田宅不取得税契的，笞 50；仍对买主追契内田宅价钱 50% 入官，不过割的 1～5 亩笞 40，每 5 亩加一等，最多杖 100，且其不过割的田入官。

5）阻坏盐法。凡是客商赴官中买盐引勘合，不亲赴场支盐，中途增价转卖，阻坏盐法的，卖主和买主各杖 80，中间介绍人也要追责，但减一等，卖主转卖的价钱、买主转支的盐货都要没入官。

6）私盐。凡犯无引而走私盐的，不必看赃有多少，有确货即认定，杖 100、判徒刑 3 年（如果带有军器的就罪加一等，流放 2000 里。盐徒诬指平民百姓的，罪加三等，流放 3000 里）。犯私盐拒捕的，判斩监候。

7）私矾。凡私煎矾货卖的，同私盐法论罪。

8）私茶。凡贩运私茶的，同私盐法论罪。如将已批验截角的退引，到山里冒充有效的茶引购贩茶的，以私茶论。

9）人户亏兑课程。凡民间周岁额办茶盐商税诸色课程，年终不纳足赋税的，透漏 10% 笞 40，每增加 10% 加一等，最多杖 80，透漏的追缴入官。

10）舶商匿货：凡泛海客大船到岸，即将货物尽实报官并缴足税收。如果船停泊后不报的，杖 100。申报但不实，也要按上例定罪处罚。不报或不如实报的部分，物货没收入官。停藏的人同罪。对举报的，官给商银 20 两。

11）匿税。凡客商匿税不缴纳的，笞 50，物货 50% 入官，其中，这 50% 中的 1/3 奖给举报人，但执行公务的官吏不在奖励范围。商贾进入关卡之后，查出贩运货物跟所携引中数量不相符，视同隐匿货物偷税来予以处理。①

对官吏考核方面，税收任务的完成与否是重要考核指标，若完成不好，则年度考核肯定难以合格，考核累计三次不合格，则要降级或免职，还可能被责令赔补税收差额，甚至有坐牢和杀头的危险。

3.1.2.6 加强内部监控，防止私派滥征

纳税户缴纳税收，要到官衙将已纳税款"自封投柜"，收纳税银的钱柜是

---

① 尚春霞：《清代赋税法律制度研究（1644 年—1840 年）》，中国政法大学 2006 年博士学位论文，第 119－120 页。

密封上锁的，必须有征收机关 2 人以上才能打开柜子，以防贪污。官府还在民户按易知粮单上列出的税额按期缴纳以后，给其开出截票，也叫串票。钱粮缴纳进库的时候，官府即于"截票"中间盖上印鉴，从印的中间将"截票"分为两联，官民各持有一半。当时征收钱粮，官吏往往用各种名目私行科派。这些私科和私派，间邑通里共摊同出的，叫做软抬，各里各甲轮流独自出的，叫做硬驼。① 为杜绝徇私舞弊，清政府在康熙三十九年（1700 年）对催征方式作了进一步改革，将由单制改为滚单制，即每里以 5~10 户为一个单位，一个单位限用一张滚单，滚单上注明这些纳税人的姓名、应纳赋税等内容，不允许里长进行征收，滚单先给首名缴纳，依次滚催，保证了催征力度和国家的田赋收入征收到位。清代所创建的"自封投柜""串票""滚单催收"等征收方法，在一定程度上起到了防止官吏私行科派的作用。

到清中期，税收管理制度进一步完善，监控也更加严密。这从一张清乾隆元年（1736 年）安徽歙县收税票、推税票与业户执照三联票（见图 3-6）中可看出端倪。推税票和割税票是土地转让双方农业税纳税义务转移证明，业户执照是交税凭证，税收负担责任人和纳税数额一目了然。从中可知，当时的税收监控比对制度已经较为严密。

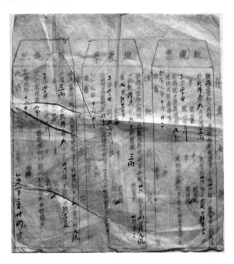

图 3-6　清乾隆元年（1736 年）安徽歙县收税票、推税票与业户执照三联票

---

① 赵尔巽：《清史稿（第十三册）》卷一百二十一，中华书局 1976 年版。

以上各种管理监控措施实行以后，使清朝赋税管理在初中期渐渐走上正轨，明末清初赋税不公、滥征苛派严重的弊病较为有效地得到抑制，同时，也为清政权较快稳定局势提供了较为充裕的财力支撑。赋税法律的规范性使得赋税征收的各个环节都受到法律的制约和监督，减少了征税官吏钻法律漏洞中饱私囊的机会，从而保证了赋税征收的顺利进行。也正是由于国家赋税征收的顺利开展，清政权才有实力进行多次规模较大的赋税优免，而且优免力度是前朝无法比拟的，假如没有强大的经济实力，是没有办法做到的。① 清前期的经济繁荣、政治稳定，与赋税征收的有序进行是分不开的。

3.1.3 推行摊丁入亩促进发展

清朝初期，田赋沿用明万历年间的一条鞭法进行课征，已经将部分丁银分摊入田亩中征收，然而实行得不太彻底，弊端比较多。康熙皇帝对赋役制度实施进了比较大的改革，将丁银固定，并宣布后来滋生的人丁永不加赋，而雍正皇帝更实行了丁银摊到地亩缴纳的政策，最终将赋役合一的改革完成，这在田赋史乃至税收史上都影响深远。从一张清乾隆十六年（1751 年）安徽歙县纳税户缴纳田地丁匠漕项税银时官府开具的比照和执照（见图 3 - 7）上，可看到清代摊丁入亩制度的影子。执照即纳税户纳税的税票，比照即官府留存的税票存根，其上还盖有红字"首催"（即首次催缴）字样。

当时，全国已经出现人口大范围流动迁徙的情况，主佃关系与原来相比更为松散，再沿袭明代那种丁、地分别征收的赋役制度已经十分不适应清代的现实状况，每 5 年查验一次户口的做法也已难以持续下去。于是，皇帝玄烨在康熙五十一年（1712 年）下诏："各省督抚奏：编审人丁数目，并未将加增之数尽行开报。今海宇承平日久，户口日繁，若按现在人丁加征钱粮，实有不可。人丁虽增，地亩并未加广。应令直省督抚，将现今钱粮册内有名丁数，勿增勿减，永为定额。其自后所生人丁，不必征收钱粮……"② 自此，"滋生人丁永不加赋"正式出台。其后，清政府开始实行摊丁入亩、地丁合一制度，首先

---

① 尚春霞：《清代赋税法律制度研究（1644 年—1840 年）》，中国政法大学 2006 年博士学位论文。

② 《清圣祖实录》卷二百四十九。

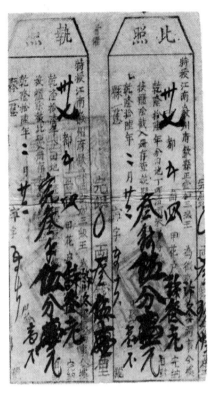

图 3-7 清乾隆十六年（1751 年）田地丁匠漕项税银比照和执照

允许广东开展把丁银摊到地亩、合并课征地丁银的改革试点，揭开了在全国范围内摊丁入亩改革的序幕。其方法是把康熙五十年（1711 年）的丁银总额 335 万余两，按各省原征数额分解到省，再由各省分摊到各自田赋银中去，按每田赋银 1 两摊丁银若干计算，随后一并输纳。雍正二年（1724 年）正式诏令在全国推广该法，乾隆年间真正推行至全国，至乾隆四十二年（1777 年）贵州最后实行为止，历经 50 余年，摊丁入亩最终成为全国统一的赋税征收制度。摊丁入亩使地丁并征的二元税制转变成单一的土地一元税制，有田地收入来源才缴纳田赋地丁，没有收入来源不纳税，在很大程度上放松了老百姓对地方保甲和田地的人身依附关系，使农民特别是那些无地或者少地的贫民得到了比较大的流动自由，对清朝的经济社会发展和城市扩张产生了比较大的推动作用。

　　清前期经济和社会的恢复与发展，又给税收稳定增长提供了比较充实的来源。而且，经过进行比较深入的税收制度改革，特别是摊丁入亩和地丁合一之后，地税跟丁税皆基于最为可靠的资产田亩，使得赋税收入建立在比较稳定与确实的基础之上，这样既可使统治者达到剥削老百姓的目的，同时，又缓解了尖锐的阶级矛盾和民族矛盾，更加有利于封建统治。

摊丁入亩促使田赋收入增加的趋势如表3-1所示。

表3-1 　　　　　　　　摊丁入亩促使田赋收入增加趋势

年份	银（两）	粮（石）	草（束）
顺治十八年（1661年）	21576006	6479466	—
康熙二十四年（1685年）	24449724	4331131	98721
雍正二年（1724年）	26362541	4731400	105491
乾隆十八年（1753年）	29611201	8406422	5145578
乾隆三十一年（1766年）	29917761	8317735	5144658

资料来源：赵尔巽：《清史稿（第十三册）》卷一百二十一，中华书局1976年版。

表3-1中，田赋自顺治十八年（1661年）至康熙二十四年（1685年）的增加，主要是由于土地的开垦；而雍正以后的土地增加，主要是由于摊丁入亩和地丁合一改革的效果，到了乾隆年间，土地开垦趋于平稳，田赋收入增加也逐渐趋缓。

摊丁入亩是中国赋役制度史上一次重大的改革，这项改革既顺应了经济社会发展的必然趋势，又是明朝万历年间所创设的行之有效的一条鞭法的继承和发展，改革的影响比一条鞭法更为广泛和彻底，在税收史甚至是中国历史当中都有着重要的地位，进步意义也很突出，成为清朝政权逐渐稳固的重要基石。

其一，摊丁入亩制度把中国历史上的赋和役分别征收进行了合并，即完成了人头税归入财产税之中。自身没有土地的农民和工商业的从业者不再负担丁银，古代几千年赋与役分开课征的税收制度得以终结，丁役制度开始逐渐演变，压在贫苦百姓身上的沉重丁役枷锁在一定程度上得以解决。

其二，人头税并到土地税收之中后，就按照占有土地这个依据来征收赋税，地多就纳税多，地少就纳税少，无地则不必负担税收，将税负同资产与负担能力挂上了钩。当时许多地方没有地的贫民很多，因为人丁是活动的，把人丁作为课税对象会导致人头税收入很不确定，无稳定收入来源的人丁极易走逃，而土地的数量则在一定时间内较为稳定，作为税收征收对象就有了比较可靠的税收来源。与其在征收丁银的过程中逼迫无地贫民走死逃亡，导致整个社会产生许多不安定的因素，影响政权稳固，还不如实行鼓励垦荒的税收优惠政策来引导流民安于垦种。而将丁税确定为较为固定的金额，随着垦荒的田亩数不断增多，依据田亩的征税也就水涨船高。这些措施对清朝的统治来说，真可谓一举数得。而且无论地主与豪绅，一律依据田亩来课征税收，税负也更为公平合理，客观上起到了减轻自耕农与无地农民赋役负担的作用，地主与豪绅的税收负担增加，也比较明显地限制与约束了这些人的土地兼并行为，有利于促进农业生产，亦有助于缓解阶级矛盾和民族矛盾，促进社会走向稳定繁荣。①

其三，已课征了地丁银的人，在名义上是不再需要承担徭役的。此后官府要进行征派，都应采取雇募的办法。这在正常的情况下，官府基本上就不能再按照丁数的多少来分派徭役，而且还取消了户丁的编审制度，相对地削弱了封建统治者对广大民众的人身约束，民众同封建政权之间的那种人身依附关系就进一步走向松弛，而工商业的雇佣关系就能够更快地发展，这对生产关系来说是一个重大的变化与进步。因为无地的农民与其他劳动者不用再承担那些沉重的丁银，于是进到城镇谋生的人亦愈来愈多，城镇随之渐渐繁荣起来，这对改善手工业者和中小商人的经营状况与生存状态帮助很大。并且，由于大商人与大作坊主承担商税而不用再纳丁银，并不用服徭役，这就对商品经济的发展更加有利，从而进一步促使中国资本主义萌芽的逐步壮大。而且，随着资本主义工商业向前发展，工商税和消费税亦逐渐发达起来，与以前历代王朝相比，税目和税种增加较多，税额也逐渐增大，盐税、茶税、酒税、关税、落地税、矿税、牙税、当税等工商税收，成为整个国家税收体系的重要组成部分。比如清代的盐税收入，在清初只有大约 200 万两，而到清中期就已达到 550 万两②，翻了一番多。

其四，采用固定丁银摊入地亩然后征收税收总额的办法，将丁银征收和人口增减彻底分开来，取消了原来依丁依地分课赋役的课征办法，使税收的课征

① 曾耀辉：《明末清初税收制度对政权兴衰的影响》，《财政史研究（第六辑）》，中国财政经济出版社 2013 年版。

② 赵尔巽：《清史稿（第十三册）》卷一百二十一，中华书局 1976 年版。

在内容、程序与方法上都更为简便，不仅解决了丁银与丁额的问题，而且有效地制约了贪官污吏跟地主豪绅转嫁赋税和任意贪占，既有益于国家财政收入稳定增长，又统一了明末清初以来特别紊乱的赋税制度，国家赋税法令更能得以贯彻执行，社会稳定与持续发展有了保障。[①] 推行摊丁入亩制度之后，清朝的税收收入持续稳定提高，财政状况有了显著改善，到康熙二十四年（1685年），全国田赋收入即达到2444万两，比顺治七年（1650年）财政总额1485万两还多征了959万两，另有473余万石征粮还未算在内。至康熙四十八年（1709年），户部存银即达5000万两。[②] 从中可以看出，摊丁入亩制度的实施，助康乾盛世时的财政收入渐趋充裕。

其五，摊丁入亩制度实施之后，特别是朝廷于康熙五十一年（1712年）宣布了"滋生人丁永不加赋"，农民垦种的积极性得到很大调动，全国土地面积不断扩大，同时又促进了人口自由迁徙。由于获得了较为充足的劳动力，城市工商业的发展不断加快，农业、商业、手工业与城市建设都受益，一定程度上保护了老百姓的利益。人民安居乐业，促进了人口增长，根据《清实录》的记载，顺治十八年（1661年），全国人丁[③]的数额为1913万，康熙五十年（1711年），人丁增加到2462万，而到了乾隆五十五年（1790年），人口数量已增加到3.01亿[④]，这是地球上有史以来不可想象的人口增速，而中国也就在清中期成为世界上人口最多的国家，其主要原因之一就是实行了调动老百姓生产经营积极性、公平赋役负担的摊丁入亩改革。

但是，摊丁入亩也有明显的不足之处：一是并非对滋生人丁概不征收钱粮，而是新增加人丁数须补足已缺额数，除照地亩派丁外，其按照人丁数派的，一户之内减少了一丁，就应当增加一丁，也就是用所增加抵补所减少人丁数。倘若减少二三丁，本户增加人丁数不足抵补，则在亲族之中以丁多者抵补。如果还不足，则以同甲粮之丁补报。其余人丁数归入滋生册内另行造报，这些人丁才不须加赋。二是固定丁银政策实施后，有些地方执行不到位，一些

---

① 曾耀辉：《明末清初税收制度对政权兴衰的影响》，《财政史研究（第六辑）》，中国财政经济出版社2013年版。

② 赵尔巽：《清史稿（第十三册）》卷一百二十一，中华书局1976年版。

③ 人丁数并不是指人口数，而是指达到一定年龄的男性，不包括女性和小孩。

④ 此为人口数，包括女性和小孩。

政策得益者往往千方百计阻挠，一些州县仍不断对定额外的滋生人丁增收丁银。摊丁入亩后，地税随耕地的扩大而增加，丁银也随之"水涨船高"。当外国鸦片输入，白银大量外流后，银价上升，以银纳税，人民无形中增加了负担，且由于征银时增征"耗羡"等，更是额外的剥削。而摊丁入亩赋役制度改革没有改变封建剥削关系，没有解决土地问题，无地贫民租种地主的土地，要向地主上交一半左右总产量的地租，同时，还要承担地主转嫁的各种临时加派劳役，因此，无地贫民的负担也没有按预想的那样减轻。

摊丁入亩制度本身尽管有其局限性和欺骗性，但其得以顺利推行，在客观上起到了加快经济发展和社会稳定的作用，国家也越来越富庶，财政收入充裕，这项举措有助于清政权这个少数民族为主要统治者的政权在中国大地上站住脚跟，而且还催生了康乾盛世这个中国封建社会最后的繁荣时期。

3.2　蠲免赋税，体恤民力

清朝初期，统治者面对明末破败的社会经济状况，为了遏制民众流离失所，恢复农业生产，稳定社会秩序，推行了不少轻徭薄赋休养生息，鼓励生产恢复和发展的措施。

3.2.1　入关伊始蠲免钱粮，休养生息

清政权在清顺治元年（1644 年），就以顺治皇帝的名义发布《欲尽蠲赋税钱粮以厚民》诏书，昭告天下：从顺治元年开始，迁徙到京城的人家，所有税赋皆免征 3 年；不属于迁徙的人家但是房舍分给了别人居住的，免征 1 年；大兵经过的地方，田地被践的免当年的田赋；河北的府、州、县和卫的钱粮免征当年的 1/3；与田地一样，盐课银两亦免征 1/3；商业贸易中，货物应抽分的税银和过关钞料皆免征到当年 12 月为止，令各地详细查核数目，真正据实蠲免，以达到国家没有虚恩，人民共沾实惠的目的。通过蠲免苛捐杂税，使民众减轻负担，安心发展生产。

3.2.2　采取税收优免措施发展经济，提升国力

明末清初战乱频繁，百业受到严重摧残。湖北、四川、广东、广西"弥

望千里，绝无人烟"①，而四川由于晚明政权与张献忠的大西农民政权之间大规模战争，其后清兵又残酷镇压全川各地反满武装，四川境内满是瓦砾，田园荒芜，老百姓死于战乱的非常多，万历年间还有 67.9 万人丁，而到了顺治十八年（1661 年）却降到只有 1.6 万人丁，直到康熙十年（1671 年）仍旧是"有可耕之田，无可耕之民"②。山东同样是满目榛莽，人迹罕见。即使是鱼米之乡的江南，亦四处是城乡破败之像，诸业都极度萧条。清政府为了扭转衰象，入关之初即相继实行各种恢复生产的举措，可是因长期战乱，多数举措都流于形式，直至三藩初定，清政府才腾出手来恢复残破的经济。

3.2.2.1 行"更名田"

为了恢复农业生产，清初规定数年无人耕种的土地，可以任人耕种。康熙八年（1669 年），清政府下令停止圈地。并明令把明末皇室、藩王所占田地给实际耕种的人为永业，号为"更名田"。第二年，鉴于"更名田"输粮之外，又纳租银，重征为累，规定"与民田一例输粮，免其纳租"，使他们完全处于自耕农的地位，免纳田租，一律输粮，从而减轻了这一部分农民的负担。

3.2.2.2 鼓励垦荒

清顺治年间，政府就开始鼓励垦荒，且颁布了劝垦条例，并以垦荒面积作为官员考核和奖励的依据之一。但由于急于求成，未制定切实可行的官员考核机制和对农民的资助制度，造成了富者以有田为累、贫者以受田为苦、司者不以垦田为职，垦荒的效果不是很大。康熙时期，康熙皇帝采纳了御史徐旭龄的鼓励垦荒的建议，于是调整了开始征收赋税的年限，于康熙十二年（1673 年）规定："民间垦荒田亩，以十年定起科"③。允许河南"将义社仓积谷借与垦荒之民，免其息"④。在部分条件极差的地方，"凡流寓愿垦荒居住者，将地亩永给为业"⑤。其后，又实施了招民垦荒而且酌情叙用的奖励方法，"准贡监生员

---

① 《皇朝经世文编》卷三十四《户政九·屯垦》，刘余谟《垦荒兴屯疏》。
② 《清圣祖实录》卷三十六。
③ 赵尔巽：《清史稿（第十三册）》卷六，中华书局 1976 年版。
④ 《清圣祖实录》卷一〇八。
⑤ 《清朝通志》卷八十一。

民人垦地自二十顷至百顷以上者，试其文艺通否，酌量以知县、县丞、百总武职等官用"①。因为政策措施得力，整个清代，康熙时期的垦荒面积最多。根据《大清会典》和《清实录》记载，自康熙二十四年（1685 年）至雍正二年（1724 年）的约 40 年时间，全国耕地面积猛增了 116 万顷，与顺治十八年（1662 年）相比增长了 21%。后来，雍正皇帝接着实行鼓励垦荒的政策，持续放宽初始纳税年限，垦种的水田免税 6 年，旱地更是免税 10 年，有些开垦的贫瘠土地则永不纳税，而且给垦荒者颁发注明相关优惠政策的遵照（见图 3-8），确认垦荒者的土地所有权和免税期限；所垦的荒田，谁垦产权归谁；官府参照历朝历代恤民的做法，允诺凡是由官府招徕垦种的流民和贫苦的客户，皆由政府提供贷款，使垦荒农民能够买得起耕牛和种子；允许垦荒的农民在垦地入户籍，与旧籍脱钩。同时，还严厉打击江南的豪强地主依凭势力欺压百姓，以限制土地兼并。

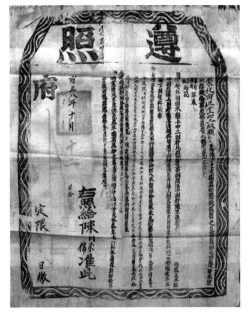

图 3-8　清雍正八年（1730 年）云南蒙化府发给垦荒者的遵照

在持续推动招民屯垦，采取轻徭薄赋与民休息的民生政策之后，全国经济

---

① 《清朝通志》卷八十一。

得到快速恢复和发展。如移民垦种较典型的四川省，在多项鼓励移民和垦荒优免政策措施的作用下，到雍正二年（1724 年），全省人口快速增长，达到204.6 万人；雍正六年（1728 年），垦田数增加到 43 万余顷，并且可基本保证粮食作物稳产与高产，经济作物种类不断增多。

3.2.2.3 减轻苏松嘉湖田赋

从明初开始，江浙的苏州、松江、嘉兴、湖州等地田赋定额就特别重，堪称全国之首，是有些地方的数倍。清雍正二年（1724 年），以苏、松浮粮多于他省，诏蠲免苏州额征银 30 万两，松江 15 万两，永著为例。雍正五年（1727年），诏减浙江嘉湖二府额征银 10%，计银 8 万余两。乾隆元年（1736 年），免苏、松浮粮额银 20 万两。通过减免，公平了税赋，调动了这些鱼米之乡劳动者的生产积极性。

3.2.2.4 大蠲赋税

在康熙年间普遍实行赋税蠲免政策，遂成常例。康熙四年（1665 年），朝廷诏令凡灾伤免赋者一并免去丁徭。自康熙二十五年（1686 年）起，清中央政府常常推行"一省连蠲数年"或"一年蠲及数省"政策。[1] 康熙皇帝常常实行普免的优免政策，区域性的优免更加常见。雍正皇帝优免措施相对节制，一般不实行普免而多推行灾情蠲免，但也蠲免了江苏各属历年未完民屯地丁芦课等银 1210 余万两。西藏、苗疆之乱平息后，免甘肃、四川、广西、云南、贵州五省田租。又谕国家经费已经较充裕，宜散富于民，依次免直省额赋 40 万两。[2] 乾隆皇帝则普免了四次钱粮，全国蠲免的钱粮数达到 1.2 亿两白银，而且还在相关区域普免了三次漕粮，总量达到 1000 万石。[3] 其中，在乾隆三十五年（1770 年），正值皇帝六十大寿和第二年太后八十大寿，照十年之例，按各省额赋，分三年轮免一遍。

以江西省为例，清朝初年，江西省最初处在南明政权统治之下，清军进占之后，又承受金声桓之乱，当地的农民起义军亦此起彼伏，不过清政府一直很

---

① 蒋良骐：《东华录》，康熙二十四年四月辛丑。

② 赵尔巽：《清史稿（第十三册）》卷一百二十一，中华书局 1976 年版。

③ 李胜良：《税收脉络》，经济科学出版社 2004 年版，第 59 页。

重视用减免税来安抚民心。相关情况如表 3-2 所示。

表 3-2　　　　　　　　　　清朝初年江西蠲免情况表

年份	地点	蠲免原因	蠲免项目
顺治二年（1645 年）六月	南昌、抚州、饶州、广信等府属		免去应解会同馆站价银两；南直马价草料籽粒银两
顺治六年（1649 年）六月	江西全省	被兵	免全省顺治四年南昌、新建五年分逋课，其余被兵州县，重者免顺治五年份租赋，轻者免顺治五年分租赋之半
顺治十年（1653 年）三月	江西全省	灾荒	免江西省顺治六年荒残逋赋二十七万八千七百九十五两有奇
顺治十年（1653 年）十一月	江西省五十四州县	旱灾	免无漕粮州县钱粮
顺治十一年（1654 年）正月	江西全省		免全省缺丁银四万七千二百八十九两有奇
顺治十三年（1656 年）八月	广信、饶州、吉安三府	旱灾	免三府属县顺治十二年分额赋
顺治十四年（1657 年）十一月	龙泉、泰和、吉水、万安等八县	旱灾	免本年分额赋
顺治十七年（1660 年）十一月	上饶、丰城、南昌等四十五州县	旱灾	免顺治十六年分田粮
康熙二年（1662 年）四月	南昌等府六十五州县	旱灾	免康熙元年额赋
康熙二年（1662 年）九月	玉山等十二县	旱灾	免本年额赋
康熙三年（1663 年）六月	余干、安仁两县	水灾	免康熙二年额赋
康熙四年（1664 年）正月	南昌等四十一州县	旱灾	免康熙三年额赋
康熙四年（1664 年）十一月	南昌等四十二州县	旱灾	免本年分额赋
康熙五年（1665 年）十一月	宁州、武宁等三十五州县	旱灾	免本年分额赋
康熙六年（1666 年）十一月	宁州等三十一州县	水灾	免本年分额赋

续表

年份	地点	蠲免原因	蠲免项目
康熙十年（1670年）二月	新喻、新淦两县		免荒地三千四百余顷额赋
康熙十一年（1671年）九月	庐陵、吉水、上高、宁州四州县与南昌九江卫	旱灾	免荒地五千四百余顷逋赋

资料来源：《清实录》《清世祖章皇帝实录》《清圣祖仁皇帝实录》卷一至卷四十二。

3.3 税制对康乾时期经济社会发展的影响

从顺治时期开始，清初统治者采取了包括适当的税赋政策在内的各种措施，再历经了康雍乾三朝长达100余年的经营，长期饱受战乱、苛政和灾荒之苦的百姓得以休养生息，社会逐渐稳定，经济不断发展，比较有效地缓解了汉人对清政府的抵触情绪。这个从关外入住关内的大清帝国渐渐站住了脚跟，而且最终走到了康乾盛世这个中国封建社会发展的有一个巅峰。可以说，18世纪是中国传统经济的极盛时代，其农业、工商业、贸易、城市建设等方面，都曾经在世界上居于领先水平。

从农业生产来看，清初原有作物的耕作面积不断增大，新引进作物得到持续推广，土地的产量有较大提高。水稻已经向北方推广到了内蒙古与新疆，双季稻也向北推广到了长江流域。明末从外国引进的番薯和玉米，以及烟草种植及其加工，生产区域在清初都得到迅速扩展，棉花成为最重要的经济作物。随着明末清初荒废的土地逐步得到开发和利用，以及持续鼓励垦荒，耕地面积大为增加。

由于农业技术继续发展，农业发展迅速，农产品开始商品化，康熙以后，人口和耕地面积都逐渐增加起来，且康熙皇帝还许诺"滋生人丁永不加赋"，促使全国人口激增，从乾隆中期开始突破2亿人，具体情况如表3-3所示。

表3-3　　　　　顺治十八年至道光二十九年全国土地和人口数量

年份	人口数（人）	年份	土地数（顷）
顺治十八年（1661年）	19203233	顺治十八年（1661年）	5493576
康熙五十年（1711年）	24621324	康熙二十四年（1685年）	6078430

续表

年份	人口数（人）	年份	土地数（顷）
康熙六十年（1721 年）	29148359	雍正二年（1724 年）	6837914
雍正二年（1724 年）	25284818	乾隆三十一年（1766 年）	7414495
雍正十二年（1734 年）	26417932	嘉庆十七年（1812 年）	7915251
乾隆十四年（1749 年）	177495039	道光十三年（1833 年）	7375129
乾隆二十九年（1764 年）	205591017		
乾隆四十一年（1776 年）	268238181		
乾隆五十一年（1786 年）	291102486		
乾隆六十年（1796 年）	296960545		
嘉庆二十四年（1819 年）	301260545		
道光十七年（1837 年）	361690000		
道光二十九年（1849 年）	412986649		

资料来源：赵尔巽：《清史稿（第十三册）》卷一百二十，中华书局 1976 年版。

在手工业方面，发展较为迅速，家庭手工业广泛发展，官府的手工业技艺高超，各种手工作坊不断增多，在手工劳动中的分工进一步精细，出现了经营区域化的格局，手工业发展规模已经远超过前朝。棉布和丝绸等纺织业、制瓷业、制糖业与制茶业等皆达到世界较高水准，江浙的纺织业、江西的制瓷业、广西的制糖业和云南的制茶业等，已经达到了相当大的规模。

在城市发展方面，清初以后的城市有很大拓展，城市的资源集聚力增强。清朝自从实行"滋生人丁永不加赋"与摊丁入亩的政策后，人丁税基本固定了，政府不需要像从前那样针对人口加强控制，于是户口的编审也就不像以前那样严格了，在这个背景之下，很多民众就离开家乡到外地去谋生，成为城镇工商业的劳动力，被各个工场主与商号雇佣。至 19 世纪初期，全球有 10 个 50 万人以上的城市，中国就占 6 个，分别为北京、江宁（南京）、苏州、广州、杭和扬州，不少城市成为产业聚集地，如江宁是著名的丝织品产地，有丝织工人数万人，形成了一个大的产业集群。城市以下的墟市集镇的数量也大大增加，不少集镇成为手工业重镇，如江西景德镇，常年聚集制瓷工人数万人。

在商业和市场方面，徽商、晋商、徽商和赣商等十大商帮活跃在长城里外与大江南北，粮食、棉花、布料、绸缎、丝织、陶瓷、食糖、酒类、食盐、茶叶等成为主要流通商品，形成了以广州、北京、苏州等为中心的国内市场体系，星罗棋布的城镇和农村集市遍布全国，商业发展规模迅速扩大。

在对外贸易方面，处于急剧增长、长期贸易顺差的态势，主要出口商品如茶、丝、土布等数额巨大。为了买到中国出产的货物，国外的商人必须携带数量巨额的白银来到中国。帝国主义列强为了达到平衡在对华贸易中产生的逆差的目的，不得不另辟蹊径，这也为列强贩卖大量鸦片进中国并发动罪恶的鸦片战争埋下了伏笔。

第 4 章

赋税加重与经济社会嬗变

4.1　鸦片战争前后的经济社会状况

清前期的康乾盛世使中国封建社会走到了繁盛的顶峰，然而在之后的 100 多年里却发生了翻天覆地的变化，康乾盛世成为落日辉煌，中国逐渐衰弱，在灾难深重中痛苦前行。

康雍乾三朝历时 134 年，但放眼全球来看，这期间是人类文明历史中人口从分散渐渐走向聚集的时期，也是经济国际化日益明显的时期。然而，清政府在对外政策方面却实行了与时代发展趋势相悖的闭关锁国政策，实行这些政策的目的为外夷归附与怀柔远人，以及防范海外反清复明势力，通过大力宣扬恩德与限制内外交往以维持国内秩序的稳定，加强集权、禁锢思想、闭关锁国、限制工商业、蔑视科学技术，严重地制约了经济发展和社会进步。当时，中国不少大城市的人口都超过世界最先进的伦敦，但城市的发展主要是依靠官吏、地主豪绅、军官及其附属者的消费，并不是主要得益于自由的工商业发展。

传统经济格局受到猛烈冲击。鸦片战争前，中国这个独立的闭关自守的封建大帝国，社会经济形态以土地私有制为基础，个体小农业和家庭手工业相结合的自给自足的自然经济仍然占统治地位。地主阶级、商业资本与高利贷资本牢固结合，并运用其积累的财富投资于土地，进行残酷的封建剥削，广大农业劳动者只能维持狭隘的小规模简单再生产，很难成规模扩大再生产。自然经济所固有的向心力，排斥社会分工和商品经济的发展，阻碍着社会生产力的发展和资本主义生产关系的出现。然而，王朝的限制措施并没有完全阻碍中国资本主义萌芽逐渐发展壮大，在制器、盐业、纸业、陶瓷、棉纺织业、布业、糖业等手工业，米业、茶业等农产品加工业，铁、金、银、铜、铅等采掘业，手工工场和大的作坊、大型矿场也越来越多。这种情形不只是在珠江三角洲和长江三角洲等经济发达之地，而且在较为偏僻的西南一隅也已经出现了，这些工商业的进展给中国近代资本主义发展打下了较为坚实的基础，但多以手工业的形式存在，大规模的生产和雇佣支付工资的劳动者还较少，没有形成气候。两次鸦片战争，一个个威逼利诱下的不平等条约，标志着近代中国一步步沦为半殖民地，在外国列强的大肆侵略之下，国家主权和领土完整皆遭受非常严重的破坏，在经济上的损失更是难以计数。中国由于鸦片战争的失败门户洞开，使得国外的商品得以涌入中国，冲击了原本自给自足的封建小农经济。外国企业的进入，尤其是借助坚船利炮敲开中国大门的外国资本，一步一步挤压中国封建经济的生存空间，使其不断走向没落。而中国本地的民族资本主义却在此影响下得以发展，并形成了中国自己的资产阶级，中国再也不可能回到原来的封建统治格局中去了。

长江三角洲经济越来越举足轻重。广州长期独享一口通商的优待，在对外交往中有着别处无法比拟的优势。但由于长江三角洲更靠近提供工业化大生产原材料的中国腹地，长江是这些原材料集散的最大和最佳通道，而上海是交通运输枢纽，随着长江口岸、华北口岸的开放，贸易重心逐渐由广州向上海转移，上海从此以后居于全国进出口贸易的最重要地位，这对长江流域乃至全国的开放与发展皆产生了深远影响。

外国资本主义对通商口岸城市的经济渗透日益加强。随着通商口岸渐趋增多，贸易变得日益活跃，外国的资本也开始利用钱庄的信贷关系来开拓内地市场的商品交易。外资企业更是愈来愈多地来到中国，至清同治十一年（1872年），在中国开设工厂生产和做生意的外资企业已经达到340多家，主要是从事进出口商业、出口商品加工业、航运业、船舶修造业和金融业。

买办不断壮大起来，买办的规制也渐渐成形。在各个洋行之中，买办原来基本上是从事洋行里一般业务的处理，然而随着外国资本对中国经济的不断侵略和渗透，以及买办在商业贸易中的业务水平逐渐提高，外国的商人对买办的能力越来越认可，不少买办担任的职务也就越来越高。买办利用比较早学习掌握的外国先进经营管理方法和中西文化沟通的优越地位，通过帮着外商开展贸易所得佣金和其他业务收入，自立行号来为洋行提供购销服务，且时常依仗外国侵略势力的庇护，逐渐获取了十分可观的经济收入，积聚起数量不菲的财富，他们的经济势力与对各方的影响力也不断增大，社会地位明显提高。

洋务运动的兴起推动了军用工业和民族工商业的发展。洋务派开办的军用工业产生于 19 世纪 70 年代初，当时社会越来越动荡，外国列强侵华的威胁不断增大，清朝的统治者从历次对外战争中吃过列强们强大的现代军事力量的苦头，在围剿太平军时也掌握了洋枪和利炮的使用方法。这样，在统治集团里面就分化出了曾国藩、左宗棠和李鸿章等一些主张学习借鉴西洋先进技术与制作工艺的洋务派官吏。这些人手上掌握着地方的军政实权，于是购买与仿制外国新式的武器和炮舰，进而兴办修理所、轮船局和其他洋务军用企业，官僚资本主义工商业迅速壮大，也逐步带动了较为现代的民族工商业的发展。不少洋务企业同时有较突出的民族性特征，也开始学习较比为先进的技术工艺和生产方式，中国资本主义近现代化的脚步逐渐加快。

4.2　乾嘉时期的赋税上升与嘉道民变

4.2.1　赋税逐渐沉重

就在乾隆朝后期大清王朝走到鼎盛之时，也逐渐显现出衰败迹象。清代到了乾隆年间，一方面，仍然实行一些税赋减免，蠲免全国田赋和漕粮，乾隆在其亲政的 60 年里，合计普免全国的田赋 4 次、漕粮 3 次，每次都分为几年轮完，并且普免过官田的田租与各省积欠。一些有特殊情况的省份、地区与个别项目的蠲免与免除旧欠则数不胜数，有些蠲免还形成了定例。蠲免措施虽然对民生有一定的益处，但造成了国家财政减收，也助长了一些地方官吏故意虚报欠税，其实这些欠税早已征收，老百姓的负担一点也没有减少，而贪占的管理者借朝廷蠲免欠税而达到"洗白"的目的。另一方面，额外的加派与勒索逐渐加重，为康乾盛世之后的迅速衰败埋下了伏笔。到嘉庆朝，这种衰败迹象变得越来越明显。一张清嘉庆四年（1799 年）分别盖红色和蓝色官印的契税凭证——契尾（见图4-1），折射出当时权力更替的历史变故。契尾上大一些的红官印为省布政使司预盖，蓝官印为使用契尾的州盖的官印，因为这年乾隆太上皇驾崩，按规定须盖蓝官印。在嘉庆四年（1799年）的正月，当了三年多太上皇的乾隆寿终正寝，嘉庆皇帝开始作为一个真正的帝王行使自己的权力，而这个时候，清朝已经明显地出现焦头烂额的迹象了。

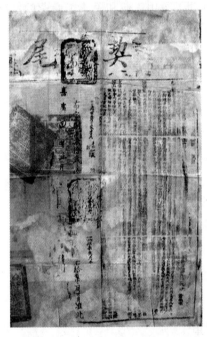

图4-1　清嘉庆四年（1799年）分别盖红色和蓝色官印的契尾

一个王朝是不是强盛与稳定，其财政的支付能力为重要衡量因素。财政充裕曾经是康乾盛世十分重要的标志之一，但是，当时财政充裕的情形也只是相对而言的。由于乾隆皇帝好大喜功，发动了一场又一场浩大的战争，导致连年用兵，战争的大量耗费使老百姓背负上了越来越沉重的负担。如乾隆朝的准噶尔回族之役耗银3300万两，台湾之役耗银800余万两，两次金川之役分别耗银2000万两和7000万两，穷兵黩武，这些用兵所费钱粮惊人，总计达1亿余两，而嘉庆朝发生的镇压川、湖、陕白莲教之役，耗银竟达2亿余两，这些负担最终都摊到了广大老百姓头上。而朝廷上下奢靡之风开始盛行，机构和官吏数量膨胀。清初，官俸支出只有200万两。随着清代官僚机构的膨胀，官吏编制不断扩大，文武百官不断增加，到乾隆三十一年（1767 年）时，官俸支出已达 543 万两，约占国家总支出的 18%。而且乾隆对此似乎毫不在意，挥霍无度，寿典铺张奢华，巡狩花样翻新，盘游无度，这进一步加剧了国库的亏空，财政充裕的情况渐不如前。而各级官吏贿赂成风，大肆挥霍，使清政府财政入不敷出的现象日渐严重。① 这其中，十分严重的一种现象是官吏借亏欠钱粮做文章谋取私利。各省地方官吏将应征钱粮挪移新旧，以征作欠，积欠甚至达到 2000 多万两，其实这里面许多钱粮已征收，只是被官吏贪占。乾隆皇帝切责大吏督征不力，并命户部将各省原欠已完未完各数详细清查上报。各省所欠钱粮中，以江苏为最多。巡抚朱理奏酌定追欠的办法，分年完欠，杜绝新亏。然而，各级官吏推三阻四，使追欠办法无法实行。直隶、山东、安徽、福建、江西、浙江欠税也很严重，甘肃、陕西、河南、广东、湖南和湖北等省也有不少积欠。为遏制欠税，乾隆皇帝甚至严定科条，亏缺万两者即判斩监候，2 万两以上者斩立决。所亏之数，勒令限期追缴，限内完成的免死，仍永不叙用，逾限不完则斩立决。② 然而，各级官吏为利益驱使层层贪占，虽有严刑酷法，仍然遏制不住钱粮越欠越多的趋势，导致财政亏空严重。

为了缓解财政危机，官府千方百计采用种种筹款的方法来弥补财政亏空，比如开始实行报捐卖官，对盐斤进行加价，商人可捐献报效，关税则加盈余，公摊养廉等。所谓"开捐例"，就是卖官鬻爵。图 4 - 2 是一件清嘉庆九年（1804 年）山西民间出钱捐官的户部执照，执照内容为："户部为钦奉上谕，事据俊秀董复义，山西太原府祁县人，年二十二岁，身中而面无须。今遵例由俊秀捐库平银一百八两，加捐贡生银一百四十四两，共银二百五十二两，准作贡生。所捐银两于嘉庆九年十月初十日付库，相应发给执照，以杜假冒。"该执照显示，捐银 252 两即可从俊秀捐作贡生，而当时贡生已具备官员候选资格。

4.2.1.1　田赋附加盛行

清朝廷在康熙五十一年（1712 年）虽明令永不加赋，但实际上田赋额外

---

① 张国骥：《清嘉庆、道光时期政治经济危机研究》，湖南大学 2011 年博士学位论文。

② 赵尔巽：《清史稿（第十三册）》卷一百二十一，中华书局 1976 年版。

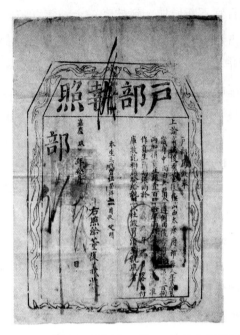

图 4 - 2　清嘉庆九年（1804 年）捐官户部执照

之征甚重，加派亦甚多，特别是乾隆、嘉庆之后，不仅漕粮附加、耗羡和平余这些原有的加派越来越重，另外还有名目繁多的附加税费项目。而按清朝惯例，凡是督抚大臣进京觐见，必呈进贡物特产，藉此邀宠。这带动群官竞相献媚，百姓赋役日益沉重。① 国家和地方财政的不堪重负，更是推动了加征旧税，民众负担随之不断增加。

1. 漕粮附加。

清初的田赋，地丁以银两缴纳，漕粮以实物缴纳，故漕粮是清代田赋的主要内容之一。清承明制，继续在山东、河南、江苏、浙江、安徽、江西、湖北、湖南八省征收漕粮，通过水路转运至京，供皇室、官军和市民食用，故亦称漕运。图 4 - 3 为清道光二十三年（1843 年）江南徽州府歙县上下忙执照，从中可以看出，当时安徽徽州农民缴纳的田赋包括地漕银和南米。

漕粮在转运过程中有各种损耗，因此课征漕粮时，加派的这些损耗，称漕粮附加，亦称漕粮经费，这些漕粮附加有正耗加耗、船耗、轻赍、行粮月粮、

---

① 张玉芬：《嘉庆评述》，《辽宁师范大学学报（社会科学版）》，1986 年第 4 期。

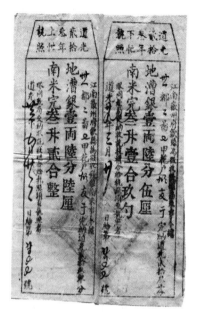

图 4-3 清道光二十三年（1843 年）歙县安徽地漕银、南米上忙和下忙执照

席木、贴赠杂费等。正耗加耗为各省正兑米每石 2 斗 5 升至 4 斗，改兑米 1 斗 7 升至 4 斗加耗，以备京、通各仓并漕运折耗之用。其南粮又有随船作耗米，自 5 斗至 2 升、3 升不等，以途之远近为差。船耗为正兑米每石 1 斗 5 升加耗，改兑米每石 2 斗 3 升加耗，各地有所差别，以给运军沿途耗折。轻赍银始于明朝中叶，以诸仓兑运，须给路费，征耗米，兑运米一平一锐，其锐米量取随船作耗，余皆折银，叫做轻赍。[①] 轻赍在各地亦不同，山东、河南为正兑米每石 1 斗 6 升加收，江苏、安徽为 2 斗 6 升，江西、浙江、湖北、湖南为 3 斗 6 升；改兑米江苏、安徽、江西、浙江为每石 2 升加收。行粮月粮为各省运弁运军在出运之年，运弁各支行粮 2 石 4 斗至 3 石左右，运军月粮 8 石 9 斗至 12 石左右，或折银征给，或银米各半。席木为各省正兑米、改兑米每 2 石征苇席 1 张，以 70% 随船解往通州，为仓庾苫盖之用。贴赠的名称各地不同，江南称漕赠，山东、河南称润耗，浙江称漕载，湖广、江西称贴运。其中，山东、河南漕船每运米百石，给润耗银 5 两，米 5 石，而浙江给漕载银 3～4 两，湖北、

---

① 赵尔巽：《清史稿（第十三册）》卷一百二十一，中华书局 1976 年版。

湖南给贴运米 20 石，皆随漕科征，江西给贴运银 3 两，米 3 石，副耗米 13 石。

漕运不仅保障了京师的粮食供给，更可以说是清帝国的经济命脉，是清政府得以安邦定国的重大举措。然而乾隆晚期，漕运制度隐含的弊端开始全面暴露，至嘉庆朝时漕务更是逐步陷入危机之中。从最开始的课征漕粮至最后的支领仓米，这中间弊端很多，每一个程序、每一道环节都有可能被官吏们利用来谋取私利。① 而漕粮附加，更是越来越名目繁多，五花八门，除以往已有的之外，又增加了帮费、漕规、房费、河费等，既没有统一的征收标准，又不解入国库，官吏随意敲诈勒索，多入个人腰包，民众负担日重，苦不堪言。如旗兵运粮，不给经费则不会起航，州县唯恐有失，就浮收漕粮，供给其用度自费。凡完漕米者，明加之外，暗加 3 倍的亦有，而且处处陋规，层层剥削。从江南漕米来看，本来按规定一年约征收 400 万石，而江南却收到了 1400 万石。400 万石未必能运到京师，但 1000 万石却供给了贪官污吏和运弁旗丁挥霍。②

2. 耗羡。

当时田赋不仅要完正供，还要附征耗羡，名之为补损耗。耗羡为火耗与羡余的合称，是赋税的加耗部分抵补实耗后所余的部分，以火耗为主。清政府规定地丁征银，即以银缴纳田赋，征来的散碎银两需熔炼为一定成色和一定规格的银锭，才能上缴国库。销熔会产生损耗，税吏为补偿损耗，就在征收时多取补耗之数，重者数钱，轻者钱余，行之既久，则成定例。若是课征粮食，则要搬运仓储，自然就有了"雀耗""鼠耗""脚耗"等，这些粮户负担，名曰"羡余"，两者合称为"耗羡"。耗羡除一部分作为弥补损耗和地方经费外，其余的或用来贿赠上司，或被地方官吏吞没。清雍正年间规定，耗羡的一部分归地方官吏，叫"养廉银"，另一部分解缴布政使司，也叫"羡余"。图 4-4 是乾隆十八年（1753 年）江南徽州府歙县征收田赋的比照和执照，其中写明不仅要征收南米的正米，还要随征正耗米即耗羡。

封建赋税制度的一大特点，就是赋税本额由国家规定，而其征收费用则由

① 袁飞：《论嘉庆时期漕政的腐败——以通仓舞弊案为中心的分析》，《社会科学战线》，2002 年第 9 期。

② 黄天华：《中国税收制度史》，华东师范大学出版社 2007 年版，第 570 页。

图 4 - 4　清乾隆十八年安徽歙县正米、正耗米比照和执照

各地自定，自然全部由纳税人负担。耗羡既没有官府的明文规定，也没有统一的征收标准，地方财政弥补亏空、官吏中饱私囊皆取自于耗羡，这对地方政府和官吏来说真是一举两得。火耗起于明朝，清初顺治年间曾明令禁止私加火耗。康熙初期更是多次下令禁止额外课敛和获取耗羡，但令行而不止，火耗逐渐得到了朝廷的默认，而成为官吏掠夺人民财富的一种理所当然的特殊手段。州县官吏自此名正言顺地有了苛索之名，火耗日增，苛派的耗羡数额越来越大，有的每银 1 两有加耗至 5 钱，白粮每百石官耗至 50 两，甚至税轻耗重，数倍于正额者有之，耗羡遂成地方政府和官吏的重要收入。而雍正年间实行的耗羡归公，实质上是把明末清初以来的各种非法田赋附加和地方搜刮存留银，用法律的形式固定下来，即成地方税收，变非法为合法。耗羡除用于补耗之外，又作养廉和支应公费，而耗羡事关地方官吏的切身利益，故耗羡输纳重于正供，但官吏却养而不廉，耗羡之外更有耗羡，耗羡日趋增加，人民负担日趋沉重。

3. 平余。

平余为耗羡归公后的又一田赋附加。平余为平色之余之意，即为清代地方政府上缴正项钱粮时另给户部的部分，该部分后由户部与地方政府瓜分。有的在耗羡内划扣，也有的另立名目加征。乾隆二年（1737 年），四川巡抚硕色奏称：该省相沿陋例，于火耗税羡外，每银百两提解银六钱。名为平余，以充各衙门杂事之用。乾隆看到奏折后，谕示内阁，火耗归公原以杜贪官污吏之风，若耗外还任意增加负担，小民又添一缴纳项。一项如此，别项可知，一省如此，他省可知，下令革除。但实际上明除暗增，此后各省仿行，遂成公例，于是平余成了正式附加，人民又添一项额外重赋。

4. 浮收。

乾隆年间，州县征收钱粮多采用浮收的做法，导致诸弊丛生。初时不过就斛面浮收，后来则有折扣之法，每石折耗数升，渐增至 5 折、6 折，余米竟然收到 2 斗 5 升，百姓苦不堪言。而嘉庆、道光年间，由于鸦片输入，白银外流形成银荒，银贵钱贱越来越明显，地丁银又不得不折成铜钱缴纳。州县官吏就利用银钱不合理比价，肆意加重钱粮的浮收。有的地方数十年间钱粮折价上涨了近 1 倍，也就是说，税收负担增加了 1 倍，这其中有银贵钱贱的原因，但贪官污吏借口钱粮折价横派滥征是主因。

5. 重戳。

重戳是乾隆时期的贪官污吏在征收田赋过程中对人民明目张胆的敲诈勒索与额外的巧取豪夺。戳即秤的戳头，一些征收赋税的贪官污吏为盘剥百姓，将戳头暗中加重，有的每两多加 1 钱有余，达到多收赋税的目的。不仅收粮的官吏，销熔银锭的银匠也用此办法侵渔百姓。为防止贪官污吏重戳，乾隆皇帝下旨要求各省督抚、布政司遵照已核定的天平砝码制成确定统一的戳头，下达于各州县严格执行，并时时稽查，违者严惩。然而在制作戳头的时候，仍有不少官吏从中作弊，清政府始终无法杜绝重戳之弊。①

---

① 尚春霞：《清代赋税法律制度研究（1644 年—1840 年）》，中国政法大学 2006 年博士学位论文。

6. 折色。

中国历代封建政府赋税中原定征收的实物称"本色",改征其他实物或货币,称"折色"。在"折色"过程中,必然会出现折耗,征收折耗没有一定之规,许多不法官吏即在这上面打主意,通过多征折耗压榨百姓,每石粮改征银往往收折耗 8 钱以上。嘉庆、道光年间,各省漕粮准收折色,多以银两完纳,原交漕粮各省改为以银缴纳,称之漕折。以粮折银时,银价高于粮价,漕折又不断加收,同时,原列漕粮各项附加,亦随之并折银两缴纳。道光时浙江乌程岁征丁银 11.6 万余两,折收制钱,市场上每银 1 两合制钱 1200～1300 文,征收时却要求每 1 两银的税交 2400～2500 文,几乎多收 1 倍。[1]可见,一项折色就给老百姓增添了许多负担。

7. 提前征收。

道光年间,官吏在税粮征收过程中,采用多种方式提前征收。有的州县官将要离任,就通过减收的办法提前征收税粮,民众觉得今后可少交税粮,就踊跃缴纳,大县可以收到万两银子,而收到的这些银子往往落入私人腰包,给接替官员造成难题。有的地方官并不去任,但放出离任的风声,减额收税,以达到提前使用钱粮的目的。而有的新官上任,为得钱使用,提前催征钱粮。[2] 而旧官离任后,新官往往不理旧事,老百姓还得依规照交赋税。

8. 杂办。

杂办即为在正税之外所征收的名目并不确定的各种税费。有些地方的征税官吏征收钱粮,外加串票签礼、花名钱等多种名目,或者对欠缴款项按日递加利息钱,百姓不肯缴纳就抓进官府锁起来。即使后来完了粮,还要缴纳"开锁钱",甚至逼得百姓倾家荡产。不少杂办是入于地丁中征收的,如乡饮、笺表、迎新、桃符、祭祀、供品、科举、兵器、修理和书算等项,均是官吏借机巧取豪夺。

4.2.1.2 其他税赋加派越演越烈

清初,虽废除了明末三饷加派及其一些杂课,但随着经济社会的全面发

---

① 《清宣宗实录》卷二一六。

② 冯尔康:《清人生活漫步》,中国社会出版社 2005 年版,第 63 页。

展，官吏贪腐的本性不断膨胀，国家财政需求又不断扩大，额外课征亦不断加重，"永不加赋"最后成了一个幌子，加派与附加日渐盛行，除了田赋有漕粮附加、耗羡、平余等加派外，关税加盈余、商人加报效、盐斤加价、公摊养廉、捐输捐纳，甚至重修县治头门也要向民众派捐（见图4-5），以至税外有税、赋外有赋、关外有关，苛税成灾，加派成祸，终清一代越演越烈，积弊很深。

图4-5　清嘉庆二十一年（1816年）重修县衙向百姓摊派杂捐的执照

1. 税外之税。

清代前期通过设立常关征收货物流通的相关税收，这些税的征收额度和征收范围规定得很明确，一般乡民自用物品不征税。但到了清代中后期，相应的货物税厘越来越杂乱，一米一豆，莫不征税，甚至乡民身背肩挑的自用物品也被征收，常常要交到清前期税负的4~5倍之多。

2. 赋外之赋。

有些地方在国家正赋之外，筑河堤须用夯木要征税，下桩须用柳树要征税，决口卷扫须用稻草要征税，船厂、炮厂须用铁要征税，扎埽须用麻要征税，一年之内老百姓就要多缴数次税。

3. 关外之关。

清前期共设关 13 处，各关一般相隔数百里。但清后期关隘林立，逢关都要抽收税厘。

4. 征收摊捐。

摊捐即是将无法正常报销的公务经费强制摊扣官员（尤其是州县官）养廉银的方式。嘉庆、道光年间，各地的摊捐负担都普遍高于养廉银，苛重的摊捐致使各地养廉银制度名存实亡。嘉庆和道光以来，摊捐被普遍滥用，不仅欠解摊款成为常态，州县也多以亏空、浮收来转嫁财政压力，将本该官吏负担的部分强行摊给老百姓，摊捐因此成为清代财政中的弊政。[1]

4.2.1.3 徭役越来越重

清前期，既有摊丁入亩，田赋已含丁银（见图 4-6），百姓就不再服徭役，官府需要劳力，理应支付报酬。但不少地方其后在此基础上仍然按亩起夫，征发役工。到了乾隆中期后，徭役逐渐死灰复燃，至嘉庆、道光年间，更是越演越烈。摊丁银于地亩，计亩平均派丁，但是地方行事不公，往往使徭役的征调成为累民和虐民的重要方面。征调徭役，有按牌甲派的，按段落出钱，不论段落长短出钱一样多，不公平。有按门户派的，不论贫富按户出役，折钱入官，户地多地少都一样，同样不公平。有按牛驴派的，不论牲畜多少出钱一样，也不公平。有按村庄的，按村出钱，村庄大小不一却出钱一样多，更不公平。而且豪强包揽徭役事项，普通百姓势单力孤，经常被派徭役，没有途径申诉，长期在外服徭役，导致不少人家业荒产废，甚至弃家逃亡。道光年间，有些地方差役中有总头、都总头、都都总头之称，乘轿入乡，横行霸道，随意索取酒肉、鸦片烟、夫脚等费，给乡民造成沉重负担。

因此，清中期以后，官府仍然称田赋制度为摊丁入亩制，但实际调用劳力时仍然无偿征取，形成差外有差的现象。如：喂养马匹、修理房屋、铺设器用、官员过境用度、官府的琐碎杂务都由劳动者承担，有的官员还要索取规

---

① 周健：《清代财政中的摊捐——以嘉道之际为中心》，《中国经济史研究》，2012 年第 3 期。

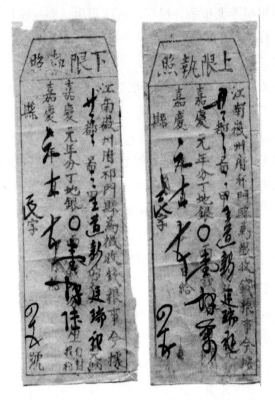

图 4 - 6　清嘉庆元年（1796 年）江南徽州府祁门县丁地银上限、下限执照

礼，百姓既要摊役又要摊钱，这就形成役外有役、差外有差的徭役制度。主要有以下几种。

1. 皇差。

嘉庆年间直隶差使费用的名目不少，还有的项目本来有经费来源，但也要摊派到老百姓头上。如遇皇差，一切道路桥梁工程车马等各个项目，虽然有一定的经费，但往往不敷开支，大都责令民间供应。而且州县官中贪劣者借此加倍派敛，吏胥中的刁恶者也借词任意课敛，甚至超过了州县 1 倍以上。而地多的富户，或纳捐为监生，或捐款买个官职，或挂名衙门，以图免差，强横的甚至其亲戚族党都可免差。于是不办差的户越来越多，办差的户越来越少，而地少的户由于处于弱势反而无法逃脱。并且，州县派差有增无减，甚至州县署内米煤草豆柴薪杂物等，以及官吏过境车辆，都派给老百姓供应，还任意加码聚敛，这些都基本上摊到了穷人头上。

2. 兵差与驿役。

兵差是清代最为苛重的徭役，百姓视之为虎狼，闻之色变。从兵差来看，乾隆穷兵黩武，经过各地，夫马运送，都要征用民力。乾隆三十二年（1767年），清朝对缅甸用兵，大军经过各地需要夫马运送，以至于耗费大量民力，朝廷特颁相关省份每省帑银 10 万，分给民众。这说明，民夫是有偿服役，是给报酬的。但有偿往往变成了无偿，事实上相关耗费基本上出自民间。而朝廷的拨款，多为各级官吏用作他处，或私自贪占，老百姓基本上得不到，一般是官吏令民众垫办，说是差事完后由官府支付，但民众不要说企望能得到补偿了，只要是顺利完成差事，官吏不找茬就值得十分庆幸。这是发生在乾隆盛世当中的兵差事实，而嘉庆以后内乱纷起，兵差负担日趋苛重则为势在必然了。从乾隆到道光，频繁用兵，据不完全统计，包括两次金川之役、准噶尔回族之役、台湾之役、镇压苗瑶之役、镇压古州和台拱苗民之役、镇压瞻对土司之役、淮回之役、镇压王伦起义、缅甸之役、镇压林爽文起义、镇压兰州暴动、安南之役、川陕湖白莲教之役、湘黔苗民之役、鸦片战争等，都必须征用大量民力。

清乾隆以后，驿役异常辛苦，且常受到凌辱和勒索。驿站中的欠款和虚支日重一日，财政却严重供给不足，不得不进行更多的借支。借支不足，又只有责令里甲金派。驿运的船只本来当由官雇，而不得不改为民雇，车马本来也是由官办，同样改为责成民办，百姓备受搜刮和骚扰，困苦异常。

3. 河工役。

清政府虽然实行了徭役制度改革，河工役制度由金派夫役改为官雇夫役，但重大工程力求实行官修，一般工程则采取官修与民修相结合或直接民修的方式，但这只可能减少而不可能免除力役之征，且清代中后期开展了大量的河道整治工程，雍正乾隆以后，治河的成效比较差，但百姓的河工役负担却日趋加重。一遇到灾情，便苛索老百姓，不仅出夫、出料，还得出银，河工役给贪官污吏带来数不清的荣华富贵，却迫使农民远走他乡，浪迹天涯。① 河工役伴随着整个清朝始终。

---

① 黄天华：《中国税收制度史》，华东师范大学出版社 2007 年版，第 576 页。

4.2.2　赋税与嘉道民变

乾隆年间，中国人口急剧膨胀，到乾隆五十五年（1790 年）已突破 3 亿大关。人口急剧增加导致资源与人口比例严重失衡，人均耕地越来越少，而传统生产方式下劳动生产率不可能明显提升，这意味着广大民众的生计也越来越困难。与此同时，因为土地兼并的现象日趋严重，很多地方出现了富户田连阡陌而贫穷者没有立锥之地的情况。民以食为天，就在大量下层民众连最基本的生存问题也难以解决的情况下，就出现了反抗和暴动。跟广大民众的贫困形成鲜明对照的是，统治阶层极端奢侈，而乾隆皇帝本人则是奢侈的坏榜样。最高统治阶层的穷奢极欲带动了地主豪强跟风浮华，同时也给各级官僚疯狂聚敛提供了借口。在遇到灾荒年代时，还有不少中上层官员依凭赈灾的权力肆意进行寻租，而索贿受贿的结果，作为那些下层官吏则在赈灾救荒时就多层层克扣，能够到达灾民手上的接济物资就大打折扣；各级官吏的贪占与挥霍，只有通过加重对民众的盘剥来达到目的，官民之间尖锐的矛盾，最后的受害者又只能是广大老百姓。乾隆中叶以后，由于赋税负担逐渐加重，而且越是穷人所负担的税收和徭役比富人更重，逼迫许多穷人倾家荡产，流离失所。清代真正由盛转衰，从嘉庆朝始。当乾隆皇帝禅位给嘉庆皇帝时，嘉庆面对的清王朝实际上已经是一个矛盾重重、危机四伏、日趋衰落的王朝，不复昔日繁华之景。由于经常连年歉收，地方官吏又妄行额外加征赋税，越来越沉重的赋税和徭役负担使许多底层民众难以生存，导致催生民变。据不完全统计，乾隆二十年（1755年）至乾隆朝末年，民间宗教与结社达到近 200 种之多，这么多的教门与结社都有着严密的组织体系与相同的信仰，有些甚至跟武术团体相结合，在社会矛盾激化的时候，这些教会与结社即会运用自己的一套思想来诱导和发动民众起来反抗，甚至是聚众暴动，从而给嘉庆一朝的社会稳定埋下了很大的隐患。①嘉庆时期，民众的反抗此起彼伏，几乎没有停止过，这样的情况正是反映出了当时的社会矛盾和阶级矛盾已经呈现出越来越尖锐化的趋势。随着社会阶级矛盾的日益激化，民众起义的怒潮此起彼伏，不断冲击着清王朝的统治。

---

① 张国骥：《清嘉庆、道光时期政治经济危机研究》，湖南大学 2011 年博士学位论文。

嘉庆元年（1796 年），震撼清王朝的四川、湖北、陕西白莲教农民起义爆发了。依旧掌握最高权力的乾隆太上皇急忙调兵遣将，对起义军围追堵截。但是劳师数载，靡费军饷亿万，其结果是"良民不得已从贼，日以寝多，奔驱三载，不能自拔者数逾十万"①。起义由刚开始的湖北一地扩展到河南、陕西、四川等省。乾隆皇帝驾崩后，嘉庆皇帝从此掌握了实权，其立即采取一系列新政策和各种措施，以镇压风起云涌的白莲教农民起义。前后历时 9 年，波及多省的白莲教大起义最终被清王朝残酷地镇压下去了。清王朝为了镇压白莲教大起义，动用了 16 个省的兵力，共耗费白银 2 亿多两。清王朝镇压白莲教大起义久久未能奏效，这个现实充分暴露了其外强中干的本质。此后，清王朝不断衰落的趋势越发不可遏止。白莲教起义风起云涌的同时，嘉庆十五年（1810年）还爆发了以蔡牵为首的海上渔民暴动，嘉庆十九年（1814 年）又爆发了直隶、山东、河南农民起义与安徽的天理教起义，但这些起义也被清王朝残酷镇压了，王朝的统治暂时得以维持。在镇压农民起义之后，嘉庆皇帝希望通过对内政作一些改良和对贫苦百姓进行适当安抚来拯救衰败的帝国，以达到维持清王朝的长治久安的目的。事实证明，在业已腐朽的封建中内部，仅仅实行局部的、微调式的改良是难以奏效的。发展是硬道理，自乾隆中期以来，社会经济发展的停滞是关乎清王朝兴盛与衰败的根本问题，然而，嘉庆皇帝并没有能够采取较为有力的措施为社会经济发展注进新的活力。血腥镇压农民起义，虽然暂时使风雨飘摇的清朝统治得以维持，但也引起人民更大规模的反抗。

在道光年间，民变更是此起彼伏，其中有许多次是税捐苛重导致的（见表 4-1）。

表 4-1 道光朝起因于税捐的民变简表

年份	地区	情节
道光六年（1826 年）	浙江仁和	徐凤山领众闹漕
道光八年（1828 年）	山东黄县	农民反对勒折闹堂
道光十年（1830 年）	浙江新阳	衿户抗粮闹堂
道光二十年（1840 年）	江苏丹阳	乡民抗粮捣毁县署，殴伤知县

---

① 《十二朝东华录（嘉庆朝）》卷八。

年份	地区	情节
道光二十一年（1841年）	湖北崇仁	钟人杰领众抗漕，杀知县，占县城
道光二十四年（1844年）	湖南耒阳	千余人抗粮，攻城
道光二十五年（1845年）	浙江奉化	罢考、抗粮，抗官
道光二十五年（1845年）	甘肃	甘藩报垦荒增税，数千农民到藩署哄闹
道光二十六年（1846年）	河南新乡	乡民要求减少钱粮，闹堂伤官
道光二十六年（1846年）	江苏昭文	乡民要求减少钱粮，闹堂伤役
道光二十六年（1846年）	湖南乾州	石观保领导千余人抗租
道光二十七年（1847年）	江西贵溪	文童罢考，抗漕
道光二十八年（1848年）	浙江镇海	渔户聚众毁关
道光二十九年（1849年）	河南涉县	花户聚众抗漕，拘捕伤官
道光二十九年（1849年）	安徽青阳	灾民逃荒抗粮
道光二十九年（1849年）	江苏句容	抗粮伤官
道光三十年（1850年）	江西庐陵	抗粮，捣毁征粮局

资料来源：冯尔康：《清人生活漫步》，中国社会出版社2005年版，第80－82页。

嘉庆道光年间，人民反抗斗争历久不衰，这也同时预示着大清帝国不可避免地动乱加剧，走向衰败。

4.3　闭关锁国政策与关税制度

4.3.1 闭关锁国政策

清王朝入关后，为防范反清势力从海上进攻，实行了闭关锁国的海禁政策，严令片板不许入海，清前期少有海上贸易，也就少有海关税。康熙皇帝统一了台澎金马以后，曾经开放海禁，在云山（今连云港）、宁波、漳州、澳门设立海关，允许四口通商，但是海关政策却时紧时松，到乾隆中期的时候只余广州一个口岸可做对外贸易，口岸推行十三行制度，这些十三行是清政府实行特许经营的半官半商性质机构，政府规定外商在华的一切贸易和事务都必须通过公行来进行，不得跟十三行以外的中国商人直接进行商业往来。这种方法能够达到限制外国商人和其他外国人在中国的活动，事实上亦限制了贸易自由，与此同时，限制了华人同外国人交流。由于还限制出口货物的种类与数量，限制船舶的大小，中国很多行业和技术日渐落后。比如远洋航运业，在 16 世纪前，中国的造船技术一直在世界领先，然而，由于清朝廷对建造海船多加限制，造船业和航运业日益萧条。而在同一时期，西欧的造船业和航海业却高歌猛进，逐渐超越中国，逐渐确立了海上霸权。

在中国与外国的正常贸易方面，中国曾经在相当长一段时期内皆占据了有利的贸易顺差地位，直到 19 世纪的很长一段时期，国外的工业品进口仍然无法抵补上中国出口贸易顺差。而闭关锁国与对外贸易的严格限制，也使这段时期中国来自外贸出超的刺激对资本主义萌芽的壮大并不明显。清廷自恃"天朝物产丰富，无所不有"，因此继续闭关锁国，其结果必然是落后挨打，多年盛世之后中国逐渐衰落。极端的闭关锁国，大大拉开了中国与西方之间的距离。

而就在中国闭关锁国的同时，东西方殖民者却蠢蠢欲动，采取各种手段意欲打开中国国门。这个进程事实上从明王朝时期就开始了，其中包括倭寇劫掠中国沿海，明嘉靖三十六年（1557 年），葡萄牙采取欺诈与贿赂的办法窃取了我国澳门作为商品中转站和外国人居留地；明万历三年（1575 年），西班牙占领我国台湾的基隆和淡水；明天启四年（1624 年），荷兰占据了整个台湾。到了清朝的康熙二十八年（1689 年），沙俄与中国签订了第一个边界条约，即《中俄尼布楚条约》，中国在条约中作出了重大让步；清康熙三十八年（1699 年），英国的商业扩张机构东印度公司于广州设立了商馆。可以看出，从明中后期开始到整个清代，中国在海洋甚至陆地边界争端当中就一直处于守势，甚至一步一步被外国列强蚕食。

4.3.2 清前期的关税制度

清朝前期的关税，按照地域区分，可分作内地关税与国境关税。

清初，社会经济发展较快，工商业渐趋发达，市场比较繁荣，官府设置的税关亦较明代有所增加。特别值得一提的是，从康熙二十三年（1684 年）到二十四年，清政府在广东广州、江苏上海、福建厦门、浙江宁波分别设置了粤海、江海、闽海、浙海四海关。乾隆二十二年（1757 年），清政府指定粤海关为课征进口外商关税的唯一口岸。而到嘉庆时期，税关（包括户关和工关）

已达60余处，分设口岸近500所。

清代的税关作为清政府所设的一种管理和课税机构，这项税务制度集中体现出了封建制国家的政治和经济政策与意志，随着税关制度渐趋完备，关税收入也增加较快，明显增强了清朝中央政府的权力。通过这项税务制度，再配之以官吏的任期机制，比较有效地限制了地方政府由于局部的利益而干预国家财政制度的运行，对王朝的统治和稳定很有益处，带着明显的政治功用目的。因此，分布于全国各地的税关，对于清代的中央集权统治与朝廷对地方的控制，及其行使国家主权，具有重要意义。① 因此，税关成为国家机器的重要组成部分。

4.3.2.1 内地关税

内地关税指的是在国内水陆交通要道或者商品集散地设立税关征税，即后世所谓的常关税。常关本征收货物税，分为衣物税、食物税、用物税、杂货税四项。于通行舟船之地，兼收船税。此外，亦有依地方而兼收房税、牲畜税、车驮税、船契税、牙税、铺房税、盐税、木税等的常关。自设置新海关后，常关所征收的货物税及船税，限定为帆船等及所载货物。② 税关分作户部主管的户关与工部主管的工关，从户关关税来说，有正项与杂课，正项是后世所说的常关税，包括正税、商税和船料三种，为内地关税的主要课征项目，所征收的税收解交到国库。正税是在产地征收，属于货物税；商税则从价征收，属于对货物征收的通过税，兼有交易税性质，这是关税的主要部分，其税额在关税收入中所占比重较大。船料沿袭明代的钞关，兼有车船使用税性质，是按商船梁头大小所征收的船税，又叫梁头税，对不载货物的空船也征收船料。工关在明代就有，清代继之，隶属于工部，专税竹木，在商旅往来频繁之地设立关卡，对船、货征税。其税收充当建造粮船及战船及其修缮费之需。顺治初，定各省关税，专差户部司员督征。

内地关税以征收实物为主，计税单位繁杂，有按斤、两、担，或按个、件，或按尺、丈。内地关税税率，据雍正和乾隆年间户部则例规定，一般为从

---

① 廖声丰：《清代権关税收制度述论》，《江西财经大学学报》，2009年第1期。

② 杨希闵：《中国工商税收史资料选编》第八辑清代后期部分，中国财政经济出版社1994年版，第28页。

价 5% 课征，然而这一税率未能有效贯彻。对救灾物资，有时亦免税。因为清前期各关的内地关税均有定额，各关差员若未能完成总额，要参奏追赔，故全国不一，各关多以自定税率为主，往往超过则例税率课征。

清前期的内地关税定额较低（一般以明代万历年间税额为准），故而关税关银盈余数量较大。康熙年间没有明确规定关税盈余上交，故尽管有溢额多交者晋升之例，但多数关关员恣意侵蚀，不但无盈余，而且还往往达不到定额。雍正年间整顿关务，令各关除定额上交外，关税盈余也要上交，乾嘉之后亦重申这项规定。各常关的征收额每年一定，解送其定额于中央，不达定额时，另由海关的监督者赔偿。赔偿规定为：不足 300 两，令于半年以内赔偿；300～1000 两，一年为限；1000～5000 两，两年为限；5000～50000 两，三年为限；50000 两以上，八年为限。若期限内不能赔偿则免职，以其所有财产充赔偿，尚有不足时，责及其子孙。① 由于征收关税是以税源为基础，若税源少就难以完成征收任务，因此这样的赔偿规定很不合理，多逼使责任者滥征苛索。

关税除正项和盈余外，尚有杂课。杂课实为各关巧立名目的苛索，包括火耗、签量费、楼税等。火耗为清初为弥补所征关税银两在熔铸时的损耗而加征的税额，征收没有统一的标准，各关随意加派，最高可达正额的 50%。雍正年间将火耗并入正税，留存地方公用，各关又另立名目进行浮收。签量费是向过关商货征收的杂费，每担课银 3 厘，其中，2 厘充作各关办公费，1 厘给专揽代纳签量费的牙人之用。楼税是雍正年间按过关货物重量所征收的税，每百斤货物课银 1 厘 5 毫。

另外，还有容费、陋规索银、饭盒等，各式各样，民众负担加重。

4.3.2.2 国境关税（海关税）

国境关税亦称海关税。清顺治年间，为了剿灭东南沿海以郑成功为首的汉族民众的反满势力，清政府采取了严厉的海禁措施，严禁境内的百姓出海，并且不准外国的商船来华进行贸易，对外的通商口岸仅限于澳门一地。康熙二十二年（1683 年），清王朝统一台澎金马等，遂于次年开海禁，允许外商至宁

---

① 杨希闵：《中国工商税收史资料选编》第八辑清代后期部分，中国财政经济出版社 1994 年版，第 28 页。

波、漳州、广州和云台山（今江苏连云港）四个口岸开展贸易，允许中外通商，并制定了海关税则例。乾隆二十二年（1757 年），由于西方海盗商人不法行为，使清政府取消了其他几个通商口岸，只留广州作为唯一的对外通商口岸。

海关课税有货税、渔课、船钞和杂敛等。

1. 货税。

货税是指对进出口的货物征收的进出口税，课征无一定的税则，除了正税以外，另课征各项规银与附加，一般的情况，正税比较轻，但是外加部分有时候竟然倍于正额。清政府于康熙二十八年（1690 年）颁布海关征收则例，该则例将进出口货物分为食、衣、用和杂四大类，并详载各种货物的名称，进口税率为 4%，出口税率为 6%，均为从价课征，则例中未列举的物品给予免征。海关的货税一般是较轻的，但也有例外，例如道光年间，为抵制鸦片私运，控制白银外流，曾对英国商船实行重税。进口商货除按规定缴纳货税外，还实行抽买，即按海关规定的价格对进口货物实行强制性收购，抽买之后，方能入港贸易。

2. 渔课。

渔课是海关对国内出海渔船所征收的税。由于渔课由海关代征，同时进出口渔船往往顺势捎带一些货物，亦在海关征货税，故把渔课并入海关税。清代的渔课，实际上也是梁头税，一般按渔船大小，从 5 尺以上，分上、中、下三则起科，税款收入归地方海关支用。另外，还征收一种渔课附加叫埠租，乾隆年间在沿海地区广为征收，其额为渔课的几倍到十几倍，实为苛扰之费，船户苦不堪言，其后被禁。

3. 船钞。

船钞是海关按商船梁头尺寸所征收的船税，又叫梁头税。一般是按照货船体积分等征收，如对欧美的"西洋船"分为三等，一等船为 3500 两，二等船为 3000 两，三等船为 2500 两；日本的"东洋船"一般比"西洋船"小，船钞分为四等：一等船面积 18 平方丈，征税 1400 两；二等船面积 15.4 平方丈，征税 1100 两；三等船面积 12 平方丈，征税 600 两；四等船面积 8 平方丈，征税 400 两。船钞一般征收白银，有时也折征实物。乾隆二十三年（1758 年），为抵制外货，将"西洋船"较为集中的定海关船钞提高了 1 倍。

4. 杂敛。

清代海关税除上述税目外，尚有各种名目的附加和杂敛，比如缴送、估价、规银等。缴送是对外商进关所携带的购货现银，另抽一分入关。估价为货物除纳货税外，还要按货物估价征银，粤海关估价按货物估计征收，征收率为4.9%。再规银是外国商人入港贸易，除征货税、船钞外，还要征收进口规银，税率甚高，一般按船料的80%征收。乾隆年间曾一度取消，不久各关又私下征收。道光年间，正式规定了规银的征收数额。自此，征收规银就取得了合法的地位。此外，还有饭食、税饷脚费等，皆以办公费名义收取，但大多都被官吏中饱私囊。

清前期关税管理特别混乱，主要表现在两个方面：一是私设税关，强行征收。清前期税关归地方管辖，只要按规定给中央上交了定额数，余者均归地方。故各地关吏为搜刮财货，私设税关，形成"关中之关"和"关外之关"。浒墅关原有三桥三港，却私增20余关。扬关竟有一货三税，敲诈勒索，鱼肉百姓。二是吏治腐败，税法形同虚设。海关不设税课木榜，过关商贾不知税情，听任关吏苛索加派，纳税不填单，收入不上报，各种弊病层出不穷，给商人和劳动者的生产生活带来很大负担。

清前期关税税额增加迅速，顺治时关税银岁入100余万两，雍正末年已达350万两，至乾隆中期增至540万两。除正额外，还有关税盈余，其数额也很可观，实际上，税关课征数额极难准确统计，全国所征关税税额远远大于统计数字。清前期的关税虽有较大的增长，但占国家财政收入总额的比重仍是很小，即使在工商税中也如此，不可能作为主要税种，但与清后期关税相比，就其性质来说，它还是一个主权国家应有的独立的、完整的税种。而清中期以后关税管理混乱和税负不断加重，是造成清中后期内外祸乱的重要因素之一。

4.4　鸦片战争爆发对经济与税制的影响

4.4.1　鸦片战争对经济的影响

从1840年鸦片战争开始到1911年辛亥革命为止，这段时期为清代后期。

鸦片战争之后，中国即由封建社会逐渐演变到半殖民地半封建社会。

中国在明代就产生了资本主义萌芽，但由于封建统治者长期实行重农抑商的政策，地主、商人、高利贷者牢固地结合，用积累的财富投资于土地进行封建剥削，而很少用于工商业的扩大再生产；在残酷的封建剥削下，广大农民只能维持狭小的生产规模，这种自给自足的自然经济，排斥社会分工和商品经济的发展，阻挠着生产力的发展和资本主义生产条件的形成。在同一时期，西方一些资本主义国家却不断革新，迅速发展起来，为了寻求和开拓殖民地，地大物博而国势日衰的中国自然成了他们掠夺的重要对象。

早在 16 世纪初，西方一些国家就开始在中国沿海一带进行海盗式的掠夺，1514 年，第一只葡萄牙海盗船绕过非洲好望角闯到我国广东，接着西班牙、荷兰、英国等国先后到中国沿海进行海盗式的抢劫、烧杀和强行买卖等活动。但在 18 世纪以前，由于西方列强尚未完成工业革命，还不具备大规模入侵中国的实力。18 世纪中叶以后，英、法、德、美等国先后进行了产业革命，工业生产的飞跃发展，新式交通工具的使用，使他们输出商品的能力和欲望大大增加。在巩固了对印度的殖民统治以后，英国资产阶级欲染指中国并变中国为殖民地的欲望越来越强烈。

清朝政府为防御列强海盗式的掠夺，维持封建秩序，保护封建经济，对中外商人的活动加以种种限制，实行闭关锁国的政策。英国资产阶级在对华贸易不利的情况下，罪恶地采取了以鸦片套取中国白银的办法，获得了巨额利润。而大量的鸦片输入给中国造成了一系列社会问题：官民因吸毒身心受害，财力损耗，国家经济萎缩，白银外流、银贵钱贱，民众负担明显加重，国家财政收入日益枯竭，国内阶级矛盾加剧，中华民族与外族的矛盾也日益加剧。在此情况下，清政府不得不实行禁烟。

英国侵略者为了维护其鸦片利益，于道光二十年（1840 年）发动了武装侵略中国的第一次鸦片战争，用坚船利炮迫使清政府签订了屈辱的《南京条约》，这是清政府签下的第一个不平等条约，破坏了中国领土和主权的完整。

为了进一步瓜分中国，外国侵略者又多次对华发动侵略战争，主要有：1856 年的第二次鸦片战争，1883 年的中法战争，1894 年的中日战争，1900 年的八国联军侵华战争。战争的结果多以清政府军事败北为主，而最终腐败孱弱的清政府无不签订丧权辱国的条约结束战争。从这些条约中，外国侵略者取得了在华开埠、辟租界、管理海关，在内地开矿、设厂、造铁路、办银行以及在中国内外水域自由航运等特权。列强逐渐控制了清政府的财政经济命脉，中国的政治、经济、财政等自主权逐渐丧失，逐渐沦为半封建半殖民地社会。

鸦片战争以后，中国人民承受着外国侵略者和本国封建统治阶级的双重压迫和剥削，民族矛盾和阶级矛盾日益尖锐。各地不断发生反对外国侵略和反抗封建统治的斗争与起义。其中，规模较大的有太平天国革命运动，捻军起义，贵州苗族、云南回族、陕甘回族等农民起义和义和团运动。这些农民起义和农民斗争严重地动摇了封建统治秩序，打击了外国侵略者，中国人民反帝、反封建的斗争从此如火如荼。

鸦片战争以后，在外国商品倾销下，中国原来的封建形态下自给自足的自然经济渐渐解体。西洋各国大量向中国输入洋货，这些洋货不仅倾销到城市，还逐渐挤占了农村市场。在家庭手工业受到破坏后，农民不得不种植市场需要的棉花、大豆、茶、桑、烟等经济作物，农产品商品化有所发展。从这方面来看，西方列强的入侵，不仅瓦解了中国封建基础，同时，又为资本主义生产的发展创造了可能性。由于自然经济遭到破坏，大批农民和手工业者破产，也给大规模的工业生产提供了劳动力。鸦片战争后，外国列强相继在中国设厂、开矿、兴办轻重工业。19世纪60年代，清政府洋务派官僚曾国藩、李鸿章、左宗棠等在"自强"的口号下，创办了军事工业。许多省的督抚相继设立机器局，制造洋枪洋炮和轮船。19世纪70年代以后，在"求富"的口号之下，洋务派逐渐兴办了部分民用工业与开矿事业。在形式上分为官办、官督商办和官商合办3种，其中以官督商办为主。作为"官"和"商"、封建主义和资本主义相结合的产物，此种官督商办的企业还享有不少特权，诸如免税、减税、拨借官款与专利垄断等。它们在生产和经营方面有民族资本工商业所无法比拟的优越条件。中国的资本主义开始发展起来，但作为资本主义生产核心的近代工业，其性质极为复杂，有外国侵略者所办的企业，有清政府洋务派所办的企业，也有早期民族资产阶级所办的企业。这就决定了中国近代工业的发生和发展，其速度是缓慢的，道路是崎岖的，结构也是畸形的。

中国民族资本主义工商业起步较晚，19 世纪 70 年代，渐渐有部分商人与地主官僚投资于近代工业，而这些企业一般都具有投资不多、规模不大和以轻工业为主的特点。中国的民族资产阶级既跟外国资本主义势力与本国封建势力有矛盾，而又不得不依赖或屈服于这些势力。中国的本土封建势力与外国的资本主义势力并不希望这些民族资本主义工商业发展，清政府除了对民族资本主义工商业采取限制措施之外，还对其课以重税，以阻挠其发展。而外国资本主义或者利用先进的技术设备，或者利用他们在政治上的特权和雄厚的资本，排挤和阻挠中国民族资本主义工商业的发展。而民族资产阶级因自身力量薄弱，却不能不依赖外国资本主义和本国封建政权，某些企业的投资人本身就是买办，企业的机器和原料要向外国购买，技术人员要向外国聘请，有的企业还要向外国借资金，开办企业要取得政府和官僚的支持，否则就难以办成。从中可以看到，民族资产阶级既具有与外国资本主义和本国封建主义斗争的一面，又有妥协的一面，带有半殖民地半封建的色彩。而此时的中国，要发展工业也没有其他捷径可走，只有在畸形的发展中逐渐前行。

4.4.2　鸦片战争对税制的影响

鸦片战争爆发以后，随着中国逐步演变成半殖民地半封建社会，国家的赋税在性质上亦开始发生明显变化，由原本还独立自主的封建税收制同样演变成半殖民地半封建税收制，中国广大民众从受封建剥削转变为受本国封建统治者与外国侵略者的双重剥削，鸦片战争对中国税收制度的影响至深。

4.4.2.1　加重旧税 开征新税

1840 年的鸦片战争使中国产生了巨大非生产消耗：支付战争赔款、鸦片贸易引起金银外流而导致银贵钱贱、外来商品对本土手工业的破坏性影响、各级官吏更加奢靡贪腐，多种非生产消耗都必须用更多的钱财来支撑，这就出现了旧税更为繁重而难以担负，旧税以外又添加了新税。加征旧税，开辟新税为清后期赋税的主要特征。

旧税的加征显著地表现在田赋与盐税上。田赋在清前期已有附加，鸦片战争以后，清政府通过附加、改折、浮收等形式，加派更为严重。例如，1868 年，江西南昌县的地丁银加派额比原额增加了 50%；1867 年，江苏省各县漕粮改折色后增加了 1～2 倍。为转嫁负担，地主就以撤田作要挟，将加重的田赋转嫁给佃户，地租占产量的比例往往高达 5 成以上。八国联军侵华战争以后，清政府要付出巨额的战争赔款，而各省不得不担起分担赔款之责，同时也拥有自由筹款之权，田赋就有了新的加派。

清政府为筹措镇压太平天国革命的军费，盐税在加征"盐厘"后大大加重。盐过卡抽厘，税率无统一规定。运盐愈远，税卡愈多，盐厘愈增，盐价愈高，广大民众的负担愈重。

新税的开征以关税和厘金为最突出。清后期的关税，随着外国侵略者在华商品倾销和原料掠夺力度的加剧，关税的税额增长较快，逐渐在清政府财政收入中占较大比例。

厘金是清政府为筹措镇压太平军的军饷而开征的新税。厘金课及百货，见物就征，逢卡抽厘，一物数征。厘金征收没有全国统一的征收标准，由各地自行确定征收额度，基本上是任意抽收，厘金收入的大部分也由地方支配，只有很少的一部分作为报销上缴中央财政。而各地能够掌控的厘金收入亦未列为正式收入，而是有很大一块被各地的贪官污吏假公济私，或者明目张胆地贪占进了个人的腰包。那些征收厘金的税吏则将其作为借机渔利的美差，上欺国家，下压商民，营私舞弊，敲诈勒索，侵蚀税款。厘金制度的缺陷古今未有，厘金积弊之重，广大民众视厘金如虎狼恶魔，它给商民带来了沉重的负担和无穷的灾难，是清后期最深恶痛绝的一种税。虽然厘金的征收，在一定程度上缓解了清政府的财政危机，但饮鸩止渴，绝不是救世良方，相反，它却使腐朽的清王朝政权加速崩溃。

4.4.2.2　海关与关税自主权丧失

外国侵略者坚船利炮迫使清政府就范，通过与清政府签订不平等条约，夺取中国海关和关税管理权。在关税方面，清政府首先丧失的是税则自主权。中英《南京条约》规定英商进出口货物关税由中英"秉公议定则例"；中美《望厦条约》规定："倘中国日后欲将税则变更，须与合众国领事等官议允。"从此，中国由独立自主关税变为"协定关税"。此后，外国列强又通过各种手段逐步夺得了中国海关行政管理权、关税保管权和支配权，一步一步使中国的关税自主权彻底丧失。此外，外国列强多次对华发动侵略战争，强迫清政府支付巨额战争赔款。由于赔款数额大、次数多，清政府难以在短期内支付，赔款因此就转为外债，清政府按期偿付赔款本金和利息款，并以税收作为担保品。中法《天津条约》规定，清政府对法赔款可用关税"会单"偿付，庚子赔款时，常关税和盐税也被充作担保品。更有甚者，允许债权银行到海关去征税。如此，西方列强完全支配了作为外债抵押用的关税。

第 5 章

横征暴敛与太平天国起义

5.1 道光、咸丰、同治时期的税收状况

在道光、咸丰与同治时期，中国发生了明显的社会变化，国内的民族矛盾和阶级矛盾越来越激化，农民起义此起彼伏。与此同时，国际上帝国主义国家想控制中国庞大的原材料市场和商品市场，通过武力获取之前没能用国际贸易形式打开的中国国门，逼迫清政府签订了各种不平等条约。为了应付越来越严峻的内忧外患，国家的财政支出迅速膨胀，特别是军费开支和战争赔款愈加不堪重负。

一是国内镇压农民起义和分裂势力的军费。清朝后期，各地的民众暴动与农民起义不断发生，在全国蔓延，并且还有西北的少数民族分裂势力挑起了各种争端。清朝廷为了巩固其统治，持续调动大量军队对起义军开展残酷的镇压和屠杀，同时通过战争化解与消弭边疆的动乱，这都使得清政府战费开支大幅度攀升。在太平天国起义发生以后，拨付给动乱各省的军费就更加巨大，财政支出变成了无底洞。

二是抵御帝国主义国家入侵的战费与各项赔款。在第一次鸦片战争爆发前后，清政府的对外军费就加速上升。道光二十年（1840 年）的第一次鸦片战争赔款银 2100 万两，咸丰六年（1856 年）的第二次鸦片战争赔款银 1600 万两，战争赔款使本就入不敷出的晚清财政雪上加霜。

财政开支不断增大，就必须通过各种收入项目取得更充裕的财政收入来作

保障，而财政收入来源除去败坏政体的增开捐例（即买官卖官）和向发达国家举借代价沉重的外债外，不外乎利用加征旧税与开征新税，通过加重大众的税收负担来弥补，中国传统税制从此受到很大冲击，发生了剧烈的变化。

5.1.1　田赋加征越来越苛重

清朝后期的田赋在国家税收体系当中，依然发挥着重要作用。鸦片战争之后，清政府原有的财政收入满足不了急剧膨胀的开支需求。因为田赋的征收面广，民众长期以来都有缴纳皇粮国税的习惯，比较易于征收上来，于是仍然被清政府作为主要的搜刮形式。而在这段时期，清朝地方政府逐渐取得了自由筹款以弥补财用不足的权力，于是田赋加征的名目更是日益繁多而苛重。尤其是太平天国起义之后，各地以预防和剿灭太平军为借口，截留田赋收入，用于紧急军需与自身利益之需。清朝廷虽然不予认可，但是苦于内忧外患必须由地方来处置，也只好听之任之。田赋这个历代封建王朝最主要的赋税课税权力下放之后，随田赋课征的地方附加亦随之增加至正赋的数倍①，老百姓负担苛重。

5.1.1.1　田赋附加大幅上升

清代后期，官府避免田赋加赋之名，而行加赋之实，征收各项田赋附加。其附加税的名称，因时因地而不同，主要有正副耗米（见图5-1）、厘谷、按粮津贴、捐输、兵米等。

1. 正副耗米。

正副耗米是以仓储或漕粮运输途中损耗为名征收的附加。官府以鼠雀吃食，运输、水中漂没、腐烂等都会有消耗为借口，要征耗米，且不少地方附加很多，从而成为百姓的一大负担，也是田赋加征一大弊端。

2. 厘谷。

厘谷亦称义谷，主要行于云南、贵州两省。云南由于钱粮不能照额征收，田赋收入即使全数改收粮米，也不足供给本省军粮之用。咸丰六年（1856年），为了筹足军粮，当地官府在田赋之外征收厘谷，并从同治七年（1868年）起，改变过去没有规章的做法，规定全省按州县大小和收成情况酌量征

———————

① 曾耀辉：《太平天国起义对税收制度的影响》，《税务研究》，2018年第6期。

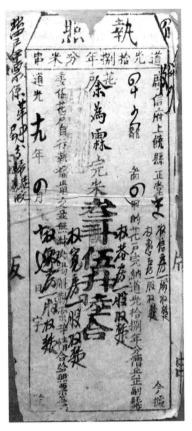

图 5 - 1　清道光十九年（1839 年）漕兵正副耗米执照

派，税率为 10% ~ 20%。从同治十年（1871 年）起，贵州也征收厘谷，课时征按粮按亩计算，十取其一，但因各种盘剥，实际往往私加至十分之四五。民间对榨取厘谷的酷虐怨声载道，厘谷曾一度被迫停止，但不久后地方官吏又变通办法照收不误，只不过略微减轻负担，按照粮亩征收 10% 或 5%，并改名为义谷。在厘谷之外，贵州还课征过军粮谷、田捐等。

3. 按粮津贴。

按粮津贴也是田赋的附加，即田赋每征银 1 两，加征津贴 1 两，咸丰四年（1854 年）由四川率先创办，此后各省相继仿行。开初为镇压太平军而设，各省官府在匆忙当中为了筹措军费，临时加派按粮津贴权宜济事，其后历年援案继续征收，渐渐成为田赋的正式附加。

4. 捐输。

包括各种名目的捐，其中有按粮捐输，这又是四川于同治元年（1862 年）率先加征的。该年，四川总督奏办按粮捐输，按照钱粮多寡摊派。有的州县甚至按钱粮 1 两加征捐钱 2～3 两，有的州县更是收到 4 两。其后各省也相继举办，名称不同，用途亦异。如新加粮捐，主要行于福建等地，税率为每银 1 钱或粮 1 斗，各加征 40 文，其用途为筹措赔款。沙田捐，在广东派征。广东沿海有因涨沙而成的田，名为沙田。1862～1863 年，东莞、香山等县因办理防务，开办沙田捐。所谓沙田捐，即在每亩正赋之外加征银 2 钱，由地主和佃农按"主八佃二"分别承担，主要用于防务和开垦海滩沙田。此外，战时广东各州县的捐输，还有派捐、包销等其他名目，一般都是按亩派捐，与加赋类同。亩捐，主要行于江苏、安徽等省。咸丰三年（1853 年），雷以諴在江北里下河开办亩捐，以济军需。次年推行到扬州、通州两府各州县，大致每亩起捐 20～80 文不等。其后江南各州县亦效仿，一般充做本地团练所需，有每亩捐钱 400 文，也有每亩捐谷 2 斗。此外，在湖南平江等县又有按粮捐军费的，也类似亩捐。亩捐名目越来越多，捐额越来越高，如咸丰十年（1860 年），江苏松江府每亩收钱 360 文，以 3/10 提充一府二县公用，2/10 作城乡局费，其余 5/10 留充团练经费。安徽霍山县规定凡田亩收租 10 石者，捐稻 2 石，完饷名义一成解送官军，一成归本地团防，内拨五分为地方善后经费，名曰练稻。警学亩捐，这一项则是在直隶与东北各省课征，一亩课银半角至 1 角，主要用于地方治安的相关费。

5. 兵米。

兵米是清后期为筹集军粮而加征的田赋，一般随田赋上下忙（限）一起征收（见图 5－2）。

5.1.1.2　借征和浮收

清朝咸丰之后，借征与浮收更是越来越普遍。因为太平天国运动的迅速发展，特别是太平军占领江苏和浙江以后，清政府再也难以在东南一带收到田赋，于是只好于太平天国未统治的区域开始实行借征。清咸丰初年，四川等省为了筹措兵饷，在局部地区开始实行钱粮借征。这项借征名义上为平定太平天国之后可照数抵免，但是事实上借征就等于加征，没有抵免的可能。之后田赋

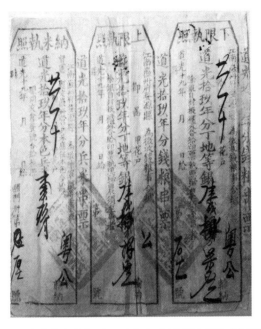

图 5 - 2 清道光十九年（1839 年）征兵米串票和上下限执照

借征不仅没有抵免，各地还经常变换方式，每次都借口军需紧急，继续进行新的借征，并且不断加码。咸丰三年（1853 年），四川总督裕瑞不认同借征，于是就奏请朝廷罢借征，改作劝谕民众按粮津贴，得到了朝廷的批准。其后，又借口津贴不足以弥补财政亏空，于是勒索民众随粮捐助饷需，这项新增项目就叫捐输。捐输是没有统一标准的，有的正额 1 两即捐输几两，还有的竟高到10 多两，而且渐渐成了田赋的正式附加，其他各省也纷纷仿效，并且名目迭出。赔款加捐则主要行于山西和安徽，山西的加征额度是钱银 1 两加 1 钱 1 分5 厘，安徽是钱银 1 两加征大钱 300 文，以用于筹措对外赔付的款项。警学亩捐主要在奉天征收，额度是每 6 亩征银半角或者 1 角，而吉林和黑龙江等省则征收警学饷捐，额度是每饷钱数百文到 2000 文不等[1]，其用途是地方治安的费用。丁漕加捐主要行于浙江、安徽和江西等省，额度是钱银 1 两加捐 100～300文，或者粮每石加捐 100～300 文，其用途是筹措赔款与举办新政。清晚期田赋浮收采取了多种多样的方式，手段十分恶劣。如漕粮浮收的时候，一般开仓

---

[1] 黄天华：《中国税收制度史》，华东师范大学出版社 2007 年版，第 607 页。

就多派壮丁，守护在大斛周围，公然唱筹，计数则七折八扣。而且踢斛、淋尖、样盘、捉猪和贴米等加课的伎俩尤在其外，还有花户费、水脚费、灰印费、筛费、差费和仓门费等，合在一起一般都会多课 50% 以上，有些地方浮收比田赋正额还要重。

5.1.1.3 漕粮改折

清朝后期的漕粮本来应当包括在地丁钱粮的里面，把它同地丁区分开来，是因为地丁一直是征收银两，而漕粮则是在地粮内课征本色。太平天国定都南京以后，清政府的漕运线路被阻断，漕粮就无法北运，除了江苏和浙江两省仍然课征本色之外，原来征本色的各个省遂改为征收折色，用银两来折纳，因此称为漕粮改折。漕粮改折的流弊甚多，按理漕粮既然是用银缴纳，就不会有途中损耗与运输费，但是官府依然按照原来的规定课征，老百姓则要遭受到银贵钱贱、折银缴纳等各种各样附加漕项的重重压榨，负担就更为沉重。由于当时的银价昂贵，直接给纳税人形成重负，东南产米的区域，大致是 1 石米值到 3 千钱，往日 1 两银可换钱 1 千，则 1 石米就能得银 3 两，外国向中国倾销商品以后造成银贵钱贱，1 两银就可换钱 2 千，则 1 石米仅仅换得银 1 两 5 钱。往日卖米 3 斗，输 1 亩的钱粮有余，而后来卖米 6 斗，输 1 亩的钱粮还不足。[①] 从中可充分反映出银贵钱贱给民众造成更深的困顿，漕粮改折使广大老百姓的负担愈来愈加重了。

5.1.2 常关税征收幅度加大

道光二十二年（1842 年），由于清政府在第一次鸦片战争中失败，五个对外通商口岸被迫开放，清政府于是成立新海关以应对口岸开放的新形势。原先的关就被称作常关或是旧关，原先的关税亦被称作常关税，以此区别于新海关的关税。

常关税作为内地货物的通过税，一般分正税和附加税，各关税率并不统一。设立厘金后，常关税课征日见苛重。清王朝每年都给各地的常关下达常关税征收任务，如果哪个常关上解的常关税少于任务数，常关监督就必须自己赔

---

① 曾耀辉：《太平天国起义对税收制度的影响》，《税务研究》，2018 年第 6 期。

偿。所下达的常关税任务每年都不相同，康熙二十五年（1686 年）为 117 万余两，到道光二十九年（1849 年）则增至 470 万余两。后因海关设置越来越多，常关税收入减少，到光绪十一年（1885 年）减少至 249 万余两。但这仅仅是正式报告的数，加上附加税收以及在关卡征收的厘金，为数远不只这些，但因官方记载不详，难以精确统计。

5.1.3 盐税加重

在清朝的后期，食盐主要有池盐、海盐、土盐、矿盐和井盐等各种，盐税则分为正课、盐厘和附加等。在清中后期的乾隆十八年（1753 年）至道光二十七年（1847 年）这 90 余年间，盐税几乎没有增加。但在道光末期开始，由于盐制变化，使盐税税额大幅度增加，成为清后期的一项重要财政收入。主要原因有三：改引行票、加收盐税附加和盐过卡抽厘。

5.1.3.1 改引行票

盐税正课是对盐的产制运销者所课之税。正课分为场课和引课。场课是对食盐产制者所课之税，包括滩课、井课、灶课及锅课。引课的征收对象，是引盐运销者。因引课收入远远高于场课，故一般就忽略场课而以引课为正课。卖盐的引商、票商都是特许的专商，票商在道光咸丰以前极少，而引商则由来甚久。道光初年，两淮私盐贩子越来越多，盐务日坏。于是，两江总督陶澍开始在淮北推行票盐法，由运司刷印三联票，一联留为票根，一联存分司，一联给商贩行运。贩运时限是确定的，不准票盐相离及侵越引岸。每盐 400 斤为一引，各州县民贩，由州县给执照赴场买盐。在各场适中的地方立局厂，以便灶户交盐，商贩纳税。商贩买盐出场，由关卡的吏员查验，然后分赴指销口岸，并严饬文武查拿扰乱盐政和市场的不法之徒。道光十一年（1831 年）废除盐引法，改行票盐法。此法推行后，申请运盐的人很多。由于票盐运销成本低廉而运销区域较大，盐商竞相购买，这不仅解决了积引问题，而且票价上升，收入十分可观。由于票商比引商活动灵便自由，不久票法就推行于各地。票商与引商的共同点是：都要经过批准，都要定期纳税，销盐都有划定的范围。不同的是：引商为世袭，行盐只能在官吏的驻地；票商则不管何人，经批准皆可承运，在销界以内皆可运销，并实行就场征税。同治年间，票盐商通过报效捐款等手段，把持了食盐运销，使其成为票商专利，票法实际上又成了变相的引法，直至最后消亡。

5.1.3.2　盐税附加

盐税附加亦称食盐加价，清初就陆续加价，如长芦盐价：康熙二十七年（1688年），每斤加银1分4毫至1分2厘6毫不等；雍正十年（1732年），每斤加银1厘。清后期盐税附加越来越严重，可谓多如牛毛，如盐捐、帑利银、领告费银、行政费、缉私费、经常捐输、临时捐输等。道光年间整理盐税，每引征正课6钱8分6厘，杂课5钱7厘，帑利银4钱4分2厘，共1两6钱3分5厘。咸丰、同治年间，以军需、巡费、汛工、加价、生息等名义，每引增加1两2分3厘。光绪时行铜元，盐价已暗增，而厘金外更议加价。光绪二十二年（1896年），每斤加收2文。后又以商捐、帑利银、赔款等名义，每引增税3两2钱9分8厘，以后又再加价，这样每引盐运到销售地点，要支付12两以上。除此以外，还有地方附加，如捐输等不下数十种。

5.1.3.3　盐过卡抽厘

盐过卡抽厘，又称盐厘，是清后期与盐税正课并行的盐课收入，更是一种恶政，弊端至深，为害很大。

咸丰三年（1853年），清政府为了筹集军饷，开始实行厘金制度，盐也成为抽厘的对象，过卡均须抽厘。从此，既征盐课，又征盐厘，按引征税，从量计征，分为出境税、入境税、过境税和落地税。食盐逢卡抽厘，运输距离越长，越境过卡越多，抽厘次数也越多，盐厘负担就越重。盐厘课征，国家没有统一的标准，课征办法各省不一，自定政策，自行征收。因盐厘收入较大，所以不入厘金项目，而合并到盐课之中。各地抽厘的多少和次数均不同，一般是运盐越远，课厘越多，时间越久，增课越多。当时所征盐厘往往超过正课数倍，致使盐课大为增加，从而不断推高了盐价，广大民众负担上升幅度很大。

由于各级官吏运用种种手段进行压榨，清朝后期盐税的收入不断增长。清初盐税收入只有约200万两，到道光二十一年（1841年）为495万两，道光二十五年（1845年）为507万两，同治十二年（1873年）为663万两，光绪十一年（1885年）为739万两，光绪十八年（1892年）后为1300万两以上，已是清初200万两的6倍多。宣统三年（1911年），盐课预算收入高达4500

万两，仅次于田赋与官业收入而占第三位。

5.1.4　厘金苛重

为筹集镇压太平天国起义的军饷，清朝地方政府课征了一种对货物征收的捐税，由于最早的课征率为 1%，而 1% 即 1 厘，因此这种新捐税被称为厘金，一些地方亦称为厘捐。厘金最早出现于清咸丰三年（1853 年），其产生称为中国近代赋税史上的一件大事，不仅对清后期封建财政与税收产生了重大影响，而且这种捐税本身所固有的专制性与反人民性，在很大程度上阻碍了近代中国经济与社会发展。

5.1.4.1　厘金的产生

在清朝中期，商品税（除食盐外）在财政收入中的占比不大，清政府的财政收入主要来源于田赋与盐税。厘金是清后期征收范围最大、苛税最重、影响最深的一个新税种，十分具有代表性。晚清以来，征收百货厘金的情况变得普遍起来，数额也逐步增多。厘金开征原因有两点：一是第一次鸦片战争后清政府财政日益枯竭，加之太平天国运动使得清政府军费开支大增。清咸丰三年（1853 年）三月，太平天国攻下南京，同清王朝分庭抗礼。清朝的钦差大臣向荣即尾随太平军于当月在天京城外建立了绿营的江南大营，四月，另一个钦差大臣琦善也奉命在扬州建立了江北大营，以围攻和剿灭立足未稳太平天国。当时，清政府用于镇压太平天国革命的军饷开支浩大，外国列强的不断侵略，抵抗列强的军费和战败赔款，更使财政十分困难，国库空虚，此前三年已经耗费饷银 2963 余万两，几乎没有库存，清政府在内外交困之下，必须想尽一切办法增加财政收入，开征新税，加征厘金已成必然。二是清后期经济结构发生了变化，原先作为财政收入主要来源的田赋负担不断加重，且小农经济受到冲击逐渐解体，农村经济凋敝，与此相反的是，商品经济有了一定发展，这时距离五口通商已经过了 10 年，本国商品经济已初具规模，市场扩大，商品流通频繁，这就为新商税的开征奠定了物质基础。

"厘金"一词在咸丰三年（1853 年）就产生了，在这一年开始征收，这是清后期是为了镇压太平天国运动筹集军费而开征的。1853 年，清副都御史雷以諴在江北大营于扬州帮办军务时，由于部拨军饷没有能够下拨到位，分摊给各省的协饷也一直没发到，为了解决军需，采用幕僚钱江的建议，仿效林则徐"一文愿"集资。同年九月，雷以諴在扬州的部分地区开始动员米行向官府捐输，米1石捐输铜钱50文，用来接济军饷，成效还较为明显。[①] 然而，劝捐只能是"劝"，商家若是不自愿就难办，这并不是长久之计。在这以后，为了收到更多捐税，就开始征收厘金。厘金征收筹集到的巨款给了清政府意外的惊喜，咸丰四年（1854年），雷以諴上报朝廷，要求在苏州其他地区也仿行此举，受到户部推崇，不久后便推行于全国各省。"谨按咸丰初年，各路军营饷项缺乏，江楚大吏奏请抽厘，俾资阶级。咸丰五年，迭准部咨奏奉，谕旨饬令各省一律遵行。"[②] 其中，湖北即设立480余局卡，其他省份同样厘卡林立。这些厘卡即使是在太平天国被剿灭后，照样抽厘，且所抽厘金愈来愈多。

5.1.4.2　厘金的征收对象

厘金课征非常广泛。厘金分类可以按照多种标准，如果按征收对象，可分为坐厘和行厘，分别征之于坐商和行商。按征收地点，大体上可分为出产地厘金、通过地厘金、销售地厘金三大类，出产地厘金即在产品出产地征收厘金；通过地厘金情况要复杂一些，在运销过程中自起运地至销售地所征收的厘金，无论名称，都属于通过地厘金征收范围；销售地厘金，顾名思义，是在货物销售地征收的厘金，有铺捐、坐厘、坐贾、门市月捐等。厘金最早的征收对象是百货，后来逐渐扩大到其他物品，各种货物与日用品，皆成为厘金的课征对象。百货厘一般分为三类：第一类是在货物出产地课征的厘金，包括各种名目的落地税和土产税等；第二类是在货物通过地课征的厘金，为运输货物途中通过税卡缴纳的通行税，也称为行厘或者活厘，这一类是厘金收入的主要部分；第三类是在销售地课征的厘金，是对坐商所征的交易税。除了百货厘之外，厘金课征的大类还有盐、土药（即中国土产的鸦片）与洋药（即进口的鸦片）等。

5.1.4.3　厘金的征收率

厘金在开始课征的初期征收率为1%，后来征收率就越来越高，各地的征

---

① 黄天华：《中国税收制度史》，华东师范大学出版社2007年版，第611页。

② 清理财局编订：《广东财政说明书（一）》卷六，第457页，本社影印室编著：《清末民国财政史料辑刊》第八册，北京图书馆出版社2007年版。

收率也大不相同，许多省份征收率都在5%以上，有的还高达10%，而且征收品目繁多（见表5-1）。若是一个地方的厘金征收率是10%，由于逢卡抽厘，只要通过5个卡，税负就达到50%。① 由此可见，厘金的税负之重。

表5-1	各省份厘金征收率表		单位:%
省份	厘金征收率	省份	厘金征收率
江苏	5	陕西	4
安徽	2	山东	2
湖北	2	奉天	1
广西	2	黑龙江	1
甘肃	1 或 2	吉林	2
浙江	6.5，10	云南	5
江西	10	河南	1.625
福建	10	山西	1.5
广东	7.5	直隶	1.25
湖南	6	贵州	不详
四川	4	新疆	不详

资料来源：黄天华：《中国税收制度史》，华东师范大学出版社2007年版，第613页。

在一张清朝同治六年（1867年）的总理江西通省牙厘总局验照（见图5-3）之上，盖满了厘卡的查验章，这张验照可说是货物通过多个厘卡进行查验并且缴纳厘金的明证。

清代的厘金收入，据不完全统计（因厘金是地方课征且地方使用，仅有部分收入上交中央，所以极易瞒报，事实上是很难准确统计的），光绪十三年（1887年）达1600余万两，而宣统三年（1911年）更达4300余万两（预算数），达到当年预算总收入29600余万两的14%。由此可见，厘金在清朝的财政收入中占有较为重要的地位，也反映了厘金对民众而言负担十分沉重。厘金可说是病民危国，使得国内商品生产与流通受到了重重阻滞，竞争力越来越下降，而外国的进口商品则由于有减免缴纳税厘特权，竞争力大大提升，形成倾销趋势，民族产业备受挤压与摧残。

---

① 曾耀辉：《太平天国起义对税收制度的影响》，《税务研究》，2018年第6期。

图 5 - 3   清同治六年（1867 年）总理江西通省牙厘总局验照

5.1.4.4　厘金征收制度

课征厘金的制度为两种，一是官征，二是包缴，前者为各省通行的制度，后者只在部分产品出产比较丰富的省份课征。所谓官征制度，是由各省的官府设立厘金局卡，按照各省所定的厘金税率课税的方式。商人把货物运到局卡后，船户或者货主前去局卡申请报验，经过查验之后，税吏核算课税，开票后放行。坐厘的官征，大多是以各商行每月的营业数额作为课税依据，按照所定的厘金征收率予以课征。包缴则是一种代缴制度，由承包人承总认定捐额，负责缴纳事宜。根据承包人的不同又分为认捐与包捐。认捐由于承包经理人为同行业的商人，能够维护本行业的利益。因为认捐一般很少有偷漏，又可以节省课征的费用，对政府来说也有利。而包捐的弊端较多，包捐人为了完成厘金收入的任务，往往在对厘金缴纳人课征时加码，更加重老百姓负担。

5.1.4.5　厘金的弊端

厘金从创办开始，就烦苛重敛、弊端百出[1]，而且厘金这一新税具有浓厚的反人民性和封建性的特点。

1. 厘金主要用途是盘剥与镇压人民。

厘金的反动性，集中表现在苛收民众的税捐几乎都用于统治者镇压起义与维护封建统治，或供各级官吏挥霍和贪占。厘金设立之初即是为了镇压太平天国运动，后来也是大多数用在军事行动方面的开支。这在一张光绪六年（1880年）总办皖省牙厘局执照当中能够清楚地看出，所征厘金为奉旨充为军饷，如没有所经过的第一卡开出的执照，所贩运的皮纸即以私论处（见图 5 - 4）。而以私论处的结果不仅要没收货物，还要被罚款甚至坐牢。同治十三年（1874年），厘金收入充作军费占到了 73.7%；光绪元年（1875 年）则占 75.4%；光绪十年（1885 年）更是上升为 76.6%。在所充的军费之中，90% 以上为各个省的地方军费，大多由本省督抚通过课收厘金等自行解决，其主要目的是为了防范和镇压人民暴动，具有国防意义者只是属于海防经费的很小一部分。

2. 税制混乱，地方政府各自为政。

清朝的中央政府一直没有制定全国性的厘金征收税则，只是一些地方政府自行制定了相关税则，不少地方甚至征收根本无规可循，显示了突出的封建地方割据性。各地方课征的厘金除了以一定数额上缴给中央政府之外，大多数厘金收入为地方自行用度。因为地方留存厘金收入，一般不列作正式收入，其中许多就被地方官吏贪占。清朝末年各省自留的厘金数量很大，在宣统三年（1911 年）经初步调查各省厘金收入情况后编制的清政府预算中，厘金预算的额度大幅升为 4300 多万两，比上一个年度骤然增加 1 倍，而这肯定远非厘金数量的全部。

3. 厘金异常苛重，病民危国。

各地厘金繁课重敛，对商民和产业危害深重，已经达到了无以复加的程度。厘金见物品即征，不管是否为从事贸易的货物，征收面十分广泛，甚至那些过往民众日用所需的物品，都被纳入课征的范围。而厘卡的税吏更是大权在

---

[1] 曾耀辉：《太平天国起义对税收制度的影响》，《税务研究》，2018 年第 6 期。

图 5 - 4　光绪六年（1880 年）总办皖省牙厘局运皮纸和经厘卡查验的执照

握，并趁机假公肥私，敲诈勒索。除了公开的课税之外，还有其他盘剥勒索的名目有几十种。并且，官吏们还采取以贵报贱与少报匿报等办法大肆贪污厘金，除了征厘过程中的正费和杂费以外，官府所能获得的厘金收入就大打折扣。沉重的厘金不只增加了工商业者和普通百姓的负担，还对晚清商品经济形成摧残。在外国帝国主义商品大肆倾销中国，并且通过许多不平等条约来达到减免税厘的情况下，厘金制度的实行更是一步一步地削弱了中国商品的竞争能力，难与外国商品相抗衡，民族产业于是越来越衰弱。

5.1.5　茶税加课

　　茶税也称作茶厘，有些的地方叫做茶捐（见图 5－5）。清咸丰年间，不少省督抚以镇压此起彼伏的农民起义为由，陆续提出加征茶税、茶厘与茶捐，主要目的也是筹措军饷。咸丰初年，规定的茶税税率是 1.5%，所课茶税用于发放当地的官兵薪俸。咸丰五年（1855 年），福建巡抚通过奏请朝廷，开始对贩运茶叶征收税款，所收的税款即充作本省军饷。咸丰六年（1856 年），伊犁将军扎拉劳泰经过奏请后也设局课征茶税，亦充作伊犁军饷。咸丰十年（1860 年），广东巡抚觉罗耆龄向朝廷奏请开征落地茶税。同治年间，左宗棠督办陕甘的军务，发现西北茶课的税源丰厚，完全可以作为兵饷来源，但由于历年积引过多，商人们顾虑要代偿前欠课税，不愿意贩茶去西北，茶务即停顿达 10 年之久。于是，左宗棠于同治十三年（1874 年）改革茶课办法，实行以票代引制，规定无论何地的商人，都可以在领票后承办茶务，并且发放了印票 4 万余张，每引 50 道即给票 1 张，计茶 40 包，每包有正茶 100 斤，副茶 25 斤，正课银与其他附加以及养廉银、捐助银和官礼银一律归并到税厘项下课征，这项办法实行之后收效颇为显著。[①] 左宗棠在西北的军务能够进展较为顺利，通过改革茶课来筹集兵饷功不可没。

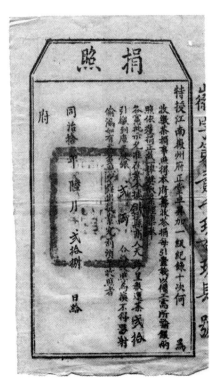

图 5-5　清同治十二年（1862 年）江南徽州府收缴茶捐的捐照

---

① 黄天华：《中国税收制度史》，华东师范大学出版社 2007 年版，第 636 页。

鸦片战争爆发后，东南各省都建议将"给引征课"改作设局卡抽税，闽浙则率先开征，所收的专款，留作支付本省的兵饷。各地茶税的课征方法和税率差异较大。咸丰九年（1859年），江西制定章程征收茶厘与茶捐。同治十三年（1874年），地处西部的甘肃省则是不管商贩从何地而来，皆以票代引，先征收茶税正课，再发给茶票，在内地销售的除了征正课3两之外，在销售地再完纳税厘，而出口的茶叶则另于边境局卡加课厘金。厘金代替茶税，而茶厘则过关课税，逢卡抽厘，究竟课征多少，大都无从查考，但已经远远超过了以往课银的负担。

5.1.6　征收渔船捐

清后期新增的税捐繁杂，其中就有一种叫渔船捐。咸丰十年（1860年），朝廷议准奉天渔船每船在原课8两5钱的基础上，再加课1倍，共课税钱17两。

5.1.7　烟酒税混乱

烟酒税为对烟草与酒类的生产和销售所课征的一种税。清初时实行禁酒，所以不课酒税，也没有课征专门的烟税。但到了清后期，烟酒税都已经开征，而且成了政府财政收入的很重要的来源。烟酒税在清后期属于地方收入，当时各省地方政府由于财政支出不断膨胀，行政费和战费与日俱增，因此就在烟酒税上大肆苛索。为了避增税之嫌，而采用只增税目但不提高税率的办法。于是，清后期的烟酒税名目十分繁杂，各地各行其是，有烟丝税和烟叶税等出产税，有麦曲税等原料税，还有烧锅税和酿造税等制造税，更有厘金和关税等通过税，甚至有行卖捐、买货捐、坐贾捐和门销捐等营业税捐。从征收机关来看，有官厅直接征收，亦有商人包办缴纳；有县公署和公卖局征收，还有厘金局和税务局征收。总而言之，各省的征收机关不一，税目税率不同，计征单位也不一样。

5.2　太平天国起义兴起的税收因素

清朝到了乾隆年间，尽管仍然实行一些税赋的减免，但是额外的加派和勒索渐渐苛重，政权显现出衰败迹象，到了嘉庆年间就变得愈加明显。由于乾隆和嘉庆时期连年用兵，战争消耗使老百姓的税收负担加重成为必然。官府在钱粮紧缺的情况下，加紧对民众实行压榨，不仅是漕粮附加、耗羡和平余越来越重，此外还有名目繁多的附加税捐。从四川的情况看，太平天国运动爆发前，四川省的地丁原定征额为 66.9 万两，遇闰月加征银 2.3 万余两，至咸丰四年（1854 年）规定按粮随课津贴，税额是每银田赋 1 两，加征津贴 1 两，致使田赋增加了 1 倍。[1] 而其他省份也都大抵如此。

清朝后期地丁银迅速增加，其中还有一个深层次的原因，就是以英国为首的帝国主义国家向中国大肆倾销鸦片。鸦片售卖赚取的巨额白银流出海外，致使白银越来越贵，而铜钱越来越贱，原有的货币制度受到了强烈冲击。清政府规定，地丁用银完纳，农民卖米得钱后，以钱折银，而又要以银纳税，这样几经交换，层层盘剥，银贵钱贱之下的负担就可想而知。道光十八年（1838 年），银价每两是 1600 文，到了道光二十五年（1845 年），银价每两即高达 2300 文，其后又提高到 2900 文，银钱的比价几乎提高 1 倍。这种折价使得地丁负担也增加了近 1 倍，当然也给地方官吏提供了不少敲诈勒索的机会。

清后期漕粮课征误国害民，各省、府、州县贪官污吏苛索钱粮，任意浮收，在正额之外又不择手段地加课暴敛。百姓缴纳本色漕粮 1 石，税吏往往加收至 3 石有余，还要百般地挑剔米色不一，借口质量太差，再打个高额的折扣。[2] 至于缴纳折色银两，官定银价要明显高于市价，因此，折色浮收远远超过本色。于是，百姓又陡增数倍于原额的税负。

清朝后期田赋的一个重要特征，是从鸦片战争爆发之后，清政府用摊赔、分赔和代赔等名目，把沉重的赔款负担分摊到地方。而各地官府既然担负了筹集赔款之职，于是也即获得了筹款的大权，采取的办法即是对各项赋税进行加派，特别是田赋附加与其他税捐日益增多，而不少地方更是直接在税收票据上注明"奉宪加征赔款"等字样多收税捐，百姓负担日益沉重。因此，清朝后期的田赋附加层出不穷，而且名目因时因地不同，有学堂经费钱、积谷钱、自治经费、券票捐钱、新政费、串捐和改良串票等。这些附加都是由地方课征，

---

① 黄天华：《中国税收制度史》，华东师范大学出版社 2007 年版，第 603 页。
② 李光璧：《明清史论丛》，湖北人民出版社 1957 年版，第 60 页。

充作地方经费和官吏挥霍之用。清朝各级政府加紧盘剥民众的结果，大大加速了农村经济的破产。

清朝政府腐败严酷的封建统治与沉重的剥削，导致阶级矛盾和社会矛盾不断激化。而帝国主义列强的不断侵略，又给中国人民带来了深重的灾难，不仅各种名目的赔款都多以捐税形式转嫁至民众身上，练兵和新政等浩繁的费用也出自广大民众，贪官污吏与土豪劣绅更是乘机敲诈百姓，广大民众特别是中下层百姓的负担越来越重。清朝后期，赋税的乱象跟国家监察机制的失效也有很大关系，导致官吏肆意侵贪、法外加派和钱粮亏空屡禁不止，甚至监察官员还与课税官吏同流合污和共同侵贪。在失去了有效监督之后，课税官吏自然是有恃无恐，视法律如弃履，国家正常的赋税课征秩序也很难得到维护，钱粮亏空因而成为无法消除的弊病。① 鸦片与外国商品的大量输入，使得中国农村自给自足的经济濒临破产境地，于是许多地方出现大批游民与饥民。与此同时，各种旱灾、水灾与虫灾等自然灾害也是推波助澜，很多老百姓被逼得走投无路，不堪忍受欺凌和煎熬，终于揭竿而起。鸦片战争以后见于记载的农民起义即达110 多次，其中最大的一次就是太平天国运动的爆发。

太平天国运动的主要发动者洪秀全，出生于广东省花县官禄村。他曾于清朝道光年间多次参加科举考试，但都名落孙山，心中即对封建统治越来越不满。他把了解到的一些基督教教义与中国的平权、平均和大同思想相糅合，创立了一种新的宗教组织——拜上帝会，并同拜上帝会的骨干一道不断发展会众。道光二十四年（1844 年），洪秀全和冯云山深入广西的紫荆山区。这个地方的民众深受官吏与土豪劣绅沉重租税盘剥，于是很容易地就通过传教的形式团结与发动起来了。经过几年的发动，拜上帝会成员达到了 2 万多人。道光三十一年（1851 年）一月十一日，洪秀全等在广西桂平县金田村开始发动起义，建号为太平天国。太平天国起义军先是占领了广西的一些地方，然后由广西进到湖南和湖北，再顺长江而下占据了长江中下游流域，并建都天京（今南京），时间长达十多年，对中国此后的历史进程与社会变革产生了深刻影响。②

---

① 尚春霞：《清代赋税法律制度研究（1644 年—1840 年）》，中国政法大学 2006 年博士论文。

② 曾耀辉：《太平天国起义对税收制度的影响》，《税务研究》，2018 年第 6 期。

5.3 太平天国起义对清代税收制度的影响

沉重赋税成为太平天国运动的导火索，而内外交困则助推清朝赋税制度变得愈加恶劣。嘉庆和道光之后，鸦片大量输入，白银源源不断地外流；银贵钱贱的趋势越来越明显，农民与手工业者好不容易取得的劳动所得多为铜钱，然而，缴纳税收必须用白银，不得不用钱换算成银，负担日益加重；清政府多次对外战争失败，必须缴付一茬一茬的赔款，政府只有通过加收捐税来聚敛更多的钱财，将巨额负担转嫁到广大民众的身上。太平天国运动后期战乱更加剧烈，又交替着第二次鸦片战争，清政府真是内外交困，一边加紧盘剥人民，加收田赋，增课其他税厘，并且滥发票钞与大钱，致使通货膨胀越来越严重；一边则与外国列强勾结在一起残酷镇压农民起义，并开始向各国举借外债。中国原有的封建社会自然经济模式受到了很大冲击，逐渐演变成为半殖民地半封建社会，封建统治则千疮百孔，贪污腐败大行其道，到了积重难返的地步。而近代的商品经济渐渐活跃起来，同经济密切相关的赋税体制相应地发生了许多变化，原来自成体系的传统税制渐渐演变成为半殖民地半封建税制，并且从以农业税收为主渐次转化为以工商税收为主。到了清末，由于时势所逼，清政府还进行了向现代税制转型的一些探索，但是由于各种主客观因素的制约，举步维艰，且税制改革非但没有稍减民众税赋，反而因开征现代新税而加重了负担。

在清王朝前期，田赋由中央政府管辖，地方都不得染指。但是在太平天国运动爆发后，由于交通阻隔，清政府不可能再像以前一样全国统一调配钱粮，地方开始以防备和清剿太平军为由截留田赋。于是，太平天国起义之后的田赋虽然仍为正供，但已下放至地方管理，按粮津贴、厘谷、沙田捐、亩捐和赔款加捐等田赋附加的名目愈来愈多。按粮津贴达到了田赋 1 两加征津贴 1 两，厘谷的附加多加征 20% 以上，在广东一带课征的沙田捐则每亩加捐 2 钱白银，而在安徽与江苏等地课征的亩捐每亩最高加征到 400 文，有的地方漕粮浮收在 1 倍以上。清后期的漕粮本来应当包括在地丁钱粮之内的，将其与地丁区分开来，是因为地丁一向课征银两，而漕粮则是在地粮内课征本色（即实物）。清朝后期的咸丰和同治年间，漕粮的课征发生了较大变化，除江苏和浙江两省仍然输本色外，其余各省因为漕路阻隔，相继将本色改作折色，即用银两折征。按理来说，漕粮既然用银缴纳，就没有途中的损耗与运输费，但是官府仍旧按照原规定课征，老百姓则遭受到银贵钱贱、折银缴纳等多种多样的附加漕项多重压榨，税捐负担愈加沉重。丁漕加捐、借征钱粮已变得非常普遍，赔款加捐也开始出现，且绵绵不绝。与此同时，盐税和茶税则不断加征，都是用襄助军饷的名义；海关税的课征品目也愈来愈多，征收数额不断加大；由于鸦片泛滥，于是鸦片也成为税收课征的重要对象，从中收取大笔税款。[①]特别是清王朝为了扑灭太平天国运动而新创设的厘金，原定是值百抽一，但到后来，有的地方税率甚至高达10%，而且逢卡抽厘，成了广受诟病的晚清第一大恶税。

两次鸦片战争与内外反动势力勾结起来镇压声势浩大的太平天国运动，也致使清政府因形势所迫逐渐交出了关税自主权。这一时期的税收征收管理具备了明显的半殖民地半封建特征，其主要的表现是清朝廷的财政更是入不敷出，尤其对外赔款难以筹措，不得不拿关税来作为抵押和偿还手段，于是海关逐步就被帝国主义列强所把持，渐渐丧失了国家税权。而封建割据的加重，则导致地方税收管理权限不断增大，中央管理权限逐步缩小。税收管理机构与税吏多如牛毛，特别是设立厘金局专管征收厘金事务，且分设众多的局卡于各府县及各口岸。

5.4　太平天国税制及对太平天国的影响

第一次鸦片战争爆发之后，中国独立运行数千年的传统社会逐步沦为半殖民地半封建社会，各帝国主义国家加紧了对中国进行侵略和掠夺，发达国家机器大生产制造出的廉价工业品大量倾销到全国各地，瓦解了个体农业和家庭手工业相结合的传统经济，这就逼迫农民和工商业者的生计日益艰难。与此同时，清政府越加腐朽的政治统治和深重的经济压榨，在民族矛盾不断尖锐的同

---

① 曾耀辉：《太平天国起义对税收制度的影响》，《税务研究》，2018年第6期。

时，更使阶级矛盾十分尖锐，阶级斗争越来越激烈，全国爆发的农民起义呈多发趋势，咸丰元年（1851 年），终于爆发了声势浩大的太平天国农民起义。太平天国起义是中国近代史上一次壮阔而复杂的农民革命运动，持续时间之长、形成规模之大与社会影响之深，在整个中国历史上都是罕见的。起义军从广西金田起事，到咸丰三年（1853 年），短短的 3 年时间里，农民运动风暴就席卷了大半个中国，直至攻克金陵（今南京），并将南京改为天京建立起新型的革命政权，新的政权在政治、经济、财税等方面都进行了许多有益的探索。

5.4.1　太平天国在政治经济方面的探索

太平天国建国初期，即颁布了一个包括政治、经济、军事、文化、社会组织等方面的革命纲领，即太平天国的根本大法《天朝田亩制度》。《天朝田亩制度》以解决土地问题为中心，核心思想就是废除封建土地私有制。田亩制度规定按年产量的多少把全国的土地划分为 9 等，然后以户为单位，按土地等级和人口数量，男女平等地获得土地，15 岁以下获得半份土地。每 25 户组成一社会基层单位"两"。每"两"建立一国库，除各家生活必需品外，其余一切生产物均应上交国库，由"两"司马呈报备案。"两"成员的婚丧生活等大事，均由国库拨付一定的钱粮，如遇荒年则由政府统一调配，如丧失劳动力则由社会公养。《天朝田亩制度》以改革封建制度为核心，宣布废除封建土地私有制，提出天朝土地归"皇上帝"所有，分配原则是天下人同耕天下田的原则，建立一个没有剥削、没有压迫、人人平等的理想天国。它所提出的建立"有田同耕，有饭同食，有衣同穿，有钱同使，无处不均匀，无人不饱暖"的理想社会，充分地反映了广大贫苦农民渴望得到土地和摆脱被奴役、被剥削的强烈愿望。这一纲领的反封建性和革命性是十分坚定和明确的，但是它毕竟是空想农业社会主义，在当时是无法实现的，因此在当时的现实情况下，封建土地私有制仍然被保留下来。《天朝田亩制度》超越了当时的社会生产力发展现实，是把坚定的反封建斗争和不切实际的空想主义交织在一起，难以实行，于是它颁布后不得不被搁置起来。其后，太平天国的不少农民领袖纷纷提出照旧交粮纳税的政策，而且晓谕所辖地域民众依照旧的田赋制度交粮纳税，但减轻了原有无休无止的额外苛索。

受到天王洪秀全器重的太平天国干王洪仁玕于清咸丰九年（1859 年）提出了带有资本主义色彩的改革方案《资政新篇》。《资政新篇》是当时中国先进知识分子主张和提出的在中国培育与不断发展资本主义的纲领，是中国人向西方寻求救国救民道路的积极探索，其核心内容是如何在中国发展资本主义。《资政新篇》在政治上主张"以法治国"、投票公举政府官员，实行舆论监督，初步提出了民主与法制思想。《资政新篇》在经济上鼓励发展和壮大工商业，主张对外通商，并且提倡发展保险事业。其在思想和文化上，则提倡开办新式教育，反对封建迷信。在科学技术上，主张引进西方的先进技术，比如轮船、铁路与工业机器制造工艺等，奖掖私人技术发明，切实保障发明专利，倡导私人投资创办现代银行等。在外交上则主张相互自由往来和平等互利。除对个别条款持保留态度外，对于洪仁玕提出的以上各项改革主张，天王洪秀全均表示同意。这一揽子的政治主张和具有革新意义社会主张，是那个时候非常难得的企望中国走资本主义发展之路的政纲。由于《资政新篇》不是农民战争实践得出产物，仅仅是少数知识分子在接受西方资本主义思想影响之后提出的对社会发展的规划。因此，《资政新篇》有两个主要的缺点：一是当时正值第二次鸦片战争时期，《资政新篇》却丝毫未涉及反抗外国侵略的这一迫切问题；二是未顺应广大农民的迫切愿望改革封建土地制度。太平天国本身就不具备实施该方案的社会条件和阶级基础，再加上太平天国已经到了生死存亡的紧要关头，《资政新篇》根本就未能推行。

5.4.2　太平天国的税收制度

分析太平天国财政收入的来源，主要来自两方面：一是战争缴获与直接征发，二是课征税收。太平天国起义初期，太平军转战各地，没有稳定的根据地，因此也无法建立起一套税收制度。太平军在战斗过程中，肩负着筹集粮饷任务，筹集的方式主要是起义军打败清军和各种地方武装的缴获与攻克敌人营垒之后接收原清代地方官府的库藏，或者通过对地主豪绅强制征发来实现，这构成了太平军最初的重要补给来源。太平军攻下南京并定为首都后，逐渐建立起了一套颇具特色的赋税制度。

5.4.2.1　田赋

1. 田赋正供。

田赋是太平天国的主要财政收入来源，由于《天朝田亩制度》实施的条件不成熟，田赋制度基本沿用清代旧制，采取着佃交粮的政策（即直接由佃农照旧税制直接向太平天国政权纳粮），分为漕粮和地丁二项。漕粮以实物缴纳，课于秋冬两季。田赋税率各地不一，漕粮一般在 1~2 斗之间，多者亩征 3 斗，少者亩征几升。地丁银以银钱缴纳，每亩征 700 文左右，分上忙、下忙两次缴纳，上忙在夏季缴，下忙在冬季缴。太平天国尽管沿袭了清代田赋制度，但在建国前期，田赋没有浮收、折色和额外苛索，此外，还经常实行小户免征、灾歉减免等一些减免赋税的措施，田赋税额比清政府统治时期有较大幅度的下降，可以说，太平天国的领袖们在一定程度上顺应了民众减轻税收负担的迫切愿望。

2. 田赋附加。

由于军事失利，太平天国后期统治区域日益缩小，田赋收入已无法满足军政需要。于是便开征了一些田赋附加，主要有以下几种。

1）田捐。按田亩向农民课征，每亩每日 1 文，先由田主代佃农垫付，3 个月至半年征收一次。此税的设置每亩按日随田征收，收入可观，可谓苛征，前所未闻，亦是太平天国财政危机后的无奈之举。

2）田凭费。土地所有者向太平天国政权领取田凭、地契时所缴纳的费用，每亩 60~1000 文不等。田凭每年换发一次，故田凭费每年缴纳一次，征收过于频繁。

3）局费。这是为了满足地方政权开支而课于地主大户的一种田赋附加，征收方法是随田附加或按户派捐，税额各地不一，随意性较强。

4）海塘费。对海塘沿岸州县征收的供修筑海塘的一种临时性田赋附加，税额各州县不一，每亩 400~1500 文不等。

5）柴捐。按亩征收的地方杂税，每亩地 10 天派柴 5 斤，也可折钱缴纳，每斤 3 文。

6）火药捐。为田赋附加中用于制作火药的费用，按亩征收，每亩 70 文或每亩米 1 斗。

由此可见，太平天国后期赋税越来越苛重，这也是农民起义政权衰败的客观反映。

5.4.2.2 工商税

1. 营业税。

营业税亦称商税，是太平天国政权对商店和商贩所课征的税收，主要有店凭捐、店捐、客捐、股捐、月捐、日捐等。此外，太平天国还对牙行等中间商征收牙税和牙帖费等。

1）店凭捐。在太平天国统治区域内，无论是老店经营或新店开业，都必须领取店凭才准营业。因此，店凭捐实际上就是营业执照税，一般按其资本大小征收，捐额各地不一，为数千文至数十千文不等。

2）股捐、月捐、日捐。由坐商缴纳的营业税，一般是按年、按月或按日征收，也有分期缴纳的。股捐按股即资本额征收；月捐按月定额定期征收；日捐按日定额征收，每日俱要捐钱，分大小每日纳款百钱至千钱，这对固定商户来说是一种陋政。

2. 手工业税。

手工业税是太平天国政府对丝车业、苗园业、榨油坊等私营手工业课征的实物税，以实物形态缴纳，税率为2%。手工业税的征收机关为总油盐衙，并不是专门的税务部门。

3. 关卡税。

太平天国定都南京后，便在各水陆交通要道，特别是在长江沿岸设立多处关卡，对往来船只货物征收过境税，有时也叫厘捐或厘金，这又是借鉴清政权税制的产物。太平天国沿长江中下游，在武昌、九江、芜湖、天京（即南京）设有4个海关，而在天京又设有3关：提中关、提头关、提下关，提中关在仪凤门外鲜鱼港口河卡，设官司之，正副各一，职同指挥，兼辖其他2关。提头关职同将军，设上河夹江。提下关设于七里州河内。各关有协理、书手、听使等员，这是直属中央统辖的关卡。[①] 关卡税的征收方法和税率没有一定的制度，陆路关卡以商贩流动交易货物为课税对象，过关纳税，发给凭证，其他关

---

① 黄天华：《中国税收制度史》，华东师范大学出版社2007年版，第654页。

卡不得重复征收，大宗货物除正税外，还要缴纳"照单钱"，每单 100 文；水路关卡以货物的类别和船只的长短为课税依据，粗货船长 1 丈一般征税 2000文，细货加倍。关卡税分别从量计征和从价计征。从量计征的如盐按担计征，粮按石计征，丝按包计征。其他货物从价计征。可以说，太平天国在某种程度上袭用了清政府的厘金制度，设卡收厘，并同样是为了解决军需问题。[1] 但太平天国的税收机构与清朝厘卡形成了鲜明对比，在太平天国境内进行贸易的各村各镇，一律只设有一个税卡，太平天国关卡税不仅税率低，课税公正，而且办理手续正规简便，在太平天国境内进行的贸易只课征一次关卡税，再过其他关卡只查验不重征。但到了太平天国后期，关卡也越设越多，且税负日重。

历史往往出乎意料，清政权创设厘金的初衷，是为了筹集剿灭太平天国的军费，而太平天国也仿照征收厘金以筹措革命军饷，则是为了对抗清王朝的军队。清朝政府利用厘金制度筹措军费取得了明显的效果，为清政府清剿太平天国帮了大忙。而令清政府始料未及的是，几乎在同一时期，太平天国也使用厘金这个手段来筹措可观的军费，达到了充实太平天国财力的目的。

4. 各种杂捐。

太平天国的杂捐，主要有丁口捐、房捐、特捐、礼拜捐、门牌捐、灶捐、军需捐等。丁口捐是以丁口为课征对象的人头税，税率为每人每天征 20 文。房捐是以房屋为课征对象的捐税、每间屋日征 3 文。特捐是太平天国对其统治区域内的地主富豪所实行的一种临时捐派，按财产多少而不定期地征收，按其资产多寡而定，多者数千少者亦数百，这种措施除了财政作用外，更重要的是打击地主豪强势力，巩固新生的革命政权。礼拜捐是太平军于咸丰十年（1860年）攻克溧阳后开始课征的，因规定每 7 天征收一次，故称礼拜捐。门牌捐按户征收，按财产多少定税额，以 300～1000 文不等。

太平天国与日趋半殖民地化的清王朝税制相比，在减轻农民负担，打击地主富豪，维护民族利益等方面，改进明显，但太平天国后期为形势所迫，相继开征各项杂税杂捐，百姓的负担也随之加重。

---

① 王兴福：《厘金和太平天国商业税》，《浙江学刊》，1987 年第 5 期。

5.4.3　太平天国税收制度演变对政权的影响

最初，太平天国力求用最快速的军事手段来击垮清军，因此攻地不守，在没有稳定后方的情形之下单靠征发，保障自己的供给。定都天京（南京）后，从咸丰三年（1853年）起，太平天国改变斗争战略，在开疆拓土与构建行政机构的同时，创立赋税制度，以保证国用和军需供给。这个转折十分必要，适应革命战争发展到新的阶段的需要，也是政权能够长期维持发展的基础举措。太平天国赋税制度的建立不仅打击了地主阶级，在一定程度上保障了贫苦农民的利益，同时，还有力地支援了前方战争，这是太平天国革命之所以能在艰苦的条件下转战18省，坚持长达18年的重要原因之一。太平天国最初的土地所有制和赋税设置设想很理想化，但在实际执行当中基本上是照清政府旧例办理，有一定的合理性，毕竟几千年封建税收制度发展到清代时逐渐得到完善。但从一个有别于封建体制的新政权来说，又反映出农民起义和农民政权的历史局限性。

从1853年6月太平天国第一次西征到1860年5月太平军东征苏州、常州与上海这个时期，尤其是到1856年天京内讧之前，太平天国快速占据了长江中下游的广大区域。在这一时期，征发尽管仍然为太平军重要的补给途径，但通过赋税制度来扩大财政来源，已经占据主导地位。为顺应农民的愿望，太平天国施行了"著佃交粮"的政策和采取了向农民颁发田凭的措施，达到了"耕者有其田"的效果，促使太平天国范围内自耕农普遍增加，使农村地区的生产关系发生了若干变动，而且充实了税收的来源。太平天国凭借占有苏、皖、赣等"米粮广有"地区的经济实力，一定程度上保障了所需供给，对巩固农民政权起到了重要的支撑作用。太平天国前中期所实行的政策和采取的措施，较好地贯彻了正确的阶级路线，符合贫苦百姓特别是农民阶级的利益，也沉重地打击了封建剥削阶级，赢得了以农民为主的广大劳动人民的广泛支持，而较为适当的赋税制度较好地保障了财政供给，为政权巩固提供了财力支撑。

然而，从1857年起，太平天国在军事上出现负多胜少的局面，所辖之地总体日见缩小，这些年间征发中的缴获数量也明显减少，财政开始局促甚至举步维艰，赋税征收也不得不逐渐向苛征转变，各地军政当局向民间多征与加派项目、加重征课数量，民间怨言不断滋生，这也动摇了太平天国政权根基的稳固。太平天国运动后期，由于在军事斗争上经常失利，财源由此渐渐枯竭。为了保障政权与军事补给的需要，太平军对所辖民众加强了征课，于是征发过滥过苛，使太平天国逐渐丧失了广大民众的支持，成为农民起义失败的重要因素。

5.4.4 太平天国起义前后税收乱象的启示

太平天国起义前后的税收及社会乱象，其中的深刻教训很有启示作用。一是税收苛重致使政局动荡。从中国古代到近代政权更替的情况看，苛捐杂税大都成为社会动乱与改朝换代的导火索，晚清也不例外。晚清官府的横征暴敛使广大民众生计很难为继，传统经济受到了很大摧残，民众的反抗情绪不断高涨，催生了波澜壮阔的太平天国运动，并且在太平天国运动消亡后社会的动乱也久久不能平息，最终又导致葬送大清王朝的辛亥革命发生。税收苛重必然会重创经济，从而使得税源枯萎，国家财政于是更加紧张，最终形成暴征苛敛的恶性循环，致使国家进一步走向衰败，政权变得摇摇欲坠。二是国家稳定有赖于适当的税收制度。清朝后期税收苛重，民众的负担数倍于以往，逼得贫苦百姓家破人亡，官府的公信力丧失殆尽，致使农民起义与社会动乱此起彼伏。清朝后期税收乱象还跟监察机制的失效也有很大关联。监察机制的失效，导致官吏侵贪、法外加派和钱粮亏空屡禁不止，而且监察官员也跟课税官吏同流合污、共同贪占。失去了有效的监察，课税官员自然是有恃无恐，视法律为草芥，国家正常的税收课征秩序也就很难得以维护，钱粮亏空就成为无法消除的弊病。[①] 清朝政府原有的统治格局被列强用坚船和利炮攻破后，税收制度同时也走上了嬗变与恶化之路。加重税收也无法满足清王朝应对内忧外患的财力需要，从而被迫走进滥征苛派的恶性循环死胡同，这最终成了葬送大清王朝的主要因素之一。清朝后期地方权力（包括税权）的膨胀，对中央政府权威造成很大侵害，这种情形特别应引起后世警醒。在面对复杂的内外部环境时，中央政府有必要拥有绝对的权威。[②] 清朝后期税收制度的变异，严重阻碍了经济发

---

① 尚春霞：《清代赋税法律制度研究（1644 年—1840 年）》，中国政法大学 2006 年博士学位论文。

② 郭绍敏：《清末改革和国家转型对当代中国的启示》，《党史文苑》，2009 年第 6 期。

展与社会稳定，导致各种矛盾愈来愈激化，民变频发。风起云涌的太平天国运动爆发后，清朝廷与各级官吏没有深入进行反思，纾解民困以安抚民心，加快革新步伐以尽快建立起促进民生发展的现代经济财税制度，反而变本加厉，税收苛征越演越烈，导致社会更为动荡，政权根基越来越不稳固。① 从中能够体察到，建立起较为得当的财税制度，才能从财力上支撑政权牢固和国家发展。

---

① 曾耀辉：《太平天国起义对税收制度的影响》，《税务研究》，2018 年第 6 期。

第 6 章

鸦片泛滥与鸦片税

鸦片税是晚清时期一个非常特别的税种。用于炮制鸦片的罂粟原产于西亚地区，在六朝时期就传入中国种植，但种植的数量很少。鸦片最初是作为一种名贵药材传入中国使用，在唐朝还有外国作为珍贵物品进贡。鸦片的药用价值在宋朝以来的历朝历代医书中多有记载，并且载进了李时珍编著的典籍《本草纲目》。明朝万历二十八年（1600 年），英国成立了东印度公司，诱使印度的农民种植罂粟，并且将收获的果浆制成鸦片出口中国，中国则视作药材进口征收货物税。清朝以后，中国吸食鸦片者呈日益增多的趋势。在 18 世纪末，英国通过东印度公司加大了针对中国的鸦片销售，这种后果可怕的药品兼毒品使得越来越多的中国人欲罢不能，华夏大地吸食鸦片的风气渐渐蔓延开来，许多人因此思想萎靡，道德滑坡，体格日衰，整个身心都受到极大伤害。世风日下，甚至加速了国家政治、经济和军事衰败，直接影响到社会的各个方面。清政权也看到鸦片泛滥后果的严重性，在嘉庆元年（1796 年）就采取了严禁鸦片输入、停征鸦片相关货物税收的措施，后来更是多次下令，将种植、经销和吸食鸦片列作违法行为。然而，鸦片还是没有在中国禁绝，只不过由合法进口转而通过种种渠道走私到全国各地。1840 年中英鸦片战争爆发以后，外国列强逼迫清政府签订了多个屈辱的不平等条约，中国渐渐成为半殖民地半封建社会，不仅赔款数额越来越多，且进入到为凑赔款和镇压民众起义而横征暴敛的恶性循环。由于中国战败，鸦片贸易就更是无法阻止，清政权转而又开征鸦片税收，征税之后任其售卖，荼毒国人。鸦片税也叫膏捐，鸦片贩卖者交税获取膏捐印花后，将印花贴于烟箱之上，鸦片即可自由销售，助长了鸦片泛滥，害人无数。

6.1　鸦片行销中国的概况

　　一直到清朝前期，英国与其他西方国家的工业品还没有形成在中国市场上取得竞争优势的实力，其主要原因是成本太高，广大民众对舶来品的接受程度也有限。英国商人自以为是王牌商品的毛织品运到中国后却十分难卖，销路远不如中国自产的土布，英商为了交换到茶叶、蚕丝与瓷器等，不得不在市场上忍痛亏损抛售毛织品。因而，英国每年都必须付出数百万两白银的贸易差额。在与中国的贸易上逆差巨大，这与大英帝国想要扩大海外市场的愿望大相径庭，为了寻找出路，即开始大肆向中国走私鸦片。

　　鸦片是影响近代中国历史的一种重要物品。早在西方资本主义国家的资本原始积累时期，就贩卖鸦片到中国出售，以攫取高额的利润，成为这些西方列强对华贸易的重要货物，也是这些国家资本原始积累的重要途径。清乾隆三十八年（1773 年），英国在印度建立的殖民政府就大量生产鸦片，确定了向中国售卖鸦片的政策，同时，还规定由英国东印度公司进行专卖。清嘉庆十八年（1813 年），东印度公司制造和销售鸦片得到的利益，往往达到生产成本的十多倍，英国在印度的殖民政府获得的赋税亦达到了制售鸦片生产成本的 3 倍，而烟贩子们把鸦片从印度走私到中国获得利益也有 50%。对英国政府来说，清政府对出口茶叶课征的高关税，相当于英国政府全年财政收入的 10%，而英国又必须进口茶叶，于是就想通过鸦片制售获利来冲抵因进口茶叶而产生的贸易逆差。而且，英国向印度销售大量的棉织品，也只有靠印度从鸦片制售中获取得的利益才能够为其支付棉织品的买价。于是，在英国、印度和中国的三方贸易之中，各自利益不同而又相互牵制。在这期间，美国亦从土耳其和波斯收买鸦片向中国走私。[①] 中国虽然曾对鸦片走私采取了一些抵制措施，多次发布过禁烟令，禁吸鸦片、禁种罂粟与查禁外国输入鸦片，但是因为外国鸦片贩子用钱财腐蚀清政府官吏，以及他们狡诈与猖獗的走私活动，往往禁烟效果不

---

① 曾耀辉：《晚清鸦片税及其对民生社会的影响》，《税收经济研究》，2016 年第 5 期。

佳，甚至形同虚设。

嘉庆、道光时期，最突出的社会问题就是鸦片泛滥。朝廷对种烟、贩烟、吸烟、制造烟具等的相关禁令数以百计，可是这些禁令最终基本上都成了一纸空文，反而越禁越泛滥，政府也逐渐失去公信力。嘉庆元年（1796 年），朝廷颁发禁烟法令，但各地海关的官吏为了发财不但不积极去查禁，而且还暗中鼓励商人非法销售鸦片，致使虽一再颁布禁烟令，鸦片进入中国却越来越多。嘉庆十八年（1813 年），刑部奉皇帝旨意拟定军民人等买食鸦片烟分别治罪条例，同样效果甚微。其后清朝廷又多次下令查禁鸦片入关，但英国想方设法破坏禁令，用贿赂官员与走私的方法继续大量贩卖鸦片。而且，吸烟和贩烟在中国民间也到了普遍甚至疯狂的程度，即使严令禁止也无济于事。

在清道光初年，英国贩运鸦片的大船就常年停在珠江入海口外边的洋面上，这些船被称之为趸船。贩烟到广东沿海的鸦片贩子，从趸船上面进货，再想办法偷运至陆地。广州则有不少被叫做窖口的负责销货的商家，双方商量好价格和数量后，一起至趸船给单装货，然后用雇来的快艇偷运烟土，而那些负责查缉的兵船却跑不过快艇，难以把走私贩缉拿归案。走私到大陆的鸦片随之进入全国各个地方，而且越禁越多。还有其他的走私物品也多是从趸船中转贩运的，这成为白银大量流出中国与海关税流失的重要原因。尽管官府下了大功夫对趸船和快艇进行驱逐和抓捕，但此种走私模式一直都没有被铲除。[①] 鸦片就这样源源不断地输入中国，不仅逐渐消除了鸦片输出国的贸易逆差，且使白银从中国大量流往英国及英属印度。

由于鸦片是通过走私偷运到中国的，因此究竟进口了多少，难以精确计算。马克思曾经做过估计：1816 年，英属东印度公司鸦片的贸易额已达到将近 250 万美元。1820 年，有超过 5147 箱鸦片被走私到中国，1821 年则超过了 7000 箱，1824 年已经超过 12639 箱。到了 1837 年，东印度公司已将价值 2500 万美元的 39000 箱鸦片源源不断地偷运到中国。[②] 由此可见，1816 ~ 1837 年这 22 年之间，英国输入到中国的鸦片销售量从每年 250 万美元增为 2500 万美元，暴增了 10 倍。尽管清政府施行了禁毒举措，但并未遏制住贩毒和吸毒蔓延的

① 赵尔巽：《清史稿（第十三册）》卷一百二十五，中华书局 1976 年版，第 3699 页。
② 马克思：《马克思恩格斯全集》第 12 卷，人民出版社 1953 年版，第 588 ~ 589 页。

势头。到了鸦片战争爆发前夕，吸食鸦片的上有官僚缙绅，下至贩夫走卒，各个社会阶层都有很多，估计达到数百万人。中国民众面对英国倾销鸦片带来的严重灾难忍无可忍，道光十八年（1838年），广东民众率先进行了反对英国侵略者走私鸦片的斗争。道光十九年（1839年），皇帝派林则徐为钦差大臣到广州查禁鸦片，林则徐一边加紧整顿海防，严拿走私商贩；一边通知外国烟贩报告鸦片存量，要求他们具结今后不再私贩鸦片，并且将缴获的鸦片2万多箱于虎门滩当众销毁。

强力禁烟引发了鸦片战争，朝廷和众多官吏的腐败和落后的中国最终无法抵挡住外国列强坚船利炮的猛烈进攻。第一次和第二次鸦片战争都以清王朝失败收场，使鸦片不再列为非法商品，在枪炮声过后更加源源不断地流入中国，清政府已经无法再限制洋药（即外来鸦片）进口，数量比起战前来迅猛增长，而且各个口岸都在大量进口鸦片，其中，上海口岸进口的鸦片与战前走私进中国的鸦片总数相近，快速成为所有进口商品中最重要的商品，金额超过进口总额的70%。鸦片大量输入，导致白银迅速外流，其他商品的贸易额则明显萎缩。中国国内种植罂粟的数量也越来越大，而进口鸦片更是日益猖獗，鸦片的交易额进一步猛增。鸦片交易额在清光绪二十年（1894年）达到11879万关两，蚕茧、茶叶与棉花这三个大项商品的交易额总数才跟鸦片交易额相等。[①] 鸦片交易是一种破坏性的贸易，而罂粟种植是一种破坏性的生产，罂粟和鸦片产销的迅速增长，显然没有促使中国商品经济的发展，这类毒品交易的增长反而给中国经济造成极大破坏。尤其不可思议的是，鸦片在中国的海上还具有货币功能，它的信用有时候比白银都更高。在整个19世纪，鸦片就像一个魔鬼缠绕着中国芸芸众生，烟毒泛滥日益严重，吸食者越来越多，所造成的危害难以估计。[②] 鸦片的泛滥致使中国财富大量散失，官府的吏治越来越腐败，军队的战斗力大减，不但清廷统治受到严重影响，还威胁着整个中华民族的生存。

而晚清对鸦片从严禁、弛禁到开禁甚至自种自吸，一方面是由于英国等国的坚船利炮蛮横地打开了中国国门，另一方面则是中国落后且清政府软弱与腐

---

① 仲伟民：《茶叶、鸦片贸易对19世纪中国经济的影响》，《社会经济史研究》，2008年第2期。

② 曾耀辉：《晚清鸦片税及其对民生社会的影响》，《税收经济研究》，2016年第5期。

化，在内忧外患之下，变得百般无奈，无力禁止进而索性弛禁，通过借对鸦片征税来获取大笔维持其专制统治的财政收入。

6.2　鸦片税的产生与发展

6.2.1　鸦片税的由来及演变

　　晚清鸦片税的课征，与政府无力禁止鸦片泛滥有关，也跟剿灭太平天国和抵御外国入侵需要大量军费相关联。清政府鉴于既难以禁烟于国门，又无法阻止国人吸食，而国家财政又入不敷出，转而将鸦片作为课税对象，其冠冕堂皇的理由是"以征为禁"，借口利用课税增加鸦片吸食成本，抑制烟毒的不断泛滥，实际上还是想从鸦片销售中获取巨大利益。鸦片税最早的形式，是地方要筹措军费，开始课收洋药（即进口鸦片）的厘金。厘金这种货物通过关卡或者交易时缴纳的货物税捐，最早在江苏开征，咸丰四年（1854 年）就开始了，鸦片厘金也即是由此始。紧接着，江浙和福建两省于咸丰七年（1857 年）课征，税捐的名称就叫洋药厘金。当时闽浙总督王懿德等上疏，出于军费的需要，暂时从权宜之计对鸦片抽捐，清朝廷颁旨允行。中英《天津条约》与中英《通商章程善后条约》在咸丰八年（1858 年）签订之后，鸦片销售的合法性得以认可，只不过把鸦片自欺欺人地称作"洋药"，而且其后跟各国定约都将洋药作为商品课税，鸦片关税至此堂而皇之地课征。[①]

　　清末的重臣左宗棠在光绪七年（1881 年）曾经上疏：要禁鸦片，即应当对其加重课税。百斛洋药，拟课税厘 150 两。土药价低，准依照洋药推算。朝廷命将军、督抚以及海关监督各就情形妥善议处。直隶总督李鸿章则建议：洋药既然难于骤禁，只可先加课税厘。烟价增，则吸者就减，以显徐禁示罚之意。惟厘金太重，恐偷漏更多，应须通盘筹计，适当加课。光绪帝采纳了他的建议，洋药每百斤加课 80 两，土药加课 40 两。光绪十年（1884 年），定土药与洋药不作区分，发给华商每 10 斤课银 2 钱的部票，在华商经过关卡的时候，还要再纳税厘，无票则将货没官。至于行店的坐票，不论资本大小，一年捐

---

　　①　周育民：《清季鸦片厘金税率沿革述略》，《史林》，2010 年第 2 期。

20 两银换一次票，没有票不得售卖。光绪二十八年（1902 年），清政府定洋药税厘并课，仍照现行约章，嗣后以厘金作为加税。又定英商莫啡鸦（即吗啡）之禁。如果作为医药使用，进口仍照则纳税，领取海关专单，方准起岸，违者没官。[1] 光绪三十二年（1906 年），光绪皇帝命限十年之内把洋药一律革除净尽。又以鸦片为民众之害，令每年种植递减，统限十年将洋药和土药尽绝根株。该年开了广西巡抚柯逢时的缺，赏侍郎衔，督办各省的土膏统捐，在湖北设立总局，各省都设分局。此时，国际上禁烟的呼声不断高涨。清廷预备把土膏统捐推行到各地时，作出顺应国际禁烟潮流的政策调整，并于宣统元年（1909 年）在上海承办了万国禁烟会议，并渐渐裁撤部分省的鸦片税征收机构，提高土膏捐的税率，以抑制鸦片泛滥。尽管此后鸦片仍然行销中国，但渐渐呈减弱趋势。

对国家财政来说，一项贸易额最大的商品却没有征到税，显然是损失不小的，鸦片税成为清末赋税收入中的一大项，有其一定的必然性。[2] 课征鸦片税使清政府获取了大量的财力，甚至晚清开展的不少自强项目大都与鸦片税厘有不少关联。而征收鸦片税虽然为清政府聚敛了大量收入，对中国广大民众来说却是一颗剧毒的苦果。

6.2.2　鸦片税的种类与征收方式

晚清的鸦片税是各种鸦片税捐的统称，种类比较多，分为土药厘金、洋药厘金、土药税、土膏统捐（见图 6-1）、土药统税、罂粟亩税、鸦片牌照捐、鸦片凭照捐和鸦片灯捐等，现就主要的税捐略述如下。

6.2.2.1　洋药厘金

洋药厘金于清咸丰四年（1854 年）始课于江苏，最早在厘卡对烟土课厘。苏松太道曾想在咸丰五年（1855 年）对每箱鸦片课 25 元的洋药税，但经销洋药的商人进行强硬抵制，无法推行下去。而浙江巡抚何桂清则于咸丰七年（1857 年）二月开始，对一箱鸦片课征豆规银 10 两的鸦片烟捐，另外还要收

---

① 赵尔巽：《清史稿（第十三册）》卷一百二十五，中华书局 1976 年版。
② 仲伟民：《茶叶、鸦片贸易对 19 世纪中国经济的影响》，《社会经济史研究》，2008 年第 2 期。

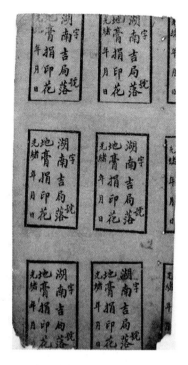

图 6-1　清光绪年间湖南吉局落地膏捐印花

　　注：膏捐即鸦片捐，清末规定鸦片只要交了税就发给印花贴于烟箱之上，鸦片即可自由销售，以致鸦片泛滥，害人无数。

取 2 两局费。何桂清不久当上了两江总督，派人到上海清理捐项，其药厘一箱课银 20 两，另外还要课局费 2 两，名义上是报捐，报捐者按照海疆例奏请议叙（即获得担任小官吏的资格）。洋鸦片从天津海关纳税后，按照直隶的有关规定，凡是华商购进鸦片存到洋行和钞关，必须去洋厘捐局申请获得一种联票，经过逐箱秤验以后，每百斤照章完纳 24 两洋药厘捐，另外再加 8 两地方善捐和耗羡。广东每箱洋鸦片抽厘 16 两。黑龙江在光绪十年（1884 年）开办洋药厘金，洋鸦片每百斤课征洋药厘金 32 两。光绪十一年（1885 年），吉林也开始对鸦片课税，每百斤鸦片课征 86 两税厘。[1] 可见，洋药厘金课征的地域很广，而且地域不同以及时期不同课征幅度也不一。

　　课征鸦片税列进了清咸丰八年（1858 年）十月签订的中英《天津条约》

---

　　[1]　周育民：《清季鸦片厘金税率沿革述略》，《史林》，2010 年第 2 期。

附约，附约中有允许洋药进口、每百斤纳 30 两税银的条款。这个附约列明，洋药不跟其他洋货一样享受课征较优惠的子口税待遇，因而鸦片在海关于进口时课征进口税，运销至内地后按照国内货物对待，即逢卡抽厘。于是各省亦闻风而动，对洋药课税遍地开花。

洋药厘金的征收幅度呈逐年增加趋势。光绪初年，仅广州关一个口岸招商包收每年就认交 42 万元，五年限满，每年递增 2 万元。到了光绪五年（1879年），洋药每百斤课征 30 两正税，80 两厘金，课税以后再也不要交内地厘金。① 到光绪十三年（1888 年）以后，有海关的省份洋药税厘陆陆续续改由海关一并课征。洋药税厘此后进一步加重，但并没有阻止洋鸦片进口，反而由于课税后畅通无阻，更加速了洋鸦片在中国倾销，四处泛滥。既课鸦片税又课厘金，是英国诱使清政府就范的，目的是为了满足英国的鸦片商与印度英国殖民当局的要求。洋人为了拓展其控制的中国海关权力，时任海关总税务司赫德想方设法地促成了此事。

光绪三十二年（1906 年）八月之后，清廷试图严禁鸦片，要求英国每年把运销到中国的鸦片减少 10%，并且委派中国官员驻在印度，以核查鸦片运销到中国的数量，还把印度产鸦片的洋药厘金大大提高，香港的鸦片则禁止运到境内，并且严禁吗啡等毒品进口。中国与英国在宣统三年（1911 年）四月达成了《中英禁烟条件》，于中国每年减种鸦片的前提下，英国也同意每年继续减销鸦片，直至 1917 年全面禁绝，并同意将洋药税厘每百斤箱加到 350两。② 可是这些措施还没实行多久，清朝廷就在风起云涌的革命浪潮之中垮台了，不过，鸦片泛滥的趋势从一定程度上得到了遏制。

6.2.2.2　土药厘金

土药是相对于进口鸦片而言的，即中国自产的鸦片。随着洋鸦片的输入，其昂贵的价格与吸食人口增加之间产生了愈来愈大的矛盾，直接推动了成本相对较小的本土种植。清初以西北和西南出产鸦片较多，同治、光绪年间，陕西、甘肃、云南、贵州、四川、广西一带罂粟种植越来越普遍，当时中国许多

---

① 黄天华：《中国税收制度史》，华东师范大学出版社 2007 年版，第 626 页。
② 曾耀辉：《晚清鸦片税及其对民生社会的影响》，《税收经济研究》，2016 年第 5 期。

省份都有种植，而行销地区覆盖了全国各地。土产鸦片的低成本优势渐渐显露出来，产量和销量越来越大，增长速度也愈来愈快。有关土药的政策受到洋药厘金征收变化的影响，鸦片交易在咸丰八年（1858 年）之后合法化后，借洋药课税之名，各省纷纷课征厘金，其中很重要的课厘对象是土药。但是，清朝廷虽然立了洋药关税规则，却没有定统一的土药税制度，因而各省课征标准与税率不一，有从价计征的，亦有从量计征的。

地处西北的陕甘是明令征收土药厘金最早的地区。时任陕甘总督乐斌还没有奉部文即在咸丰八年（1858 年）冬跟兰州府议定试行办理，对于进出嘉峪关的土烟征厘。随后，新疆和山西等省亦开征，而云南、贵州、四川、广西为土药的出产大省，自然是不甘落后。其他出产较少或者过境洋土药的省份，也就顺势纷纷课征，课收的方式却是五花八门。如四川最初是设卡课征，但后来因此大批民众造反，使地方秩序大乱，不得不改作由州县摊征。安徽则是设了南局和北局，在芜湖设立南局，临淮镇设立北局。而在江西，主要是采用商人包缴制度。河南则设立省厘税总局，下辖的各县设立征收局。各个地方的土药税厘税负皆不相同，每百斤有的课征 3 两银，有的课征 10 两银，课征最多的地方为每百斤 55 两银。[1] 随着中央和地方财政日绌，土药税厘的课征额越来越大。

6.2.2.3　土膏统捐

晚清对鸦片的称呼较为混乱，有称土药的，也有称土膏和灯膏的。这里所说的土膏，为土药及其所熬制烟膏的合称，对烟膏和土药合并一次性课征的税捐就是土膏统捐（见图 6-2）。

清晚期，由于地方权力不断扩大，各地往往自行其是，特别是在税厘课征上很不统一，而且随意性非常大。为了争夺税源，许多地方在税收课征上往往随意变通，如在征收鸦片厘金、土药税和膏捐等的过程中，为招徕税源任意采取各种折扣办法，使得税捐制度更为混乱。于是，清政府不得不开展整顿，土膏统捐即是中央政府对土药税厘进行整顿的产物。所以，土膏统捐跟晚清政府对税章和厘金制度混乱的状况开展整顿有关。两江总督刘坤一在光绪十八年

---

① 黄天华：《中国税收制度史》，华东师范大学出版社 2007 年版，第 643 页。

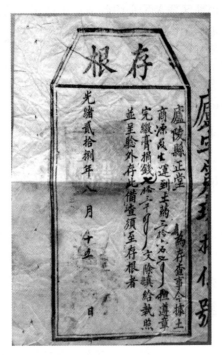

图 6 - 2   清光绪二十八年（1902 年）江西庐陵县膏捐（鸦片捐）执照存根

（1892 年）初借鉴四川与山东的做法，对徐州土药税厘进行改革，土药统捐于是得以推行，将原本逢卡抽厘改为一次性课征，相比之下有较大的进步，既简化了课税程序，又便利了土商贸易。于是，这个改征统捐的方案提出后得到清朝廷允准。但由于周边省份采取了降低税率倾销的策略，徐州课征土药统捐的成效并不明显。随后，浙江、江西、福建、吉林、黑龙江和直隶等地也开始课征土膏统捐，每个地方的课征标准各不相同，如浙江参照江苏的办法，无论是土店还是烟灯，每膏 1 两课捐钱 20 文；黑龙江则仿照吉林的做法，出售本土烟膏 1 两课京钱 120 文，广土烟膏 1 两课京钱 160 文；江西原来 1 千两烟土课 3 两，根据新办法课 12 两，1 千两膏捐原来课 2 两 5 钱，根据新办法课 10 两。① 这样土膏统捐就慢慢地推广开来。

庚子之后，土产鸦片的生产规模达到了顶峰，在财政上的作用因之凸显。为了筹措巨额赔款与练兵经费，清朝廷加大了对各省土药税厘的控制。土膏统

---

① 周育民：《清季鸦片厘金税率沿革述略》，《史林》，2010 年第 2 期。

捐在湖南、湖北、江西和安徽等省合办不久，清政府随即派遣兵部左侍郎铁良到南方筹集练兵费用。铁良经过调查以后上奏朝廷，建议八个省合办土膏统捐。清朝廷立即下旨，命财政处和户部会各该省的督抚，从速详细确定章程，奏明办理。而时任湖广总督张之洞则推举了原广西巡抚柯逢时督办八省合办土膏统捐事宜，柯逢时到武昌上任后拟订了八省土膏统捐办法，重点解决中央和各省土膏统捐溢收利益分配的问题。光绪三十一年（1905年），清廷进一步介入鸦片税厘整顿，用强力推行备受地方反对的八省土膏统捐制度。

从一张清代光绪年间户部土膏统捐执照（见图6-3）上可以看出，土膏统捐的征收包括各个省份。这张户部土膏统捐执照上的文字为："钦命督办各省土膏统捐总局 为发给执照事，照得各省土膏税厘，现经财政处、户部奏明推广办法，改为一律统捐。奉旨允准通行遵办。凡土商运赴各省行销之土，每一百觔除去外篓内皮，余即为净土。每净土一百觔完纳统捐库平银一百两，随收经费库平银十五两，不分税厘，并无折减，以外亦无丝毫别项名目。由各局

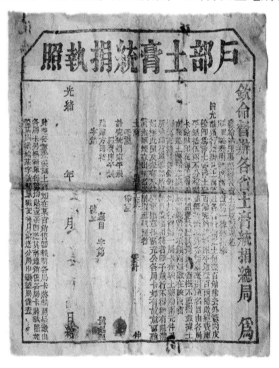

图6-3 清代光绪年间户部土膏统捐执照

卡粘贴印花，每篓发给执照一纸，听其运销何省，概不重征。兹据土商报运土药，照章应完统捐、经费等项，银两如数在陕西省局卡缴讫。无论运销何省，均于各省第一局卡查验土药斤两原件及所粘印花与执照所填数目、号码相符者即予放行，不得稍有阻滞。如无此照，或查有不符情事，照章扣留充公。各局卡如有故意留难需索陋规查出，指名参办。须至执照者。……此照每篓一张，该土商如在某省销售，即报明各局卡，将执照存缴，由各局卡另换箱单，每篓均贴一张，即听其落地销售。各局卡将执照加盖某局卡换给某字号箱单戳记，每月汇送分局申缴，总局备查。"这种执照应该是户部拟定统一格式，发给各省分别印制的，上面所说的这张应是陕西省印制的。可见，当时对土膏统捐相关管理要求还是较为规范的。另外，从"每净土一百觔完纳统捐库平银一百两，随收经费库平银十五两，不分税厘，并无折减，以外亦无丝毫别项名目。"这段文字可看出，鸦片税的税负是十分沉重的，觔即斤，每100斤鸦片要缴纳土膏统捐库平银100两，而且还要多收15两作为收捐的经费，且不得有任何折减。

而从一张清光绪三十二年（1906年）户部土膏统捐箱单（见图6-4）中可知，该箱单是商户完纳土膏统捐报明在某省销售承缴发给执照，依执照号前来合给的箱单，箱单粘贴篓面，任其行销。如无此单，不准销售。此单每篓一张，须与篓内土药印花相符，不得错误。骑缝用钦命督办各省土膏统捐总局关防，年月用各局卡关防。如不呈缴执照，不准发给。这环环相扣的查验措施，都是为了更好地抽收土膏统捐。

八省土膏统捐开办半年以后，清政府着手在各省推广，户部与财政处上奏，请朝廷把土膏统捐制度推广到直隶、浙江、山东、山西、河南、甘肃和陕西等省，第二年就推广到云南、贵州和四川。财政处与户部又商议批准督办大臣柯逢时所上奏的推广各省土膏统捐办法，统一确定科则，洋药加征厘捐，内外兼筹，且同时要求东三省与新疆都一体开办。但是正当清政府大举在全国推广土膏统捐的时候，国际和国内的禁烟运动却已蓬勃兴起了，在各地厉行禁烟的新形势之下，土膏统捐的收入呈现不断萎缩的态势。

6.2.2.4　土药统税

土药统税是以土膏统捐为基础改办的。自光绪三十二年（1906年）五月

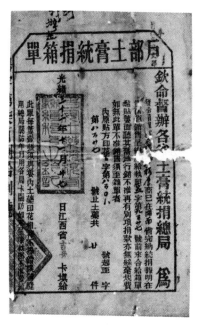

图6-4　清光绪三十二年（1906年）户部土膏统捐箱单

开始，除蒙古和西藏之外，土膏统捐在全国其他区域都已经开办了，而且拟将土膏统捐作为国家的正式税种，即改成土药统税，把这块增加的税收作为中央财政的一部分。通过统一确定税则，再次加大了土药税厘的课征幅度，不论产销地在哪里，都定为每百斤的土产鸦片课100两，并课15两经费银。自各省开始施行禁烟后，又对土药统税加课，江苏1两多课40文。其后，又要求1年少销售一成的烟膏，1两多课10文捐钱。[①]清民政部和度支部还在光绪三十四年（1908年）三月颁布《稽核禁烟章程》，令在8年以内逐年减种罂粟直至最后完全禁止。在当年的五月，度支部确定了边远省份的土药统税税率，于是这些省份也被纳入全国的土药统税体系。总体上说，土药统税为中央与地方提供了数量很庞大的税款，在一定程度上弥补了财政收入的亏空。由于这项收入跟练兵、赔款与各项新政经费联系密切，中央和各省均十分重视。其后，万国禁烟大会在宣统元年（1909年）正月在上海隆重召开，愈来愈多的省份加入了禁绝鸦片的行列。度支部又在宣统三年（1911年）四月奏准，全国土药比

---

① 刘增合：《清末禁烟时期的鸦片统税纠纷》，中央研究院近代史研究所集刊第45期。

照洋药加课税款，1百斤课到230两，而同年，广东土药每百斤课征税厘竟高达404两。① 土药统税的用途，主要是用于练兵处、财政处、户部与巡警部等几个部门的经费。

6.2.3 鸦片税的收入规模

第二次鸦片战争以后，鸦片依赖清政府跟列强签订的若干个不平等条约而得到合法运输与销售，官府则通过向鸦片抽税中获得大笔税款。根据赫德编的《岁计收支概算表》，庚子（1900年）以后六年间，洋药税厘收入每年入银为500万两之上，占到财政总收入8820万两的5.67%，由于地方严重的各自为政，事实上课收远远不止这个数。② 清朝末年洋鸦片因增加土药的销量而萎缩，不过洋药税厘在1903～1904年仍然收入高达1248万两。光绪三十四年（1908年），国家的财政总收入为27992万两，其中3302万两为洋土药税厘，占财政总收入的比重达到11.8%。③

光绪三十二年（1906年），清朝廷决定开始实行禁烟，中英双方也达成协议，自1908年开始，每年减少10%从英属印度输入中国的鸦片，先有3年的试行期，3年以后，由于清政府在禁种与禁吸方面都进展得较好，于是英国承诺再减少洋鸦片输入，清政府所得的洋药税厘渐趋减少。而清末在禁烟时期土药税厘也渐趋减少，许多专门征收鸦片税厘的局所由于课不到税只得裁并。然而，由于鸦片税厘在政府财政收入中所占份额过大，禁烟引起的洋土药税厘锐减，也给清政府带来了严重的财政困扰。而面对国际上强力禁烟的大势，尤其可凭借禁烟改善政府形象，以压抑愈来愈广泛的民主革命运动，达到延续其统治的目的，清朝廷被迫选择禁烟，这也是其希图保住政权的无奈之举。

6.3 清后期开征鸦片税的原因

鸦片最初是英国为了扭转在与中国的贸易中的不利地位而向中国输出的一

---

① 黄天华：《中国税收制度史》，华东师范大学出版社2007年版，第643页。
② 黄天华：《中国税收制度史》，华东师范大学出版社2007年版，第626页。
③ 刘增合：《清末禁烟时期的鸦片统税纠纷》，中央研究院近代史研究所集刊第45期。

种商品，长期吸食对人的身心损害众所周知，但清政府后来竟将鸦片贸易合法化，这里面有其深刻的原因。

清政府当时的财政困境，仅道光二十六年（1846 年），中国就出现了 1300元的贸易逆差，加上各种赔款、巨大的军费开支和外债支出的重负，财政状况捉襟见肘，各地方政府课征厘金，这个针对工商业的恶税，课征范围之宽、比例之高和名目之复杂，都是中国税费制度上罕见的，由于经济的落后，各种税已经到了征无可征的地步。而鸦片税厘的重要财政意义是鸦片越禁越多的原因。晚清开展的种种自强项目所需经费不少来自鸦片税厘，甚至不少自强项目是依靠鸦片税厘建设的，在军费、振兴学务经费中都有鸦片税的贡献。

由于帝国主义列强对金银财富的直接掠夺，战争赔款，鸦片贸易的合法化使得白银大量流失，白银外流导致银贵钱贱，"盖通商五口，出入各货相抵，独鸦片价皆以现银出洋，计每年漏银二三千万两，故银骤贵"①，白银外流带来的恶劣后果，国库存银的减少，对财政影响尤为恶劣，百姓纳税是以制钱缴纳，而政府上收国库的收入是以银两计算，即使官府收的制钱财再多，一旦折合成银两，也会大打折扣，这样不仅会加重百姓的纳税负担，更会助长各省拖欠税款的行为。

晚清的军费支出导致的筹饷问题，巨额赔款等原因，使得中央和地方政府都大肆举借外债，清政府的财政状况日益恶化。鸦片战争以后，鸦片输入的陡增改变了中国长期以来进出口贸易的顺差局面，仅道光二十六年（1846 年）中国就出现了 1300 万两白银的贸易逆差，多种原因严重影响了清政府的财政收支平衡，收入在减少，支出在增加，之前的财政盈余模式被打破。晚清的财政负担越来越沉重，直接造成了全国各地税捐数量和规模的迅速增加，对老百姓的搜刮不断加剧。清政府不但对农业进行过度课税，对商业也课以杀鸡取卵似的沉重税厘。太平天国运动爆发后，各地方政府为筹措军饷课征厘金，当时国内关卡众多，厘金的"征收比例之高，征收名目之复杂，征收范围之宽，管理机构之复杂，管理制度之无序，都是中国税费制度上罕见的"②。晚清时期，由于农业经济的落后与工商业发展受到挤压，主要的农业税与商业税也到

① 冯桂芬：《用钱不废银议》，《显志堂稿》卷十一，第 30 页。
② 郑备军：《中国近代厘金制度研究》，中国财政经济出版社 2004 年版。

了征无可征的程度。

农业经济的落后和农业税税收微小。由于西方列强的经济侵略、清政府的赋税苛敛再加上战争与自然灾害的破坏，晚清的农业已经十分凋敝，作为税负最终归宿的农民由于沉重负担生计更糟。田赋是清政府财政收入的大宗，田赋稳定也是国家财政改善的基础，农业经济的落后与农民生活的贫困，使得清政府的财政改善和统一困难重重。

商业活动的压抑与商业税税源干涸。咸丰以后，地方政府逐渐拥有了很大的财权，为了达到更好地控制地方收支的目的，均设关置卡，逢卡抽厘，使得国内市场形成了条块分割与互不融通的畸形市场，清朝前期统一的全国市场即被分离的地方区域市场所取代。地方督抚追求私利导致了市场分散，分散的市场使得工商业的正常发展和商品的自由流通受到抑制，同时，也实际阻碍了国家财政的统一。关卡林立与逢卡抽厘增加了工商业者的税负，更压抑了正常的商贸活动。在汉口地区，商人贩运茶叶时，即使是茶的收支相抵都做不到，有时还得从资本中贴钱去缴纳税厘，正常的商业活动要获利非常艰难。

在农业税税收微小与商业税税源干涸的情形下，鸦片税的财政作用则尤为突显。鸦片越禁越多的主要原因可归结为鸦片税厘对清政府有着重要的财政意义。光绪三十四年（1908 年），清政府的总税收收入大约为 2.92 亿两[1]，该年只土药统税一项的税收收入就有 2800 余万两[2]，洋土药税占全国财政收入的比例为 11.3%，这个数据还没有计入其他的鸦片税收入，可见清晚期财政扩张的重要方面来自鸦片税厘。

在鸦片非法贸易时期，地方政府也从鸦片走私中获利。晚清中央政府迫于形势不得不赋予地方政府部分财权，而地方政府先后采取了多种办法，如"自办捐纳""抽收厘金""开办钞局"以及发放外债等办法来筹措财政收入。由于地方政府拥有对赋税的剩余支配权，就有了强烈的动力来加征税收，地方政府正是在税收增收的诱使下，鼓励鸦片贸易和抽收鸦片税厘。这些预算外的地方收入跟官员的腐败又有着紧密的联系，财政分权使中央政府对地方政府进行监督的成本大大增加了，中央政府在一定程度上就默许官僚的有限腐败，用

---

[1] 转引自何汉威：《清季国产鸦片的统捐与统税》，第 588 页。
[2] 《咨请各省筹补药税》，《大公报》，1909 年 4 月 3 日。

税金分享的方式来激励官僚履行职责，以此减少官员推卸责任。这就如在大型企业中，委托人通过给予代理人分享股权的方式来达到激励他们努力工作的目的，以弥补由于管理工作的复杂而产生的监控不到位。中央政府的这种妥协亦使得鸦片走私在非法时期也逐渐公开化。[①] 此后，征税使鸦片贸易逐渐合法化，鸦片税厘对晚清财政起到了一定的支柱性作用。19 世纪，鸦片作为占中国进口值第一位的商品，在鸦片贸易合法化之前，鸦片走私就为地方政府带来了巨额收入，但在中央财政中却没有该项收入。走私鸦片的收益进入了地方政府自己的钱袋之中，成为中央和地方财政权利之间一个灰色地带。通过这种预算外资金体系，地方政府实际上就增加了自己的财政份额。然而这种扩张一旦超过了中央政府的容忍度，中央政府即会通过政治强权对财政权利进行重新分配，把预算外资金体系并入国家统一的财用体系当中来。

咸丰八年（1858 年）第二次鸦片战争失败后，鸦片贸易被宣布合法。此后，洋药税厘成为清政府海关最为重要的一项税收。根据各海关统计，1862 年之后，洋药税厘收入均超过了 100 万两，1874～1892 年则更超过了 200 万两，1888 年最高达到 250 余万两。而除了海关税之外，鸦片带来的其他税收也十分可观。

6.4　鸦片税影响晚清民生社会的主要方面

鸦片在晚清成为荼毒国人和败坏政权的魔鬼，但通过对其征税又成为各级官府赖以维持运行的重要财源。课征鸦片税使清政府对鸦片产生了很深的依赖，滚滚的财源更是令官吏们难以割舍，从而催生种种乱象，直接影响到清末社会进程。

6.4.1　鸦片行销畅通无阻

晚清在普遍开征鸦片税后，鸦片行销就合法化了。由于各地课税呈逐年增加之势，这就让地方官员受到鼓舞并且鼓励农民去种植鸦片。随着土产的鸦片

---

① 马雪：《晚清财政竞争与鸦片贸易的经济学分析》，山东大学 2012 年博士学位论文。

产量逐年提高，行销也更加广泛，而且课征幅度不断提高，洋药和土药税厘增加很多，对解决官府的财政困难有不少帮助，然而，其中的危害比受益大得多。洋药税厘的提高，洋药贩子为了保障足够多的利润，就不断提高进口量，进口鸦片虽然由于土产鸦片大量增加而在鸦片贸易总量中所占比重逐渐降低，但在进口数量上却一直居高不下。① 国产鸦片更是飞速增长，吸食鸦片的人群日益增多，危害深重，摧残了民众的意志，羸弱的国家与民众备受外侮欺凌。

6.4.2　盘剥百姓更加严重

鸦片容易吸食成瘾的特性，使得用增加鸦片税负来倒逼吸户戒烟的作用很有限。而由于鸦片税是间接税，课税致使鸦片成本增加，这些增加的成本必然会转嫁到消费者的头上，鸦片吸食者负担愈来愈重。这些吸食者基本上还都不是独立的个体，其整个家庭乃至家族的负担也会随之增加，最终广大民众的整体负担就不断加重。由于很多官吏也都吸食鸦片，本就十分腐朽的清朝政府，因此贪风愈厉，吏治愈坏。由于当权者和公务人员以及地主豪绅剥削、压迫人民的本性，其吸食鸦片的支出必然会通过各种途径转嫁到人民大众身上。再加上洋鸦片从海外巨量输入，造成白银大量外流，铜钱兑换银元的比率愈来愈低，对于主要使用铜钱的广大老百姓来说，从中又遭受到持续不断的盘剥，因此受害最深的仍然是广大劳苦大众。清末实行鸦片禁政以后，为了抵补洋药与土药税厘，清政府不仅不断地通过盐斤加价和整顿田房税契等课旧税，还课征新税，牌照捐、印花税和屠宰税以及各种杂税、杂捐纷纷出笼，民众生活日益艰难。

6.4.3　经济受到严重打击

课征鸦片税促使鸦片产销走向合法化，变得愈来愈繁荣，但这种繁荣却显著抑制了牵涉国计民生的各种农、工、商产业复苏与发展，广大民众生计日艰，生活水平日渐低下。而对广大的农民来说，尽管部分种植户种罂粟比起种粮食与其他经济作物获利更多，但这些获利都是短期与表面的，因种罂粟和制贩烟土自吸成瘾的人数增长很猛，老百姓整体的生存状态更加恶化。官府在鼓

---

① 曾耀辉：《晚清鸦片税及其对民生社会的影响》，《税收经济研究》，2016 年第 5 期。

励民众大面积种植罂粟当中获得愈来愈多的税收，使得咸丰中后期云南、贵州和四川俨然成为种植罂粟的"乐土"，烟土自然就在这些地区肆意泛滥。不仅是在这些地区，山西、江苏以至甘肃也成了鸦片重要产区，清户部在光绪三十一年（1905 年）估计，整个国家有 50 万~60 万顷良田种了罂粟，烟土产量则达到 400 万石以上。① 由此可以看出，晚清罂粟种植占地的情况是何等严重，而且往往占用的土地是上好耕地。罂粟种植挤占了大量耕地，粮食的生产受到严重影响，经常引起全国范围内的饥荒。

让人颇感叹息的是，清末的许多军事、官办图强措施大都依赖洋药和土药税收支撑。课征鸦片税从短期看有利于增加财政收入，使一些图强的举措得以实行，但从总体分析，鸦片税收入大部分用于维护清政府腐朽统治与官吏贪污腐败上，几乎没有用到民生上的，其负面影响十分巨大，实为饮鸩止渴。

6.4.4 禁烟政策受阻

晚清推行的严禁鸦片一系列举措，算得上清末政府施政当中的一个亮点，说明清末的统治者也不是一无是处，而是同样意识到了鸦片泛滥深深的危害和禁烟的必要，并开始付诸实施。鸦片禁政改革曾被朝野人士赋予了堵塞漏卮、强健国民体质、转弱为强和重树民族形象等多重意义，被视为实行新政的基础。然而，由于鸦片税的课征造成了各级政府财政对鸦片产销严重依赖，鸦片禁政的推行阻力很大。尽管知识界与民间禁绝鸦片呼声很高，甚至包括朝臣疆吏，但也有一些人理论上反对吸食鸦片，实际上又很矛盾。当权者和社会名流都深知鸦片的危害，但又对洋土药税厘带来的财政收入难以割舍，不少人认为"鸦片经济"已经成型，在短时间内很难铲除，于是对鸦片税厘还难以割舍，进而要求朝廷搁置禁烟之议。比如封疆大吏张之洞，其在表面上赞成禁绝鸦片，但他在一些奏疏中又认为洋土药税厘增加国用和支持兴办洋务的好处。而那些对鸦片利益更有深深依赖的烟商、官吏、宗室和太监等阶层，更是明里暗里采取对抗行动。② 课征鸦片税致使国家财政与许多阶层都产生了对鸦片产业

---

① 殷俊玲：《论鸦片对近代中国人口生产的双重影响》，《山西大学师范学院学报（哲学社会科学版）》，1998 年第 2 期。

② 曾耀辉：《晚清鸦片税及其对民生社会的影响》，《税收经济研究》，2016 年第 5 期。

的过分依赖，鸦片禁政受到严重的阻碍。

6.4.5 助推清代加速倾覆

清朝的灭亡是多种内忧外患因素所导致的必然，而鸦片泛滥和鸦片税课征则是这中间的重要推手，可以说，晚清在很大程度上是由于鸦片和课征鸦片税而亡。鸦片税厘是晚清政府财政收入中举足轻重的一部分，成了其封建统治的双刃剑。鸦片贸易的合法化，特别是在洋药税厘并征以后，清政府开辟出一个新的大税源，每年课征数以百万两甚至是千万的税款，使其成为苟延残喘的强心剂。清政府围剿太平天国农民起义、筹办新政和海防、对法国等国开战以及战争赔款，都把课征洋土药税厘作为聚财的重要手段。从放开鸦片贸易以后，洋土药税厘已经成了整个国家财政收入很重要的一部分，这也是中国半殖民地和半封建社会的现实和突出特征。并且，清朝廷为了取得葡萄牙殖民者的合作，以便课征及查缉鸦片税，竟然同意葡萄牙"永远驻扎管理"澳门，致使澳门完全沦为了葡萄牙的殖民地。[①] 而鸦片税的课征更是助长了鸦片烟毒泛滥，造成官吏腐败堕落，民怨沸腾。光绪三十二年（1906 年），清朝廷想通过禁烟来挽回民心，扶摇摇欲坠的清末大厦于既倒，然而，断绝了洋土药税厘，就等于拔掉了王朝赖以苟延残喘的输血管。因为丧失了更新再生机制，财政入不敷出，也找不到抵补洋土药税厘短征的良方。为抵补洋土药税厘减少而增加的捐税，不但没有办法填补巨大的财政亏空，对于广大百姓来说更是雪上加霜，使官民矛盾进一步恶化。清末鸦片禁政虽然可算是一大"善政"，却并没有延缓清朝的覆亡，旧的矛盾没有消除，因禁烟所造成的新矛盾又愈来愈尖锐，事实上助推了清朝的分崩离析。晚清由鸦片泛滥和征免鸦片税导致的经济和财政困境及社会嬗变，加快了政权覆亡，个中的深刻教训值得后世永久铭记和深刻反思。

---

① 陈诗启：《海关总税务司对鸦片税厘并征与粤海常关权力的争夺和葡萄牙的永据澳门》，《中国社会经济史研究》，1982 年第 1 期。

第 7 章

近代资本主义发展与税制结构变化

7.1　清晚期经济社会发展状况

1840 年之后，中国由一个封建社会逐渐向半殖民地半封建社会过渡，经济也带有了半殖民地半封建社会特征。

鸦片战争以后，发达的资本主义国家的洋油、洋布、洋火、洋铁、洋钉、洋花边等蜂拥而入中国，中国手工业者多受冲击，许多人生计被剥夺。在外国商品的倾销下，中国自给自足的自然经济慢慢解体。以农村家庭成员的自然分工作为基础的"男耕女织"在长期以来都是中国自给自足自然经济的核心，由于外国输入廉价工业品的冲击，农村家庭手工棉纺织业逐渐瓦解，耕和织逐步分离，中国的自然经济形式较快地解体了。外国侵略者在大量输入商品的同时，又控制了中国的农产品市场，大量掠夺农产品。在家庭手工业遭到破坏后，农民不得不种植受市场欢迎的茶、桑、烟、棉花、大豆等，农产品商品化有所发展。缺少了副业与手工业，农民生活水平下降，家庭再生产受阻。中国自然经济的逐渐解体，为资本主义的萌芽和发展提供了商品市场；而大量农民与手工业者的失业，又为资本主义扩张提供了劳动力市场。因此，西方国家的入侵，在解体了中国封建经济的同时又为资本主义的萌芽与发展创造了有利的客观条件，促使中国的资本主义也开始发展起来。但作为资本主义生产核心的近代工业，其性质极为复杂，有外国侵略者所办的企业，有清政府洋务派所办的企业，也有早期民族资产阶级所办的企业。这就使中国近代工业的开办和发展慢速而又畸形。

鸦片战争后，外国列强相继在中国设厂、开矿、兴办轻重工业。英、美、德、日等资本主义列强开办的实业实行行业垄断，如棉纺业，东西方列强仅在上海就拥有纱锭60万枚以上，基本垄断了中国的棉纺、棉布的生产和销售，遏制了中国民族工业的发展壮大。1843～1894年的50多年时间里，各国列强在中国设立的企业就有191个，工业资本将近2000万元。与此同时，促进了买办资本的形成。中国的买办资本是在帝国主义侵略势力下派生出的怪胎，其与外国垄断资本主义相结合，并竭力为其提供服务，成为外国垄断资本的附庸和帮凶。其又和本国的官僚资本与封建势力相勾结，对广大民众进行残酷的剥削和掠夺，聚集起了巨额的财富，逐渐成为中国经济不可忽视的一股力量。

就官办工业来说，19世纪60年代，清政府洋务派官僚曾国藩、李鸿章、左宗棠等喊出"自强"的口号，创办了军事工业。从一张清同治年的陕西紫阳县捐炮船经费钱验票（见图7-1）中可以看出，当时政府购炮和造炮的迫切性。许多省的督抚相继设立机器局，制造洋枪洋炮和轮船。70年代以后，洋务派则喊出"求富"的口号，兴办了一些民用工矿业，特别是适应商品贸易需要的交通、邮电、矿产以及商业性农业，其主要经营形式有官办、官督商办、官商合办三种。官督商办的企业在生产和经营方面有民族资本工业所无法比拟的优越条件，享有某些特权，如拨借官款、减税、免税和专利垄断等。洋务派所设立的民用企业的发展水平比军用企业要更高一些，尽管在经营体制上带有封建性和垄断性，但由于多数雇佣劳动力从事交通运输业与生产产品的工矿业，以盈利作为主要目的，在中国资本主义的发展史上具有先行地位。

真正的民办工业，则举步维艰，饱受压迫，难以形成较大规模，但它代表着中国社会发展过程中一种新型的生产关系。中国的民族资本主义工业起步较晚，直到19世纪70年代，部分商人及地主官僚投资于以轻工业为主的近代工业，并且这些企业一般规模较小，资产不多。由于民族资本形成于半封建半殖民地这样的环境下，外国资本主义和本国封建主义不希望看到中国民族资本主义工业快速成长，因此必然会遭到外国资本、买办资本同本国强权的压制与阻

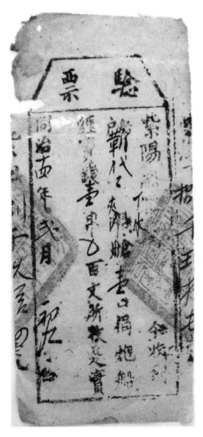

图 7 - 1　清同治十四年陕西紫阳县征收炮船经费钱验票。同治年号本只有十三年，此票上为十四年，应为边远地区不知该年已改为光绪元年。

碍。外国列强以政治上的特权、先进的技术设备和雄厚的资本，排斥中国民族工业，而封建政府对民族工业除进行种种限制外，还课以重税，官办工业也因其背景在竞争中对民办工业起着压制作用，阻挠其发展。但民族资本与帝国主义、封建主义和官僚资本主义既存在矛盾和斗争，又为了发展不得不进行妥协。民族资产阶级因自身力量薄弱，不得不依赖外国资本主义和本国封建政权，某些企业的投资人本身就是买办，企业的机器和原料要向外国购买，技术人员要向外国聘请，有的企业还要向外国借资金，开办企业要取得政府和官僚的支持，否则就难以办成，相互的关系错综复杂。洋务运动以"师夷长技以制夷"为口号，引进了跟封建生产关系所难以匹配的新型生产力，即当时西方较为先进的科学技术，这在客观上起到了加速瓦解封建生产关系的作用，也催生了中国民族资本主义。而洋务派所推动的民用工业的兴办，部分地抵制了外国经济势力的扩张。

清朝后期，商业规模逐渐扩大使商品流通量增长迅猛，从通商口岸城市到内地商路沿线逐渐繁忙起来，这也使商业行业和商人组织发生了变化。全国的商业贸易中心逐渐转移，上海取代了苏州成为全国最大的商业中心。新的通信通道海底电缆沟通了欧洲同中国之间的快速通信联系，通过电信订货协商和订货与电信汇款普遍得到使用，交易的快速使商人资本流转速度急速加快。外国银行在华金融势力快速扩张，而本国金融业也逐渐由传统的钱庄向现代银行业发展。外国资本强势深入到华商的组织和团体之中，洋商与洋行跟华商之间的相互渗透与融合加强，而有些地方也建立起了管理商业事物的商务局（见图7-2）。

图7-2　大清山东省商务局印发的藤草帽税印花

7.1.1　传统小农经济遭到破坏

清道光二十年（1840年），第一次鸦片战争爆发，中国战败后于1842年8

月被迫同英国签订《南京条约》,广州、厦门、福州、宁波与上海等通商口岸相继开放,并且还要给英国赔款2100万银元与割让香港岛等,中国这个封建帝国从此门户洞开,而且还开了向外国赔款的恶例。从这以后,帝国主义列强肆无忌惮,又迫使清政府签订了《中美望厦条约》与《中法黄埔条约》等不平等条约,中国市场受到猛烈冲击,列强们肆意倾销货物,掠夺廉价的原材料使中国的小农经济受到了致命的打击。

农产品进口方面,据统计,1894年,洋货进口净值达162.102万两,棉制品一直是进口的大宗,在进口的棉制品中,棉纱的增长速度又大大超过棉布,1872年,棉纱进口量达5万担,到1890年增加为108.2万担,是1872年的152.2%,1890年略有下降,为1556.1万匹,是1872年的127.1%。[1] 这其实从一个侧面反映了小农经济的逐渐解体,耕织分离,土纱、土布被大量物美价廉的洋纱洋布所替代,失去了竞争力。传统的手工业也受到了严重冲击,洋铁及铁制品大量涌入中国,以价格优势逐渐替代土铁;煤油的进口也急剧增加,国内榨油业受到排挤;生活必需品,诸如肥皂、糖、火柴等,也都大部分被洋货所占领。而手工业的破产,又导致了大批手工业者的失业。

在农产品出口方面,丝与茶的出口值在19世纪下半期占到出口总值的50%~90%。[2] 由于日本、印度、锡兰(今斯里兰卡)参与竞争,这两种货物虽然出口的数值在逐年增长,但是比重却不断下降,并且也在逐渐丧失成本优势。棉花与豆类的增长却很快,1871~1873年,输出的棉花是8486公担,而豆类是57506公担。[3] 这也是由于国际产业结构在不断变化,需求引导供给而产生的。

由于帝国主义的商品倾销和掠夺原料,并大量侵占中国土地,导致大批农民破产失业,农民日益贫困化,小块土地经营得到的经济收入又极少,加上沉重的封建剥削、频繁动乱和战火摧残,帝国主义通过战争赔款、政治借款等欺压清政府,清政府又将赔款分摊到百姓头上,使农村经济衰败,小农普遍陷入

---

① 严中平:《中国棉纺织史稿》,科学出版社1955年版,第8-9页、第58页。
② 严中平:《中国近代经济史统计资料选辑》,科学出版社1955年版,第76页。
③ 严中平:《中国近代经济史统计资料选辑》,科学出版社1955年版,第74-75页。

贫困境地。虽然小农经济在渐渐解体，但是却并没有减弱整个国家的封建性，而明显形成以利于近代社会与经济发展的积极因素。① 尽管农民的破产和向城镇迁徙客观上为工商业提供了廉价劳动力，但资本的薄弱和资本主义经济的缓慢发展并不能过多吸收大量闲散劳动力。

7.1.2 外债大幅增加

清后期外债纷繁复杂，单就外债起源便有不下数十种说法，在诸多说法中，以1865年说最为广泛，即外债始于同治四年（1865年）。贾士毅在《民国财政史》中的说法是："我国募集外债，始于前清季年。同治四年，与俄国缔结伊犁条约，赔偿损失需费甚巨，遂向英国伦敦银行，借英金一百四十三万一千六百六十四镑二先令，约定签字后，逾四个月，开始偿还。"清后期，外债的举借原因有许多，主要有三点：第一是筹措军政费用，当时清政府内忧外患并存，国内需要镇压农民起义如小刀会，左宗棠西政借款；国外则有甲午中日战争对抗日本、中法战争等的借款。第二是偿还赔款，中日甲午战争以后，清政府赔偿日本战费库平银2亿两，而年财政收入不过七八千万两，即使全用于赔款也没法赔付，不得不向外借款；《辛丑条约》赔款4亿5千万两，更是使得清政府拆西墙补东墙，陷入了军费与"洋款"的恶性循环。第三是实业支出，19世纪60年代开始的洋务运动，开办实业需要大量的资金，而中央和地方的拨款填补不了资金的漏洞，只有依靠海关洋税和举借洋款。

清末外债，虽然在短时间内解决了清政府的一些难题，但本质上仍然是帝国主义对中国的另一种掠夺，其固有的经济掠夺性、政治蛮横性、承借特殊性与合同的不规范性和低效性，在很大程度上给帝国主义列强提供了干预中国内政的便利，其积弊十分深远。② 清末所借贷的许多外债，直到民国时期仍然还了许多年。

7.1.3 鸦片贸易猖獗

鸦片最初是英国为了扭转在与中国的贸易中的不利地位而向中国输出的一

---

① 王军：《中国财政制度变迁与思想演进》，中国财政经济出版社2009年版，第262页。
② 马金华：《中国外债史》，中国财政经济出版社2005年版，第76页。

种商品，长期吸食对人的身心损害众所周知，但为什么清政府后来竟然将鸦片贸易合法化了呢？首先必须提到清政府的财政困境，贸易逆差呈不断加大趋势，加上各种赔款、巨大的军费开支和外债支出的重负，财政状况捉襟见肘，各地方政府开征厘金，即新加工商业的捐税，征收比例之高、征收名目之复杂、征收范围之宽，都是中国税费制度上罕见的，由于经济的落后，各种捐税已经到了征无可征的地步。而鸦片税厘的开征，在当时具有重要的财政目的，这也是鸦片越禁越多的重要原因。晚清开展的各种自强项目大多与鸦片税厘相关，甚至就是依靠鸦片税厘建设和支撑的，在军费、振兴学务经费中都有鸦片税的"突出贡献"。

由于帝国主义列强对金银财富的直接掠夺，战争赔款，鸦片贸易的合法化，使得白银大量流失，白银外流导致银贵钱贱，"盖通商五口，出入各货相抵，独鸦片价皆以现银出洋，计每年漏银二三千万两，故银骤贵"[①]，白银外流带来的恶劣后果，国库存银的减少，对财政影响尤为恶劣，百姓纳税是以制钱缴纳，而政府上收国库的税收是以银两计算，即官府收到的税为制钱，一旦折合成银两，就要大打折扣，这样不仅加重了百姓的纳税负担，还助长了各地以此为由拖欠税款的行为。

7.1.4 资本主义经济有所发展

7.1.4.1 外国资本主义

第一次工业革命完成，西方资本主义进一步发展。在垄断代替自由竞争后，垄断的银行资本与工业资本相结合，形成了十分庞大的资本，国内市场的饱和让帝国主义将许多的"过剩"资本投向了中国。甲午战争的惨败，日本与清政府签订的《马关条约》与八国联军侵华之后日、法、德、意、俄等国家与清政府签订的《辛丑条约》，给帝国主义列强资本输出进一步提供了便利。外国资本主义获得了在华投资设厂的权利，在中国大量建立贸易机构，乃至于中国对外贸易的总额有 90% 以上被控制在外商手中。与此同时，采矿权和铁路权的丧失，让帝国主义触及了中国的工业命脉，充分利用中国的廉价劳

---

① 冯桂芬：《用钱不废银议》，《显志堂稿》卷十一，第 30 页。

动力，完成暴利所带来的巨额资本积累。大量外资涌入中国，到光绪二十八年
（1902 年），各帝国主义国家对中国的投资总额已达 15 亿美元。而且外国列强
还一心想控制中国的外汇市场，通过广设洋行来垄断进出口贸易，而这些洋行
通过外资银行办理这些进出口贸易的结汇手续，外汇的价格逐渐为外资银行所
操纵，各地外汇的汇价皆以汇丰银行为准，外国列强就这样通过操纵汇兑与汇
价牟取暴利。

中国之所以能够成为外国资本主义国家资本输出的重点区域，优势是十分
明显的。充裕的廉价劳动力资源，自然经济遭到破坏使得大量的农村劳动力被
迫从农村出来，向沿海、沿江等通商口岸迁移以谋生计。加上帝国主义列强在
中国投资的绝大多数工厂都是国内转移出来的劳动力密集型产业，劳动力成为
吸引列强投资的重要原因之一（见表 7 - 1）。

表 7 - 1   各国劳动力的价格   单位：美元/日

国家	男工	女工
美国	1.50 ~ 3.00	1.00 ~ 2.50
法国及瑞士	0.75 ~ 1.50	0.50 ~ 0.90
意大利	0.50 ~ 0.80	0.30 ~ 0.60
日本	0.15 ~ 0.20	0.10 ~ 0.12
中国	0.10 ~ 0.12	0.06 ~ 0.09

资料来源：汪敬虞：《中国近代工业史资料》，中华书局 1962 年版，第 1172 页。

从表 7 - 1 中可以看出：其一，中国劳动力之廉价，甚至不及发达国家的
1/10，远远低于其他国家的劳动力价格，工人最多，然而所得工资却最少，而
女工的工资更是比男工的收入低得多。其二，比较成本低、利益高。帝国主义
国家通过强加的各种不平等条约，在中国享受各种政治与经济特权，致使鸦片
战争之后，中国失去了关税自主权和海关行政管理权，清政府甚至以关税和盐
税抵押赔款，外国投资者在中国的特权可想而知。清政府非但没有保护本国企
业，甚至本国企业需要负担的各种捐税，外资企业都可免除。外资企业主要集
中在沿海等发达城市，交通运输便利，更是极具运输交易成本优势。其三，中
国自然资源十分丰富，地大物博。外资企业只需极低的成本便可以占用中国的
土地资源，还有铜、铁、银、煤、锑、钨等矿产资源，虽然此时中国的产煤量

和产钨量等居于世界前列，却没有为本国创造出多少财富。其四，经济落后，市场潜力巨大，西方垄断企业容易发挥其固有优势。自然经济模式被打破以后，中国市场对于外国的产品、技术、先进管理方法都是十分渴求的，西方垄断企业便于将其过剩的资本、技术和管理等资源转移到中国，扩展垄断利益范围。

7.1.4.2　民族资本主义和买办资本

特殊的社会性质，造就了民族资本和买办资本。第二次鸦片战争后，西方资本主义的生产方式日益瓦解中国传统的封建经济，晚清政府在19世纪60年代，以曾国藩、左宗棠、李鸿章、恭亲王奕䜣等人为代表发展了洋务运动，以"自强""求富"为宗旨，创办了一批军事及民用工业，中国官僚资本主义与民族资本主义由此萌芽和发展。

中国官僚资本主义与民族资本主义在产生初期，在组织形式上曾经表现为官办、官督商办、官商合办和商办四种形式。航运业在中国近代企业的产生过程中率先兴起。1872年，轮船招商局成立，甲午战争之前一直处于垄断地位；1876年，开平矿务局筹建；还有汉阳铁厂、湖北织布局；等等。这一时期，近代的企业基本上属于中小型商办企业。1873年，广东南海县商人第一个创办继昌隆缫丝厂，随后几年时间，中小型缫丝厂在广州、顺德和南海等地区渐渐增加到10家，共拥有缫车达2400余部。在甲午战争之前，广东省一直为中国近代缫丝业的中心。19世纪80年代以后，国内的商办企业逐年增多，轧花厂先后在上海、宁波、无锡、南通等江浙地区开办。宁波通久轧花厂于1887年开办，成为江浙地区第一家使用机器的轧花工厂，由于利润优厚，宁波通久轧花厂曾尝试扩大发展规模，从轧花扩展到纺纱。19世纪60年代中期，为适应航运与工矿企业的发展，上海和广州均有了维修机器的工厂。1874年，一家从属于轮船招商局的同茂铁厂在上海开工，其后还有发昌机器厂，工厂从维修基础上发展起来，能够自造小轮船与车床。清政府对于本土商品和民族资本家征收繁苛的税负而对于洋货和外资企业则给予税收优待，内外不一，对比十分强烈。状元实业家张謇对此感触尤深，"洋货在其本国，大率免出口税，销至我国，完至轻之正税，其子口税名存而实免"。大量的民族资本主义在封建主义和帝国主义的夹缝中求生存，民族资本企业始终面临着外货、外资的威胁，不可谓不艰难。

甲午战后，民族矛盾和阶级矛盾空前激化，促使有志之士发出了抵制洋货，自保利权的呼声，当时清政府的财政因为巨大的赔款和镇压革命势力而呈现了严重亏空，官办工业因为制度的落后也难有成效。为了应对阶级斗争和解决财政问题，清政府命令各省设立商务局，主持设厂；颁发章程，奖励民营企业。尽管究其本质是为了维护封建统治，然而对于促进民族资本主义企业发展还是有一定的慰藉作用。①

洋务运动初期，官办企业的创办经费（基建投资）和常年经费（流动资金）基本来源于户部从关税、厘金、军需项下提取的无偿财政拨款。洋务运动中期，户部核准官督商办、官商合办企业的请款，而后对企业采取财政贷款的形式，企业需每年归还本金和利息。洋务运动初期军用企业的产品不进入商品市场流通，由清政府直接调拨给军队使用。洋务运动中期，经过经济改革，全部或大部分的近代企业产品进入商品市场。洋务运动后期，一部分官办军用企业也转产少量民用产品投入商品市场。洋务运动初期，军用企业的生产目的是为了服务清政府，清政府决定企业的设立、扩张、关闭，规定企业生产什么，生产多少，企业本身缺乏独立性，不追求利润。洋务运动的中期，官督商办和官商合办企业开始追求剩余价值，大部分企业开始实行独立核算，盈亏自负。② 企业生产的商品在一定程度上受到供需、价值规律的影响，企业的再生产及扩大规模基本上靠自身盈利来实现。企业有了一定的经济自主权之后，能运用经济手段优化内部管理。清政府以官督商办、官商合办的方式吸引民间投资，也在一定范围内允许私人资本独资经营，逐步改变传统的"抑商"政策，放松了对民族资本的限制。1872～1895年，纯商办的近代企业先后出现过上百家，但规模一般较小，投资金额不超过10万两，多数生产丝绸、棉布、纸张、食糖、面粉、火柴等轻纺产品。也就是说，洋务运动对于民族企业的推动作用还是不小的。

鸦片战争以后，中国的国门被打开，中国被迫进入世界市场，对外贸易的

① 张国辉：《辛亥革命前中国资本主义的发展》，《近代史研究》，1982年第2期。
② 《李文忠公全集》奏稿第二十卷第33页。

兴起，催生了买办这种特殊的职业。买办形成于鸦片战争后到中日甲午战争前夕，正是帝国主义加紧对中国进行商品输出的时期。在初期对外贸易中，外国商人因为语言的障碍、对中国的风土人情、政治和经济制度等缺乏了解，不得不依赖买办从事中介活动，进行协助，并且十分关注买办的筛选。因为可以获得高额报酬，同时，也代表着一种社会地位的提高，买办也十分乐意提供这种服务。通过人际关系网络，买办建立起了连接各地的商品流通网络。在所有的华商中，洋行买办的利益最为丰厚。

7.2　传统税制向近现代税制转型

鸦片战争爆发后，中国的国门洞开，再加上 1851 年太平天国及其他农民起义运动的兴起，自然经济遭到严重破坏，大幅增加的田赋更是迫使自耕农大量破产变成雇农，或者涌到城市成为贫民。而城市贫民又为手工业与近代机器工业提供了大量的廉价劳动力，这从客观上助推了中国近代资本主义的发展。国家的税收制度也随着中国近代资本主义的发展开始发生重大变化，由以田赋为主体的税收制度转为以工商税收为主体，即在中国实行了数千年的以农业税收为主体的传统税收制度开始转变为以工商税收为主体的现代税收制度。鸦片战争以来，晚清赋税结构发生了四个明显的变化：税收主体从农业税转变为工商税；赋税性质由独立自主的封建赋税演变为半殖民地半封建社会性质的赋税；总体上是加重旧税和开征新税；中央财税权力削弱，地方财税权力扩大。

7.2.1　税收主体从农业税转变为工商税

中国封建社会历来是小农业与家庭手工业相结合的以自给自足为主要特征的自然经济结构，国家财政收入一半以上甚至 80% 以上来自田赋，这一格局在中国已延续了两千多年（除元代特殊时期以外），至道光中叶后才开始转变。清代前期，财政收入四大来源分别为田赋、盐课、关税和杂赋，清后期的赋税结构变化也是建立在已有的结构和制度上，出现了一些清后期赋税规模和结构的变化（见表 7-2）。

表 7 - 2　　　　　1841 ~ 1903 年若干年份赋税的规模和结构

年份	田赋		盐税		关税		厘捐		其他		岁入总额	
	数额（百万两）	占比（%）	数额（百万两）	占比（%）	数额（百万两）	占比（%）	数额（百万两）	占比（%）	数额（百万两）	占比（%）	数额（百万两）	占比（%）
道光二十一年（1841 年）	29.4	76	5.0	13	4.2	11					38.6	100
道光二十九年（1849 年）	32.6	77	5.0	12	4.7	11					42.5	100
光绪十一年（1885 年）	30.7	40	7.4	10	15.9	21	14.3	19	8.8	10	77.1	100
光绪十八年至光绪二十年（1892 ~ 1894 年）3 年平均	21.7	36	13.7	15	23	26	13.8	15	7.6	8	89	100
光绪二十一年至二十六年（1895 ~ 1900 年）中的代表年	34.8	34	13.1	13	26.8	26	12.2	12	15.2	15	101.6	100
光绪二十七年（1901 年）	29.6	34	13.5	15	24.7	28	16	18	4.4	5	88.2	100
光绪二十九年（1903 年）	35.4	34.8	12.5	12	55.4	52.8	16	15	5.6	5	104.9	100
后 5 年平均	31.4	33.8	12	13	26.9	29	14.3	15.4	8.3	9	92.9	100

注：1841 ~ 1849 年，田赋内包括少数杂税，无法分列，杂税并入"其他"项内。

资料来源：刘锦藻：《清朝续文献通考》，商务印书馆 1955 年版。

从表 7 - 2 中可以看出，田赋占税收收入比重总体一直在降低，从超过 70% 降到 30% 左右，收入的重要性降低，而关税的比重则一直平稳上升，到了光绪二十九年（1903 年）则翻了 1 倍以上，也占到税收的一半以上。

赋税结构演变的根本原因在于社会经济基础及结构的转变。鸦片战争以前，中国社会经济的基础是一家一户为单位，男耕女织的小农经济，商品经济虽然有所发展，但始终是落后和被抑制的，这种经济发展水平和生产规模、经营方式下的小农经济只能形成以田赋为代表的农业税为主体的赋税结构。鸦片战争以后，中国社会的经济状况发生了巨大的变化，进出口贸易大量增长，近代工业和交通运输业的产生、发展，自然经济逐步瓦解和商品经济的发展壮大，给清政府带来了新的财源，也推动了晚清整个赋税结构的变化。在对外贸易方面，第二次鸦片战争后，海关税逐年上升，很快成为清政府的第三大财源。因为当时国内的商品经济迅速发展，尤其是商品性经济作物如棉花、茶叶、大豆等种植面积不断扩大，为政府税收提供了强大的来源；还有经济开放程度扩大，会开辟许多新财源，如货运收入、旅游收入、劳务收入等。随着工商业的缓慢发展，工场手工业和民族工商业的兴起，国外商品、资本的输入，外资举办的工矿交通业、商业的拓展，财政收入来源不断变化和扩大，工商税日渐成了税收主体，在国家财政收入中占据主导地位，这直接推动了中国税收制度的发展，促进中国传统封建税制向近现代税制转变。图 7-3 为光绪三十一年（1905 年）对店铺征收铺捐的收照。

图 7-3　清光绪三十一年（1905 年）铺捐收照

7.2.2　税收性质的半殖民地半封建化

清代后期，西方列强的坚船利炮打开了中国原来紧锁的国门，而清朝廷自身权力的变局，也对中国一步一步堕入半殖民地半封建社会深渊影响深远。从一张祺祥元年的税收票证"十户地粮税契粘单"（见图 7-4）中，可隐约看出当时清廷权力格局的沧桑巨变。

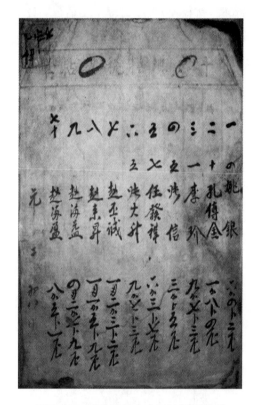

图 7-4　祺祥元年十户地粮税契粘单

第二次鸦片战争促成了这段变故的发生，这就是咸丰十一年（1861 年）的辛酉政变。1860 年 9 月，英法联军向北京逼近，在京城上至皇帝下至百姓均处于惊恐当中。清朝咸丰皇帝匆忙携其皇后、妃嫔及一班亲信，逃亡到热河（河北承德），由其弟弟恭亲王奕䜣留京向英法联军求和。奕䜣答应了侵略者提出的所有要求，最后签订了令中华民族屈辱的《北京条约》。1861 年 8 月 22 日，咸丰皇帝病死于热河，之后，他唯一的儿子载淳即位，时年 6 岁。咸丰皇帝在去世之前曾命怡亲王载垣、郑亲王端华、大学士肃顺等八人为"赞襄政务大臣",尽力辅佐年幼的载淳行使皇权。咸丰皇帝在弥留之际还将刻有"御赏"的御印赐给了皇后钮祜禄氏,将刻有"同道堂"的御印赐给了载淳的生母懿贵妃叶赫那拉氏(载淳继位后,于1861年10月4日下诏尊先帝皇后钮祜禄氏为慈安太后,尊自己的生母叶赫那拉氏为慈禧太后),并颁诏说,新皇帝即位后所颁的一切诏书,要同时盖上这两枚御印才有效。这样,顾命八大臣与两宫皇太后互为掣肘,不久就势同水火,预示着一场变故即将发生。咸丰皇帝驾崩后,原定的掌权者——先帝任命的顾命八大臣还在有条不紊地打着如意算盘,议定将新皇帝的年号定为"祺祥",这样1862年就将成为祺祥元年。阴险、贪权而又野心勃勃的慈禧太后没多久就与留在北京的恭亲王奕䜣以及步军统领醇郡王奕譞、军机大臣文祥等联合起来,于1861年10月30日发动政变,皇帝与两宫皇太后同时宣布载垣等人犯下了八大罪状,载垣、端华、肃顺随后被逮捕,同时,任命恭亲王奕䜣为议政王,并且兼任了军机大臣。在这之后,军机大臣文祥还奏请两宫皇太后垂帘听政。皇帝不久发布上谕,下令将肃顺处斩,赐端华、载垣自尽,其他五个顾命大臣则被革职或充军。1861年11月7日,皇帝下诏废除原八大臣拟的"祺祥"年号,变更次年(1862年)为"同治"元年,"同治"即两宫与载淳同治。从此,两宫皇太后垂帘听政的时代来临,这次政变成为清朝乃至有着悠久历史的东方古国命运的重要转折点。政变让权力的格局完全改变,因慈安太后不喜用权,而慈禧太后却非常热衷玩弄权术,从此,慈禧太后在风雨飘摇的晚清进行了47年的统治,使中国进一步从封建社会滑入半殖民地半封建社会的深渊。晚清时期,中国与西方列强签订的许多不平等条约,如《马关条约》《辛丑条约》《中俄密约》等都是在慈禧掌权时期与他国签订的。近代中国蒙受的无穷无尽的灾难,与慈禧的篡政和统治有着密不可分的联系。

数千年的泱泱大国本来已具有一套颇为完备实用的传统税收制度,辛酉政变和慈禧皇太后垂帘听政以后,晚清政治、经济也不断发生重大变化,中国处处落后,时时挨打,使税收制度也随之发生重要变化,无可奈何地从封建税制加速变为半殖民地半封建税制,晚清这张薄薄的税票当中隐含着中华民族的许多无奈与屈辱。

这张祺祥元年的"十户地粮税契粘单"还反映了清代的税收征管制度，清代户籍规定十户为一牌，在纳税上由牌长负责统一将十户纳税人的税款缴纳，这张粘单是十户地粮纳税人的明细分户税单。本来上面应印上"同治"字样才对，因为历史上祺祥年号还未真正行用就已经寿终正寝了。但由于宣布废除八顾命大臣原拟祺祥年号而将1862年改为"同治"元年是在1861年11月，而原印有祺祥年号的税收票证此时有些已预发到各地，以备新年使用。这张"十户地粮税契粘单"实用的时间是年初即农历二月初八日，虽然此时应是"同治"年，但由于当时交通通信落后，政令传达到偏远的地方往往要几个月，少数地方还没有接到改年号的通知，因此仍然行用了"祺祥"年号的税票。

清晚期，关税自主权逐渐丧失，海关逐渐殖民地化。第一次鸦片战争失败后，清政府便部分或者是绝大部分地失去了对关税的控制权，最主要表现是协定税制。协定税制最重要的措施是协定税率，外国侵略者根据自己的利益胁迫清政府制定有利于本国商品和资本输出的税率，第一次战争后，中英《南京条约》中有如下内容："……英国商民居住通商之广州等五处，应纳进口、出口货税、饷费，均宜秉公议订则例，由部颁发晓示，以便英商按例交纳。"[①]从这里可以看出，中国海关进口税率只能由中英双方共同商定。1843年，英国又强迫清政府签订《五口通商章程（附海关税则）》和《五口通商善后附粘善后条款》（又称虎门条约），进一步将进口税率限定在最低程度，与以前海关征收的实际税率相比降低了58%。《南京条约》签订后，美、法等资本主义国家也不甘落后，不满于英国所攫取的众多特权和利益，先后强迫清政府签订了一系列的不平等条约，攫取了诸如最惠国待遇、领事裁判权和协定税率的权利，道光二十四年（1844年），清政府与美国签订的《望厦条约》规定，如果清政府以后改变相关税务规则，必须与合众国领事馆官员商议并取得其同意。从此，中国的关税由独立自主变为"协定关税"。

咸丰三年（1853年），上海革命团体小刀会为响应太平天国革命运动，占领上海县城致使海关业务一度陷于瘫痪。英、美、法三国乘机以此为借口，提

---

① 王铁崖：《中外旧约章汇编》第一册，生活·读书·新知三联书店1957年版，第32页。

出外国人管理海关的要求，几方最终议定："兹因关监督深知难得诚敏干练熟悉外国语言之人员，道台亦应予以信任事权，俾资改良一切。"[1] 第二年，英、美、法三国领事指派三名洋人组成了关税管理委员会，掌握了上海海关的行政管理大权由此，上海海关的一切制度即按照外国模式建立起来。从上海海关开始，帝国主义列强还妄图控制更多的中国沿海关口，在第二次鸦片战争后签订《中英通商章程善后条约》，英国对于中国税务的干涉层面更广，危害更深。同治二年（1863 年），英国人赫德继任总税务司，1863～1903 年，又新设关30 余处，并一手推行了一整套殖民地化的海关制度，清政府虽然在各个海关派有监督，但实际上形同虚设。更严重的是，外国侵略者还干涉了中国的港务管理和邮政业务，对进口货物应纳的中国内地税也进行干预。

清政府在战败之后，东西方列强强迫其签订的一系列不平等条约，基本上都要支付巨额赔款。由于清朝经济的落后和政治的腐败，根本不能在短时期内偿清，于是列强强夺中国税收的支配权和使用权，赔款以关税作为抵押，按期支付一定数额和利息，即把巨额的战争赔款转为外债。从咸丰八年（1858 年）《中法天津条约》开始，常关税和盐税也充作担保，使清政府财政收入的近一半支配权沦落到西方列强手中。这是另一种形式的经济掠夺，中国国家财税主权不断丧失，半殖民地性质日益凸显。

7.2.3　中央财税权力削弱，地方财税权力扩大

晚清政府的中央财政管理机构开初仍为户部，所属十四清吏司，分管各省民赋收支奏册事务。各省由承宣布政使司主管财税，掌管布政使司的官员称为布政使，亦称为藩台。布政使掌管收支出纳等，向巡抚汇册申报，最后报到户部。清代财税本属于君主专制下的中央集权制财税，国家财税与地方财税是捆在一起的，即财税权力集中于中央一级，全部赋税由国家授权地方征收，并直接向中央解款或解部备拨，或解存到各省布政使司库备用，但管理使用权还在中央，由户部控制全国钱粮经费的使用，春秋二季报拨。凡是动款有户部调拨、坐支、给领、协解，都要按实奏销。州县征收的田赋，要如期运解到布政

---

[1]　马士：《中华帝国对外关系史》第二卷，生活·读书·新知三联书店 1958 年版，第 24 页。

使司库，等待户部调拨。如果是应当补充本地经费的，如数存留，以待按规定使用，并由布政使司审核和奏销。本来布政使掌握地方财政大权，督抚不得干预。但到了晚清，情况有了变化，由于不少地方不少经费要自筹，出现许多自收自支的项目，督抚过问地方财政就变得习以为常了。

晚清的总理衙门于咸丰十年（1860 年）十二月设立，随后于咸丰十一年（1861 年）设置总税务司，隶属于总理衙门管辖，职掌各海关征收关税及全国关税行政事务。所属各海关设税务司，各关主要官员均为洋人。光绪二十九年（1903 年）三月，设立财政处，职掌全国财政税收筹划事项。光绪三十二年（1906 年）四月，设税务处。

光绪三十二年（1906 年）七月，朝廷改组部院各衙门，改户部为度支部，下设承政厅和参议厅及十司一库，即田赋司、税课司、库藏司、漕仓司、通阜司、莞榷司、军饷司、廉俸司、会计司、制用司和金银库。其中田赋司职掌土田财赋，稽核八旗内府庄田地亩等；税课司职掌商货统税，审核海关、常关盈亏；漕仓司职掌漕运、核仓谷委积、各省兵米数等；莞榷司职掌盐法杂课，盘查运道、土药等审核。同年，财政处并入度支部。

此外，中央还设有盐政院，主管全国的盐政，下设总务厅、南北盐厅等。南盐厅掌淮、浙、闽、粤盐务，北盐厅掌奉、直、潞、东盐务。宣统元年，设督办盐政处，整顿盐务，产盐行盐各省督、抚俱做会办。

清代后期，东西方列强对华不断地发动侵略战争，清政府均以失败告终，难以负担随之而来的大量战争赔款。而全国各地农民起义此起彼伏，派兵镇压靡费巨大，中央财政更是雪上加霜。于是，各地方政府就承担了筹集战争赔款和军费支出的任务，于是地方也取得了自由筹款的权限。地方筹款权一放开，各类附加、加派和新税捐层出不穷，五花八门，这些收入多由地方支配，中央政府根本无法控制，逐渐形成各自为政的局面，造成中央财税权力日渐削弱，地方财税权力不断扩大，各地割据严重的局面。地方割据势力强大，这在晚清的"东南互保"事件中可以清楚地看出来。当时义和团运动兴起，清朝廷利用其势力贸然向 11 国宣战。而地方上的不少要员如两江总督刘坤一、湖广总督张之洞、两广总督李鸿章、闽浙总督许应骙、四川总督奎俊、山东巡抚袁世凯与铁路大臣盛宣怀等，却密谋与各参战国于光绪二十六年（1900 年）六月达成东南互保协议，规定上海租界归各国一起保护，长江和苏杭内地则由各省的总督和巡抚保护。事后，这些督抚"大逆不道"的行径并没有受到追究。造成东南互保的原因固然主要在于清廷举止失措，地方督抚不愿为乖张的清室"陪葬"，但也反映出中央权威已经受到强有力的挑战，地方政治、军事和经济财税权力进一步扩张的现实。

清后期税收管理的本质特征，就是具有半殖民地半封建的性质。被殖民，这是中国封建史上的任何一个王朝都不能容忍的，但在西方列强的炮舰下，腐败的清朝廷别无选择。其半殖民地半封建的赋税管理，主要表现在两方面：一是地方政府的税收管理权限日趋膨胀。清初财政之权，完全操于中央之户部，故地方虽征赋计入，而开支动帑必先得户部的允许，即使经常存留公费，也必须按时奏销。而在鸦片战争特别是太平天国起义之后，各封疆大吏得到就地筹饷的权力，地方财政开始逐渐呈独立之势，随着督抚之权越来越重，各省成尾大不掉、难以节制的态势。二是清政府丧失了独立自主的税收管理权。自清政府签下中英《南京条约》开始，仅仅 50 年时间，就与帝国主义列强签订了一系列不平等的条约，西方殖民生义者在中国国土上取得政治、经济和财税等种种特权。特别是中国海关的总税务司一职居然由英国人把持了近 40 年，成为中国海关至高无上的独裁者。由此而延伸出的所谓协定关税，50 里内外的常关税、战争赔款善理以及厘金制度、茶税制度、杂税制度，无论哪一项赋税都浸透了殖民地人民的鲜血、汗水以至生命，清末政府难言有独立的赋税管理权，甚至是以往一些传统的赋税管辖权都受到牵制。

一个国家的政体，如果中央能控制地方政府，则财税为中央集权制；如果中央大权旁落，地方各自为政，则为地方分权制。地方一旦不受约束，便可自辟财源，自订税率，自行征收来扩充地方财税。清朝在鸦片战争后，中央权力下降，地方势力上升。在清末，中央财政无法保障地方政府的用度，于是地方多通过自行开征税捐来弥补财政缺口，赋税的征收、调拨、上解，则完全在督抚的统一指挥下进行，而高度中央集权的财税体制也逐渐瓦解。

7.3　洋务运动与工商业发展对税制结构变化的影响

洋务运动泛指洋务派为了挽救清王朝的统治而进行的一系列以"西学"

为中心的经济活动，包括买进洋枪、洋炮；练兵、制器；开厂、设局；办学堂、外交等多方面的活动。从 19 世纪 60 年代开始，"中体西用""师夷长技以求富""师夷长技以自强"等一直是洋务运动的口号，洋务运动对晚清经济发展有着不可忽视的重要影响，涉及范围的广度和深度都不可小觑，对于税制结构变化的影响也是毋庸置疑的。

洋务费用成为晚清财政三大支出之一，清政府不得不加征旧税、增辟新税来弥补日益加大的财政赤字。清政府继续开征和新开征了七类海关税，包括出口税、进口税、复进口税、子口税、机器制造货出厂税、船钞和洋药厘金。1861 年，清政府的关税总额只有 490 多万两，1874 年则增至 1140 多万两，到1887 年更是增加到 2050 多万两，20 余年里约加收了 4 倍。之后，关税有增无减，到 1911 年增加至 3617 余万两。①洋务运动时期奠定了一定基础，导致关税成为清政府财政收入的大宗。又比如，太平天国运动爆发以后，清政府为了筹措迅速增加的军费而推行了一种恶税，即开征厘金。19 世纪 60 年代，厘金处于征收数额较大时期，每年征收数额在 1360 余万两，最高时年入达到 1983万两左右。其后各年厘金的数额不断增加，到了 1910 年，厘金的课征数额达到 4318 余万两，接近田赋的经常收入（4616 万两），有时甚至超过了税收中的大头关税收入，成为清末财政收入的另一个重要来源。②洋务运动时期，厘金由临时性收入变更为了经常性收入。

历经太平天国战争，清政府的财政已经濒临枯竭。一方面，中央财政收入主要来源于田赋、盐税、关税，但因战争的破坏和主要税源地为太平天国所占据，税收收入大大萎缩，中央财政变得捉襟见肘，凡是有可设法生财之处，都经过了不断的搜刮，商困民穷，经济也到了崩溃的边沿。另一方面，财政支出却与日俱增，主要用于战争赔款和要塞、海防、镇压动乱的巨额军费。于是，清政府意识到了"求富"的重要性，提出"开财源之道，当效西法，开煤矿、创铁路、兴商政"③。洋务运动早期出现的十几个近代企业全都是官办，洋务运动中期，经过经济改革，社会中开始涌现官办、官督商办和官商合办等多种

① 《清史稿·食货·征榷》。

② 《清史稿·食货·会计》。

③ 中国近代史资料丛刊《洋务运动》资料第二册，上海人民出版社 1973 年版，第 569 页。

所有制企业，极大改变了前期所有制结构单一化的局面，提高了经济活力。而且，政府还在税捐上采取减免政策，以促进实业发展，这从一张清光绪三十年（1904年）督办浙江通省厘捐总局厂纱免厘护照（见图7-5）上可以得到印证。该厂纱免厘护照为专门开给杭州厂商通益公的，其上规定：浙省机器纺织厂所出纱布运销本省内地概免厘金，出口照完正税，俾畅销路。本局会同藩司衙门详准饬遵在案，是厂出纱布，除出关口应完正税外，运销本省内地，经过沿途厘卡应准免厘。惟无单据呈验难保不留难阻滞，有凝贩运。今据杭州厂商通益公报运本省内地厂纱四十小包，除皮净重每包七斤半，共重三百斤，请给免厘护照。前来合行给护，为此照仰经过厘卡，验明包数斤重相符，即予免厘放行，如有别项货物仍照例收捐，以杜影射。其上还盖有多个税卡查验放行章。可见，当时浙江已经出台促进实业的税收优惠措施，但由于全国地方割据严重，这种优惠最多只能在省内推行，货物出了省仍然要逢卡抽厘。

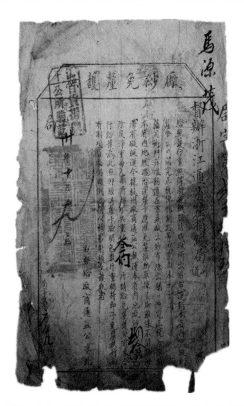

图7-5 清光绪三十年（1904年）督办浙江通省厘捐总局厂纱免厘护照

清末，政府还征收了船税（见图7-6），船户纳税后船只才能航行，并携带船税执照以备随时查验。

图7-6 清光绪十八年（1892年）船税执照

清末对当铺征收当税，各地所征额度不一，如光绪年间湖北境内的当铺无论资本大小，一律征银100两，遇闰年加增8两。因河工需款，朝廷令各省当铺一间，缴银100两，作为预完20年当税。共预交银70余万两。后又因海防筹款，令各当商于额税外捐银200两。光绪二十三年（1897年），户部确定全国各地的当铺，每间应纳税银50两。从前商人应缴的领贴、呈充、换牌费用，给藩司、府、道、县各衙门的各种使费，以及供奉给各级地方官吏的年节等陋规，都予以禁革。① 但事实上利益牵涉面很广，要禁革这些陋规难上加难。

清晚期的契税，基本承袭前制，但与之前由户部统一规定税率不同，由各

---

① 黄天华：《中国税收制度史》，华东师范大学出版社2007年版，第640页。

省确定，税率不一，课征方法也不同：有的买契和典契等额收9%；有的买契从价每两征9%，典契从价每两收买契的半额即4.5%。另外，除正税之外还有附加和杂项。清后期，因各省摊付赔款和举办洋务，都增征田房买契税和典契税。而契约是民间非常普遍的合同文书，因此，加征契税给民众增加很大负担，民间抵触情绪很大。而且，光绪三十二年（1906年），清廷还规定从同治三年至光绪二十四年这段时间，针对民间隐匿田产契税的情况，凡是辗转售卖的，责令补缴税款，民间更是怨声载道。到了清末的宣统三年（1911年），在整理财政过程中，度支部将契税作为中央和地方共享税，为统一全国契税，制定了契税试办章程，并制定税则，买契契税一律征收9%，典契契税征收6%，其中，买契税40%归中央，典契税60%归中央。

房捐在清初就开征了，其后在乾隆年间曾经停征。清末，户部于光绪二十四年（1898年）制定了房捐章程，并通令各省，凡租赁房屋按其每月租金课税10%，房东、房客各承担一半。为简化课税手续，每月由房客先缴纳全部房捐，然后再从房租中扣除房东所负担的数额。光绪二十七年（1901年）《辛丑条约》签订之后，各省均须分摊庚子赔款，于是户部将房捐章程付诸实施，但各省执行不一，有的仅课于店铺，民房不征；有的有起征点，如店铺每月租金房租在钱3吊、银3元以下者免征。其后，河北、广东、江西、湖南和安徽等省先后试办了房捐，而陕西、吉林、黑龙江和福建则相继开办了铺捐。总之，清代房捐纷繁杂乱，无章可循，同样是财政吃紧后拓宽增收渠道的产物。①

清后期的茶税负担总体越来越重。国外西方帝国主义列强猖狂蚕食我国领土和权益，国内农民起义此起彼伏，战乱造成茶税税源极度萎缩，至鸦片战争前后，茶税收入急剧减少，但其后又呈上升趋势，这与税负加重和大量设卡抽收有关。清末的茶课仍然用茶引的办法管理，但其后因财政需求扩大，在不同地区又增设了有关茶课的关税、落地税、茶捐、茶厘等，茶税负担日趋沉重。清后期的茶税制度及征课变化较大，各地征收方法和税率也不相同。这一时期清政府竭力开拓新税源，加强茶税稽查。光绪十年（1884年），清户部鉴于英

---

① 黄天华：《中国税收制度史》，华东师范大学出版社2007年版，第643页。

国所课茶税，约百斤课银50两，而中国对茶叶课征的出口税每百斤只有2两5钱，仅为英国的5%。于是，清政府开始拟议增加税收，在出产茶叶之地设局验茶，茶商购买的茶叶验过以后发给部颁的茶照，一张茶照百斤征银3两9钱，在经过内地的厘卡时还要另行缴纳茶厘，验照盖戳之后才可放行。光绪十年，清政府试图克服茶商受局卡层层盘剥以及统筹茶税的意向，于产茶处所验茶发给部照，既完课之后，再倍收银3两9钱，前后共征7两8钱，并规定一切杂费均予豁除。但各省依旧我行我素，在征收茶税上自行其是。清后期茶课收入到底有多少，难以准确统计，仅据估算，乾隆三十一年（1766年）约为7.3万两，光绪二十年（1894年）约为90万两，比乾隆年间茶课增长了10多倍；宣统三年（1911年），茶厘的预算收入为307万两，比光绪年间课收的茶厘增长了3倍多。[①] 可见，清后期茶税收入增长较大。

清末的烟酒税，税目不一，相关税收附加也多种多样，课税标准杂乱，征收方法有官厅直接征收、商人包办纳付、依印花贴付等，征收机关有厘金局、常关、税捐局、公卖局等。光绪二十二年（1896年），山西省每酒1斤征钱3文，每烟1斤征钱5文，到光绪二十六年（1900年），酒税增征2文，烟税增3文。光绪二十八年（1902年），直隶的酒税全年为60余万两，第二年，直隶派定烟酒税额为80万两，朝廷谕令各省比照直隶派定税额，全国21个省总共派定的税额银为640万两。[②] 烟酒税逐渐成为清末税收收入的重要来源。

在鸦片战争之前，清政府对传统的商业及金融业基本不进行税收管理。这些行业的经营者一般只向地方政府领取照帖（如营业执照），然后交规定的帖费就可以合法经营，加上年捐，便没有其他税收。鸦片战争发生以后，各地增加了一些临时税捐，方式各异。一直到光绪十年（1884年），清政府对于商业和金融业仅征收帖费和年捐，且只对商业行户的烟酒两行和金融业的汇兑票庄征收年捐。征收年捐的区域也有限，只有江苏、湖北、陕西和上海等少数地区对所有行户征收年捐。"农民力田皆完纳丁漕，贩商当商亦纳厘课"一语，可反映出清政府的整体税收想法。[③] 在清政府看来，商户已经缴了厘金，再缴纳

---

① 黄天华：《中国税收制度史》，华东师范大学出版社2007年版，第637页。
② 黄天华：《中国税收制度史》，华东师范大学出版社2007年版，第638页。
③ 《光绪朝东华录》（二），第1875页。

其他税捐是不合理的，于是对需缴纳年捐的行业作了严格限定。清政府对经营汇兑业务的票庄征收年捐，有助于强化票庄的注册管理。

年捐是清政府针对商业、金融业中的少数行业征收的一种具有直接税性质的营业税，每年取得百余万两收入，对于清政府的财政收入来说微不足道，影响不到财政政策。而各地的商捐情况则很复杂，如奉天地区从咸丰六年（1856年）开始对商户征收捐税，分日捐和厘捐两种，"厘捐不过按货抽厘，分取于各买主，责成铺户扣收呈缴""至日捐则按铺逐日捐钱，不论出货之多寡，但论铺面之大小，计大铺每日捐东钱数十文至二三十文不等"。光绪二年（1876年），各地的日捐被取消，而厘捐则仍然征收，与现代的消费税相类似。①

工业税收方面，清政府将工业税视为杂课，并不重视。矿业方面，"清初鉴于明代竞言矿利，中使四出，暴敛病民，于是听民采取，输税于官，比有常率"②。清政府对矿业税制定了比较明确的税收制度，分为金银课、铜铁锡铅课、水银课、石课、朱砂课和雄黄课等，各地税率不一致。

在清代，直接税制还没有正式开征。近代企业直接税制难以出现的原因，其一是清政府无从对列强在中国开办的各类企业进行税收管理，在《马关条约》签订之前缺乏条约依据，只有征收厘金之类的过境税；其二是有很多华商托庇于外商，投资近代企业以规避封建势力的阻挠，清政府无法对其征收直接税，如华商出资，洋人挂名和华洋合股的企业。在此种特殊的背景下，清政府很难对企业征收直接税。③ 因此，清末所得税等直接税的提议和试行屡屡以失败告终。

---

① 《光绪朝东华录》（二），第237页。
② 《清史稿》卷124《食货五》。
③ 陆路：《试论洋务运动中期的经济调整和改革》，《学习与探索》，1981年第5期。

第 8 章

税权沦丧与半殖民地半封建社会

8.1 海关关税自主权的沦丧

8.1.1 清后期关税

清后期的关税分为常关税与海关税。第一次鸦片战争失败后，按照中英《南京条约》规定，清政府被迫开放五个通商口岸，并设立了新海关，于是原来统一的税关被分为两部分，把管理进出口贸易的税务司署称为新关或洋关（即海关），把仍在国内课征货物通过税和船税的关卡，称为旧关或常关，因此有常关税和海关税之分。内地常关沿袭清前期，仍然按照收入划分为户关与工关。户部主管户关，收入解缴国库。工部则主管工关，收入仍然供修建战船、粮船及其修缮费用。但有些地方户关和工关也合在一起，如图 8-1 所示，在这张光绪二十三年（1897 年）关税抽分单据中，按照工部则例对商人抽收炭的关税本应由工关收取，但单据上却加盖的是"督理芜湖关税户部分司关防"，即户关依照工部则例收了工关税。常关税应该是一个独立性地方性较强的税种，怎么说都与西方列强无关，但是光绪二十六年（1900 年），清政府被迫签订了《辛丑条约》，不得不将距洋关 50 里内的常关移交海关税务司管辖，其常关税收入作为庚子赔款担保，就此帝国主义直接染指中国常关。于是，常关又有了距海关里内常关与距海关 50 里外常关的区别。

中国在鸦片战争中战败，被迫实行"门户开放"政策，道光二十二年

图 8-1　光绪二十三年（1897 年）工关抽分单据

（1842 年）议定："……英国商民居住通商之广州等五处，应纳进口、出口货税、饷费，均宜秉公议定则例，由部颁发晓示，以便英商按例交纳。"①

五口通商以后，陆续成立新海关。道光二十三年（1843 年），与英国订立《虎门条约》（即《五口通商附粘善后条款》），并同时签订了五口通商章程"海关税则"。从此，凡系进口、出口货物，均按新定则例，五口一律纳税，此外各项规费，丝毫不能增加。英国商船运货进口及贩货出口，均须按照则例，将船钞、税银全数输纳完毕，由海关给发完税红单，洋商呈送英国管事官

---

①　清道光二十二年（1842 年）签订的《南京条约》内容之一。

验明，方准发还船牌，令行进出口。海关税则适用于五口，其中的进口货物分为14类，出口货物分为12类（多为土货特产）。其课税标准基本采用从量计征方式，只有进口新货不能按照以往先例核定的，按照其价值，每百两抽银5两。对进口洋麦、洋米和其他五谷等，都给予免税。

随着进出口商埠日渐增多，海关也越设越多，关税占晚清财政收入的比重越来越高。关税的税额增加较快，然而关税主权却被西方列强所夺取，税收收入成为赔款与外债的担保品，而清政府能够用到的只有可怜的"关余"。

8.1.1.1　进口税

进口税是指清政府对进入海关或国境的外国商品所课的关税，又称输入税。道光二十三年（1843年），清政府与英国签订了"税则协约"，明确了48种进口货，61种出口货，均进行从量课税，而从价的则征5%，先于广州、上海实行，凡洋货进出口，按则纳税。由于当时税则表中所列货名有限，以后新增的贸易品也一律按5%的税率。原则上是从价的，但从价必先估价，估价难免争执，于是以当时各货5%的价值为基础，照货物之重量或尺寸，折合为从量税。凡属洋货，不问精粗，只要重量或尺寸相同，便课以同一之税。外国列强考虑到自身利益，还根据商品价格波动情况来修订进出口税收规则。咸丰八年（1858年），外国侵略者因物价下降提出修改税收规则，增加进口货税目至83种，大大降低了货物进口的税率。光绪十七年（1891年），又详定各货税率，从价核算。所以这些税率既低，又是低价征收的，货价由条约钉住，10年内不能修改。到了光绪二十八年（1902年），重议税率，计算之法改从价为从量，另定税额表，从此进口货大部分皆从量征税。但有一部分以从价为便，或税目表中未有载明的，则仍以从价5%计算。免税品有外国米粮、金银、书籍、新闻杂志；禁止输入者，则有盐及兵器、火药。尽管所订税率低，外商仍利用一切机会偷漏税，如货物以多报少、改报货名，或者直接走私。

8.1.1.2　出口税

出口税为货物出口到国外时，清政府在海关和国境关隘所课的关税，又叫输出税。出口税跟进口税一样，也是大部分货物从量计征，小部分货物则从价计征，税率也是5%。由于出口货物都要征一道税，明显对本国产品不利，妨碍土产外销。鸦片战争以后，重要商品税率发生了很大变化。咸丰八年（1858

年），修订税则，出口货物税目达 104 种。出口税不但征输出国外的商品，且亦征转输其他商埠的商品，因为外国商船所载的货物，是外销还是转运他口，很难判定，只好同等课税，增加了本国商人的负担。

8.1.1.3　子口税

子口税为进口外国货物运销到中国内地或者出口本国货物运销到国外，除在海关缴纳进口税或者出口税外，还要另外缴纳 2.5% 的内地过境税，交了这道税后，就不用再交苛重的厘金了。《南京条约》首次对子口税进行了规定，而在《天津条约》之后才正式开征。《南京条约》第十条规定，英国货物在中国海关缴纳关税后，即可行销中国内地，路过关卡时，不得增加税负，只可照估价则例征若干税。即凡从外国输入之货，转输于内地，或内地土货，自产地运至口岸（预备出口），沿途通过时皆课子口税。清政府与英国签订的《五港出进口应完税则协约》中规定，中国内地各关卡对洋货征税应照旧轻纳，不加重。当时海关口岸称为"母口"，内地的常关和厘卡所在地称为"子口"，因此，将那种一次性缴纳的过境税叫作子口税。且子口税税率为进出口税税率的 1/2，于是这种税又叫做"子口半税"。子口税也是海关课征的，进口商品在进入内地的口岸需要缴纳一道子口税，出口商品在出海关时需缴纳一道子口税。子口税实行之后，外国商人通过委托中国的买办商人代办商品购销来拓展中国市场，且把子口半税税单出卖给中国商人，导致清代税收损失较大。因太平天国起义后，清政府为筹集战费，于咸丰三年（1853 年）遍地开征厘金，中国内地的商品流通，逢关（常关）纳税，遇卡抽厘。外国资本家为避免缴纳厘金，谋得方便，于是提出输入之货再纳从价进口税之半，输出之货在内地共纳出口税之半（即 2.5%），完纳此税以后，便可免纳内地一切厘金。外国商人因此只需缴纳一次子口税，中国商人则处于重复征收的重税负之下，无法与其竞争。后来到了光绪二十五年（1899 年），华商办进出口货物，亦渐可适用，而这种措施只能助长洋货的倾销。

8.1.1.4　复进口税

复进口税也叫沿岸贸易关税，是指商船把国产商品从一个通商口岸运到另一个通商口岸所缴纳的国内关税。国产商品缴纳出口正税以后，由一个通商口岸转运至其他的通商口岸时，必须再缴纳复进口税，其税额为进口税之半

（与子口税同），但无税品则从价征收 2.5%。复进口税始于咸丰十一年（1861年），税率定为出口税的一半，即 2.5%，故又称"复进口半税"。官府征税的理由是：商品在内陆运输，通过常关，负税甚重；反之，如由海口转运，负税甚轻，故设此税，其实只是千方百计搜括民财而已。同治元年（1862 年），复进口税由在商品起运的口岸缴纳改为在商品到达的口岸缴纳。光绪二十四年（1898 年），清政府总税务司署颁布的《华洋轮船驶赴中国内港章程》中第二条规定，华商的船只于内河装运商品，除了在商品的起运口岸缴纳 5% 的出口税之外，在各个内港装货下货，也应照该港规定缴纳税厘，洋商船只则按条约税则办理。可以看出，复进口税同子口税一样，使洋商享有免纳厘金重征的特权。

8.1.1.5　机器制造货物出厂税

根据光绪二十八年（1902 年）《中英续定通商条约》第八款第九节所载，凡是洋商在中国的口岸，或者华商在国内各地，使用机器制成棉纱和棉布，都必须缴纳出厂税，并由海关课征，课征的数额倍于条约所载的进口税。如果棉花（原料）是从国外进口，则应当把进口税返还。如果棉花来自中国，则应当把已经缴纳的各项税收一并返还。商家在缴纳了出厂税后，就可以免缴出口税、子口税、复进口税和销场税等。除棉纱、棉布外，其他货物若情况相同，亦征收出厂税。出厂税的税率以百分计，但须退还原纳的进口税或常关税等，税负就较轻了，实质上是鼓励帝国主义者在我国通商口岸设厂。而对于土货制造，则当其原料进口、制品运销时，均须负担沉重的厘金，使土货的生产经营十分艰难。

8.1.1.6　洋药税厘

洋药税厘，即在鸦片进口时海关所征收的进口税与鸦片运销内地时各地所征收的厘金。鸦片从域外输入中国，起初都称为药材。第一次鸦片战争以后，英国为了更大规模地向中国倾销鸦片，建议清政府对鸦片课税，企图使鸦片交易合法化，但清政府一直没有同意，后来在《天津条约》中以洋药的别名混入了进口商品之列，每百斤纳银 30 两，税率同是 5%。光绪五年（1879 年），开征鸦片厘金，每百斤进口鸦片征收正税 30 两，厘金 80 两，共计 110 两。税后内地厘金一律免征。后来，对洋药（鸦片）多次加税厘，此举以重税代禁，可并未制止鸦片的进口，相反，更有利于鸦片合法在中国倾销，而洋药厘金也成为海关税一大宗。

8.1.1.7　船钞

船钞也称船舶吨税，是各通商口岸向往来船舶所征收的税。由于其按吨数计算（1 吨为 122 斗），因此叫吨税，带有使用费性质，由海关征收。该税税额原由中国自主定则征收，乾隆年间就有，乾隆十八年（1753 年），按船舶大小分三等征税：一等船每单位课船钞 5.777 两，二等船每单位课船钞 5.142 两，三等船每单位课船钞 5 两。后来清廷难以自主征收海关税，改由各通商条约规定，并多次变更。道光二十三年（1843 年），《中英五口通商章程》规定，船钞分两级征税：150 吨以上每吨课银 5 钱，150 吨以下每吨课银 1 钱。咸丰八年（1858 年），《天津条约》第二十九款及第三十一款规定：150 吨以上每吨纳钞 4 钱，150 吨以下每吨纳钞 1 钱。其后，与各国签订的商约，均照此例。后来随着关税权越来越丧失，船钞征收幅度也越来越小。

8.1.2　关税自主权的沦丧

海关是监督对外贸易、管理关税的国家行政机构。近代以来，列强强迫打开中国门户，通过经济侵略和政治侵略，逐步攫取了中国海关的行政管理权及关税支配权。在清朝晚期，国家海关由总理衙门兼管；在各关所在地，又设有关道（官名），分管各关，大权似仍在握。但按之实际，各关用人行政权，皆操在外籍税务司之手，总理衙门与关道，全无实权可言。光绪三十二年（1906 年），设税务处，专管全国海关，于是总税务司以下的外人，表面上皆归税务大臣节制，但实际上徒具形式。关税自主权的丧失是逐步加深的，先是领事代征制度使得海关行政管理权受到破坏，接着英、美、法三国建立税务管理委员会，此后签订《海关税则》与《天津条约》（包括附约），逐渐加深了中国海关的殖民色彩，最后实行英国势力独占的税务司制度，更使得中国丧失了关税自主权，海关大门完全向侵略者敞开，无法保护本国生产，制约经济发展，海关自主权彻底沦丧。

第一次鸦片战争失败后，中英签订的《南京条约》废除了以往的公行制度，即取消了十三行商户作为外商向中国海关缴纳关税的保证人资格。其后，中英《五口通商章程》规定，由英国领事馆担保外国商船应缴纳的税款，建立"领事报关制"，这给之后领事代征制度的形成准备了前提条件。

根据《南京条约》，中国开放了上海等五个商埠，在上海设立的海关当时是由苏（苏州）松（松江）太（太仓）道的道台兼理海关课征关税事宜。上海的秘密帮会小刀会在咸丰三年（1853 年）九月七日一举发动起义，完全控制了上海县城，捣毁了外滩海关，上海海关无法正常运行。英国乘机制定了"海关机构不存在期，船舶结关暂行章程"六条，由他们代清政府征收关税，待合适时机再转交给中国政府；美、法两国也不甘落后，自然不能让本国利益受到损害，由于清政府此时规定在内地对进出口商品补征关税，以弥补上海海关所不能征收的关税。于是，英、美、法三国领事串通起来，由英国领事及公使出面，向清政府提出一个改良上海海关行政及促进公平征税的建议，使用种种威逼利诱的手段，迫使清府政聘用外籍人员来监督上海海关的运作。咸丰四年（1854 年）六月二十九日，兼理上海海关的苏松太道台吴建彰最终与英、美、法驻沪的领事共同签订了一个协定，协定规定：英、美、法三国的驻沪领事各荐举一位委员，由这三位委员组成一个税务管理委员会，来管理上海海关的事务。从此之后，海关就一直被帝国主义所把持，如果没有外籍税务委员在海关文书上盖章，不能生效；由领事报关船舶出入。这项荒唐的协议导致上海海关的控制权完全落到了外国列强手上，从此，中国海关也都逐渐被列强们所控制。当时税务管理委员会名为有三人，但因海上贸易，英国居首，故海关事务，实际上也由英国专权。这样，海关的性质有了根本的改变，成了各帝国主义侵略中国的有力工具。

咸丰四年（1854 年）在上海设立的外籍税务监督制度为外籍税务司制度的设立奠定了基础，当时由英、美、法三国代表组成的税务管理委员会又称"税司"。1858 年签订的《天津条约》和《通商章程善后条约》中有言"总理大臣邀请英人帮办税务"。咸丰九年（1859 年），英国人李泰国受到南洋通商大臣何桂清的任命，成为中国海关第一任总税务司，该总税务司署即设在上海。同年七月，李泰国又推荐英国人德都德担任江海关税务司。在李泰国的命令下，各口岸海关陆续聘用外国人为税务司，于是，中国各口岸的海关权力均被外国人控制。外国侵略者最终使外籍税务司制度落到实处，该制度构成了中国近代海关制度的核心环节。

此时，总理衙门名义上管辖着海关，但实际上，洋人操控着海关的行政事务，无论是人事还是运作管理。清政府的无能，造成了海关主权丧失，成为中国这个主权国家难以忘怀的耻辱印记。而在腐败堕落的晚清官僚体制中，英国人赫德为总税务司管理的海关却做到了廉洁不贪腐，成为最有秩序与效率的一个机构。他运用英国行政管理经验来管理中国海关，将组织人事和课税规则皆纳入一个统一和严格的管理体系当中。英国的财政部官员制订了海关财务制度，海关的舞弊贪腐行在几十年里很少发生。海关各部门主管以上人员，文化水准都比较高，不少人的学历还是博士和硕士。清政府官员的名义薪水很低，主要通过职权搜刮民脂民膏，于是官场陋习无数，日益腐化。赫德管理之下的海关则实行了与英国相似的公务员薪酬制度，工资很高，但不能额外获得收入。

《北京条约》签订后，李泰国被清政府正式授予全权来统办各口岸税务。咸丰十一年（1861 年）一月，清政府在北京设立了总理衙门，任命奕䜣为总理大臣，英国人李泰国为总税务司，大学士桂良与户部左侍郎文祥则为帮办，他们独断专行，交给英国人越来越大的权力。同治二年（1863 年），赫德继任总税务司职位，进一步夺取中国海关自主权，建立起了由总税务司专权的海关人事与行政制度，实现了由外国（主要是英国）掌管中国海关权力的目的。总税务司和各口岸海关的税务司管理着外商船只及其商品的进出口，中国海关自主权进一步沦丧。

税务司由外人充任，把持海关全权；所掌事务，异常广泛，远远超过海关收税的范围，其下有税务、港务、教育、邮政四部，这四部的内容为：（1）税务部，掌理税务、船只及货物之检查与仓库事务等项。（2）港务部，掌理灯塔、浮标、港湾、水路等项。（3）教育部，管理海关人员的教育。（4）邮政部，掌管中国全国邮政事务（邮政成为海关的一个机构，是海关越权最突出的表现。直至民国成立后，邮政才归交通部管辖，但还是徒具形式而已）。

咸丰十年（1860 年），屈辱的《北京条约》签订以后，清政府需要分别向英国和法国各支付高达 800 万两白银的赔款，当时列强要求清政府以关税偿还赔款，从而把海关和赔款联系在了一起。从 1861 年开始，中国这个独立国家的海关其最高主管总税务司就由英国人担任，各口岸的税务司则由其选任的其他洋人担任，而英国人赫德则任总税务司达半个世纪，他掌控了与中外贸易有关的几乎一切赋税制度的创设和征管，海关法规的执行也由他来把控。中国的关税收入控制在外国人手上，而关税收入在中国政府财政收入中占有很大比重，赔款和对外借款都以关税收入作抵押，这样外国列强政府就能够把黑手伸到这个半殖民地半封建帝国的各个方面。而作为对清政府的回报，海关在清政府镇压太平天国的行动中助力极大，两方勾结起来，清政府在一定程度上成为列强统治中国的工具。[①] 而列强则在维护清政府统治上，成为清政府的帮凶。

8.2 偿还赔款与赋税加征

8.2.1 偿还赔款

道光二十年（1840 年）鸦片战争的开始，也是中国遭受外国帝国主奴役、侵略的开始，在抵御帝国主义列强的多次战争中，清政府几乎是屡战屡败，使中国逐步沦为一个半殖民地半封建的国家，其中最为明显和危害最大的无外乎是一系列不平等条约的签订，赔款又为十分突出的一项。

清朝的第一笔赔款始于第一次鸦片战争，战争发生后的次年一月，清政府派钦差大臣琦善与英国代表谈判，琦善竟擅自同英国驻华商务总监督义律拟订了《穿鼻草约》，英军随后强占了我国香港，形成"割让"香港的既成事实，并开放广州，还赔偿 600 万元的鸦片烟价。道光皇帝知道后，觉得有失尊严，不予承认，并对英宣战。道光二十一年（1841 年）五月，英军炮击广州，清朝的"靖逆将军"奕山同样没有抵抗得了英军的进攻，以战败告终。清政府于五月二十七日同英军签订了《广州和约》，规定清政府在一周之内要向英军支付赎城费 600 万元，还要赔偿英商馆的损失 30 万元。此为中国近代史上的第一份履行的赔款协议。奕山不敢如实向朝廷奏报这项和约，谎称英国人"向城作礼，乞还商欠"，结果道光帝批谕"准令通商"。

---

① 刘子良：《清末中国海关自主权的丧失》，《文史精华》，2000 年第 2 期；李丽：《论太平天国时期海关自主权的沦丧》，《学术交流》，2008 年第 12 期。

赔款并没有阻挡英军的脚步，英国在勒索到巨款后，却撕毁和约，派军队接着向中国东南沿海进攻。道光二十二年（1842 年）八月，清政府对英军的抵抗全面溃败，清朝钦差大臣耆英、伊里布和两江总督牛鉴与英国代表璞鼎查谈判，最后被迫与英国签订了《南京条约》，此为中国近代史上由朝廷认可的第一个丧权辱国的不平等条约，除了五口通商、割让香港等规定外，清政府还要向英国赔偿 600 万元鸦片烟费，1200 万元军费，300 万元商欠，共折银 1600 万两，要求在四年内分期还清，如果到期不能偿清则按年加息 5%。咸丰六年（1856 年），英法帝国主义为了从中国攫取更多的利益，蓄意制造亚罗号事件再次向中国发动了侵略战争，结果是清军战败。咸丰八年（1858 年）六月，清政府被迫与英法联军签订了《天津条约》，对英法各赔 800 万两军费，另向英国赔偿 200 万两商欠。在上述赔款清政府还没来得及交付的情形下，英法联军于咸丰九年（1859 年）六月又挑起事端，发动了侵略战争，清军再败。咸丰十年（1860 年）十月，清政府与英法联军又签订了《北京条约》，割让九龙半岛给英国，增开天津为商埠，允许传教士在中国租买土地与兴建教堂，对英法两国各赔 800 万两，另赔英国 60 万两恤金，法国 20 万两恤金，总共赔款 1680 万两。但当时清政府财政短缺，无法偿还，只能用关税抵扣。而在清政府疲于应付第二次鸦片战争的时候，沙皇俄国和美国都趁火打劫。咸丰八年（1858 年）十月，沙俄以中国烧毁其买卖圈子一事为借口，逼迫清政府与其签订了《塔尔巴哈台议定条约》[①]，以武夷茶叶 500 匣抵兑赔偿俄商的 13.65 万两白银。1858 年，美国也以美商在中国遭受损失为借口，逼迫清政府与其签订了《赔偿美商民损失专约》[②]，以广东、上海、福州三处征美关税抵扣向美商赔偿的 50 万两白银，其中，广东口岸抵扣 30 万两，上海抵扣 10 万两，福州抵扣 10 万两。

　　同治十年（1871 年），沙俄入侵中国新疆伊犁地区。光绪五年（1879年），清政府与俄国签订《伊犁条约》，清政府将伊犁西境霍尔果斯河以西与南境的特克斯河地区割让俄国，并向沙俄赔款 500 万卢布。清政府因迫于国内舆论压力，宣布该条约无效。沙俄便派出大量兵力布置于边境，清政府被迫再

---

　　①②　王铁崖：《中外旧约章 12 编》第一册，生活·读书·新知三联书店 1957 年版。

次与俄国签订了不平等的《中俄伊犁条约》，条约规定，清政府除向俄国割让大片土地，允许通商外，还将上次议定的 500 万卢布赔款增加到 900 万卢布（合银 600 余万两），清政府的财政更加困难。

光绪二十年（1894 年），日本借口朝鲜问题，悍然对中国发动了侵略战争，即甲午中日战争。清政府惨败，并在光绪二十一年（1895 年）四月被迫与日本签订了丧权辱国的《马关条约》，中国向日本赔偿 2 亿两白银的军费，因清政府当时一年的财政收入在 8000 多万两，便规定清政府在 7 年内分期偿还。而甲午战争的赔款尚未还清，光绪二十六年（1900）又爆发了八国联军侵华战争，义和团和清军一败涂地，京师陷落，最后被迫于光绪二十七年（1901 年）签订奇耻大辱的《辛丑条约》，"庚子赔款"又成了清政府的重担，赔款总额高达 4.5 亿两，要求中国赔款者在 13 国以上，分作 39 年摊还，规定年息 4 厘。由于赔款国众多，清政府只好对外发出债券，交由各侵略国政府收执，因此，赔款就转化成了外债。又因长期外债需要担保物，清政府便将每年的关税、盐税及常关税的收入抵押给侵略国。即便如此，清政府还是偿还不了全部赔款，又命各省每年分担 1880 万两赔款。除以上项目外，清政府还有一笔额外的"镑亏"负担，本来侵略国提出的赔款 4.5 亿是海关两，而不是外国货币，由于清政府懦弱，竟将 4.5 亿赔款折合成各国货币予以偿还。于是，清政府每次对外赔付的银两数随银价的下跌和金价的上涨而增加，便发生了以上的"镑亏"。因此，庚子赔款实际包含三个方面：赔款本金（4.5 亿两）、利息（5.323 亿余两）、镑亏（800 万两），总计 10 亿余两。除此之外，在义和团运动被镇压，《辛丑条约》签订之后，各地政府与外国传教士议定的地方性赔款还有 2000 余万两。[①]

自鸦片战争至清廷垮台这 70 年是清政府对外国赔款的集中发生时间，如将赔款总额放在这 70 年平均计算一下，则每年的赔款达到 1800 余万两白银。巨额的赔款给近代中国的政治、经济带来了深远影响，加深了中国社会半殖民地半封建的性质，致使广大劳动人民陷入了赔款和外债的苦难之中，而苦难的具体体现，是要缴纳比以往多得多的加征赋税。

---

① 中央财经学院财政教研室：《中国财政史》，中国财政经济出版社 1980 年版，第 198 页。

8.2.2　赋税加征

晚清数十年间，曾三次大规模的加征赋税，均与太平天国起义、甲午战败赔款、庚子赔款等多项重大政治事件有关。尤其是甲午赔款和庚子赔款数额巨大，两次巨额赔款都是由各省摊派，对地方财富的搜刮，规模是空前的，"府库一空，罗掘俱穷"是最好的说明。税赋加征，可以分为传统税赋的加征和非传统商品税的新征，税赋加征在各省情况有所不同，但是大体上情况是相似的，以下主要是普遍性加征的赋税。

8.2.2.1　对传统税项加征

1. 清晚期的田赋加征。

1）津贴。津贴这项田赋加征是为了镇压太平天国运动，各省筹集军饷时由四川省创办的。根据周询在《蜀州丛谈》中的记载，在乾隆末年的时候，白莲教兴起，朝廷为筹集军费以镇压白莲教，便加征津贴。从起义军被镇压以后至第一次鸦片战争爆发前的这段时间，没有出现危及清王朝统治的大起义，朝廷便没有再征收津贴。直到后来太平天国运动兴起、第二次鸦片战争爆发，清政府的军费支出巨大，在这种背景下援例开征津贴。以四川省为例可以说明。而到咸丰四年时，全国战乱频发，政府财政困窘，四川才大兴津贴。咸丰初年，军费匮乏，便另立名目征课，用作军费开支，咸丰四年，开办津贴。[①]四川将地丁银作为基础来课征津贴，各州县课地丁银 1 两，就附带课津贴银 1 两。在开征初期，各州县人民的负担沉重，苦不堪言。光绪元年（1875 年），山东巡抚丁文成代薛福成上奏条陈事宜，其中说到四川除了按粮课津贴之外，另设了其他津贴，其他津贴多出按粮津贴上十倍。户部对此事进行过咨查，但四川仍加征其他津贴。丁文成遂奉旨到四川监督，首先停了马夫法，仅允许川北和川南适当保留其他津贴一成和二成，供给藏差。因此，百姓对征收津贴的不满有所缓解。[②]

① 陈习删等：《民国新都县志》第二编，第 711 页。黄云生：《中国地方志集成·四川府县志辑》第十一册，巴蜀书社 1992 年版。

② 《四川款目说明书》，《清末民国财政史料辑刊》第三册，北京图书馆出版社 2007 年版，第 703 页。

2）捐输。捐输跟津贴的性质几乎一样，皆为政府因财政困顿而对田赋进行加征，征收对象也是名下有田产的老百姓，征收方式也是随粮加征。当时，太平军起义军与李文和起义军攻陷了部分省份，清政府为了进行团练以剿除农民起义军，开征捐输充当团练军费。太平天国运动被镇压以后，捐输又供给新疆用兵。民国《什邡县志》记载："咸丰十年，县令王应昌因滇匪逼近，筹饷办防。禀蜀督建中营，劝绅民捐军饷银 38000 两，支给兵勇口食，为捐输之滥觞。特事过即止，不为常例。"① 捐输开征之初，属于临时税收，以应对临时变故，变故消除，应当停征。但是捐输在开征几年之后却成了常捐，每年都征。名义上虽然是捐输，但实际上已是对田赋进行加征。清晚期，政府还对捐输者封个名誉头衔，颁发捐助证照，且还可增加该州县的学额，用来安抚和鼓励百姓踊跃捐输。

3）赔款加征。清代晚期，清政府与各国列强的战争输得一败涂地，巨额战争赔款接踵而至。从道光二十二年（1842 年）中英南京条约向英国赔款白银 2100 万两，再加上广州赎金 600 万两，合计 2700 万两；咸丰八年（1858 年）及咸丰十年（1860 年）与英法签订的天津条约和北京条约，向英法赔款 1600 万两；光绪二十一年（1895 年）中日签订马关条约向日本赔款白银 2 亿两，加上赎回辽东的 3000 万两，合计 2.3 亿两；光绪二十七年（1901 年）签订的辛丑条约，向八国赔款白银 4.5 亿两，由于数额十分巨大，合约就规定分为 39 年还清，未还部分每年的年利率 4 厘，本息共计 9.8 亿两。② 而到签订《辛丑条约》为止，清晚期政府共需要赔款 12.59 亿两。这个天文数字的赔款，光靠正常的财政收入无法偿付，不得不对广大民众横征暴敛，甚至直接加征赔款捐税。

清末不少税票上就反映出中国战败向列强赔款的信息，如光绪二十八年（1902 年）江南徽州府歙县上下忙执照（见图 8-2），其上红盖"现奉宪饬自光绪二十八年为始每征地丁正银一两查照向章征数另加捐赔款足大钱三百文解济要悬"等字样，按地丁加捐赔款，把沉重的负担摊在广大老百姓头上，直

---

① 谭毅武：《民国中江县志》卷十二，第 805 页。王维新：《中国地方志集成·四川府县志辑》第二十一册，巴蜀书社 1992 年版。

② 赵尔巽：《清史稿（第十三册）》卷一百二十五，中华书局 1976 年版。

观地反映出清末半殖民地半封建社会的现实和百姓负担的苛重。

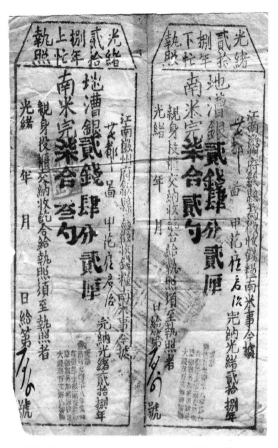

图 8 - 2　清光绪二十八年（1902 年）江南徽州府歙县上下忙执照

而清末还加征了所谓的教案赔款。如清末绥远（今山西、内蒙古）地区发生严重的冲击天主教教会事件，官方受到法国等列强威胁被迫赔款，然后将赔款转嫁给民众，在征收田赋时加捐以偿付教案赔款，这项赔款一直持续到民国时期还在收取（见图 8 - 3）。

清末因赔款加征赋税非常普遍。如为了筹措庚子赔款，多数省份都对田赋征过附加税捐。湖北、福建叫随粮捐，江西叫按粮捐输，广东、浙江叫粮捐，四川叫随粮捐输，等等。在加征数额上不等，如湖北每两加 100 文，江西、安徽每两加 200 文，浙江每两加 300 文，福建每两加 400 文等。而按漕粮加征的，湖北每石加 140 文，江西、安徽每石加 300 文等。有的是按粮串 1 张分 70

图 8 - 3　民国元年（1912 年）大同县正堂教案赔款执照

文、130 文、200 文、400 文 4 种征收"赔款捐"。四川光绪二十七年（1901
年）派定地丁"赔款捐输"达 100 万两，江西光绪二十九年（1903 年）地丁
和漕粮的随粮捐岁约 30 万两。①

　　另外，还有亩捐，最初是为了筹集治理河道的款项而征收，后来为筹集军
饷而增加；按粮多少摊派。北方各省多按亩加征亩捐，如山西光绪二十七年
（1901 年）的亩捐每亩加征银 1 钱 5 分。再就是田赋征银，征钱变为征银后，
田赋增加明显，主要是因为当时白银外流严重，银贵钱贱的情况恶化，加上官

---

① 王刚：《清末财税改革研究》，山东师范大学 2009 年硕士学位论文，第 48 页。

吏勒索浮收。

2. 盐课的加征。

盐税一直是清政府最重要的税收之一。从甲午战后到清朝灭亡的 16 年间（1895～1911 年），列强侵华不断，名目繁多的赔款和后期的新政都需要巨大的财政支出，为了解决财政困难，传统的收入大项盐税便首当其冲，往往在正税之外加征多项。在湖南，贩盐不仅要交盐税，从一张清光绪三十四年（1908 年）总理湖南厘金盐茶局颁发的缴验票（见图 8 - 4）上可以看出，盐贩还要缴纳助饷，并加收海防、部章、练军等多项杂捐，而且查验力度很大，查验司事、填票司事、随查巡丁都必须参与查验。四川省情况：盐税加厘之后，至清朝后期，又曾经加征厘金五次。首次是旧加厘，第二次是新加厘，第三次则为赔款加厘，第四次又为新军加厘，第五次称作抵补土药税加厘。因上述所加的厘金，最后都转嫁给了消费食盐的人，故上述五次加厘又统称为加价。第一、第二次加厘是每 1 斤盐加价 2 文，每年可收取 40 余万两银。第三次加厘是庚子赔款造成，四川省每年派解 220 万银，除收取新捐输与加解两倍契税外，每 1 斤盐又加 3 文，这样可收取 60 余万两。第四次加厘是为了筹备新军款，除办盐道计岸官运，每年可增收 100 万两外，每 1 斤盐又加价 2 文，每年可折收 40 余万两银。第五次加厘是因光绪、宣统之际，朝廷禁烟，土药税停征，加厘为抵补之前在土药税项下各项收入。每 1 斤盐又加价 4 文，可折收 90 万两。至清后期，四川省的盐税厘每年收入共 630 余万两。[①] 当时盐厘每引纳银 1 两 5 钱，只过 2 卡，盐厘就高于正税的许多，而且运输路程越长，盐厘课征次数越多，盐厘数额越大。而其他各省的盐斤加价，比如浙江，在光绪二十七年（1901 年）每年摊派每年 140 万两，每月应摊银 11.66 万两，每 1 斤盐加价 4 文。广东省也是每 1 斤盐加价 4 文。光绪三十四年（1908 年）七月，奉部文奏定各省每斤盐价加 4 文，加价的一半用作练兵经费，另一半划归产盐销盐的省份使用。[②] 盐斤加价负担，实际上都分摊到了各省的人民头上，税收取之于

① 周询：《蜀海丛谈》卷一，第 60 页。沈云龙：《近代中国丛刊》第一辑，第七册，文海出版社 1966 年版。

② 《浙江财政说明书一》，《清末民国财政史料辑刊》第十册，北京图书馆出版社 2007 年版，第 204 页。

民，却没有用之于民，对经济的贡献微乎其微，也损害了政府公信力。

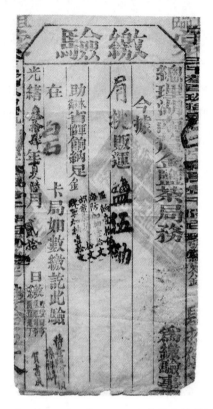

图8-4 清光绪三十四年（1908年）总理湖南厘金盐茶局颁发的盐贩缴纳
助饷缴验票，票上还注明加收海防、部章、练军等多项杂捐。

3. 契税加征。

契税加征和盐税加征的背景相同，都是因为甲午、庚子两次大额赔款以及洋务运动用款，清政府为筹备巨额款项，对契税也是重点加征。之前契税的税率比较低，地方政府上缴中央的数额较小，实际上契税成为地方官员搜刮钱财的一项重要来源。晚清后十年间，对契税加紧征收。表8-1为四川、浙江、广东、湖南、浙江各省的契税征收表格。

表8-1 晚清部分省份契税加征统计表

省份	征收时间	征收税率	征收总数	用途
四川	1896年	加征10万两	178000余两	甲午赔款
	1901年	加征30万两	524000余两	庚子赔款

续表

省份	征收时间	征收税率	征收总数	用途
广东	1867 年	每产价银1两统计征收纹银4分有奇	10 万两	
	1904 年	每产价1两，断卖契征洋银6分，典按契征洋银3分	35 万两	新政
	1909 年	卖价每1两银征9分，典价每两银6分		新政
湖南	1902 年以前	契价1两征银2分		
	1902 年	契价1两征银3分		
	1904 年	契价1两征银5分		以1分给地方官厅办公费用，复以1分拨付地方学警两事用款。余3分全数解省牙厘局转付善后局
	1908 年	契价1两征6分	469840.2307 两	
	1909 年	田房征税9分，典契仍征6分	328320.4745 两	各县办公经费及抵补洋土厘税
山东	1905 年	契价1两3.6分	289107 两 7 钱 8 分 5 厘	6厘为倾镕火耗等项之用
	1909 年	契价1两征9分		加收税银系为抵补土药税等用
浙江	1901 年以来	4分5厘~6分6厘		新政
	1909 年	9分		新政

资料来源：万伟：《晚清赋税加征及其影响》，广西师范大学2003年硕士学位论文。

从表8-1中可知，自庚子赔款以来，在抽查的五省中，契税加征十分频繁，也可以大致看出当时全国契税的征收概况。其中，湖南的情况是最为突出的，纵观近代湖南的一些情况，还是可以窥见端倪，当时湖南将征税中的盐斤加价银部分用于新办教育，契税加征银也部分用于教育经费，由此可看出，当时湖南人才辈出不是毫无理由的。

8.2.2.2　非传统商品税新征

清政府战败赔款，太平天国运动的爆发，对清朝后期的财政有非常严重的影响，太平天国运动在全盛时期占领了清朝的半壁江山，清政府失地众多，地丁收入大减而军费收入大增，不得不想尽一切办法增加财政收入。

1. 晚清厘金的征收乱象。

厘金原本是为了筹备军饷而开征的一种临时性税收，战争停止后应该停止，但是却不断发展，乃至到了清朝后期，同田赋、关税、盐税一起成为清朝后期财政收入的四大支柱。

厘金制度的一个致命缺点，首先是自始至终都没有建立一个完整而统一的征收制度，而且由于全国没有统一的厘金征收制度，造成厘金弊端众多，非常混乱。最明显的体现就是税率的混乱，各个省的厘金最高税率达到20%以上，大多数省份在4%～10%不等。[①] 其次是关卡林立，一物数征，只是政府为了敛财的一种手段，而没有考虑商民的实际情况，章法混乱。再次是征课繁苛，征收手续烦琐，扰民害民。虽然是作为一种新税开征，但对社会的贡献性却很小，后来由于对外赔款的分摊，厘金由临时筹款变为长期的地方税收。从一张茶捐实收票据（见图8-5）中可看出，清同治年间浙江已专门成立盐茶牙厘总局征收工商税。

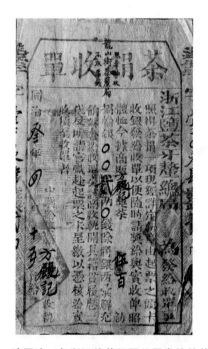

图8-5 清同治三年浙江盐茶牙厘总局发给的茶捐实收

---

① 罗玉东：《中国厘金史》，商务印书馆1936年版，第63页。

厘金征收按照课税品种划分可分为盐厘、药厘、土药厘、百货厘四种，前三种是针对特定货物征收的厘金，由于百货厘征收时间最早、征收范围最广且影响也最大，所以厘金主要是针对百货厘而言。百货厘征税对象主要是生活必需品，人民所需要的各种生活用品诸如米、糖、茶、纸、布、丝、绸等都是征收对象，根据江苏、浙江、广东等省的厘金章程记载，其课厘货物分别有 25类 1241 项、29 类 1942 项、15 类 894 项。厘金顾名思义，征收税率为 1 厘，至光绪年间，多数省份税率已在 5% 以上，如果税率为 5%，只要通过 4 卡，负担率即为 20%。上述还仅仅是法定税率，各省还规定了名目繁多的附加费和手续费等，厘金的数目不可小觑。光绪十三年（1887 年），厘金收入 1600余万两。宣统三年（1911 年），厘金预算数 4300 余万两，占了当年预算总收入的 14%，可见，当时厘金在晚清财政中占有相当重要的地位。从一张清光绪七年（1881 年）沈葆桢任两江总督时颁发的洋庄落地税照（见图 8－6）上，可清晰地看出当时关卡林立的状况，也可推断出清晚期商民沉重的税厘负担。这是一份盖满厘卡查验章的洋庄缴纳茶叶落地税后的证照，相当于纳税后货物的通行证和查验证。商家从安徽婺源（今属江西）贩茶至九江，约 400里路，途中就要经过 11 个厘卡。该商人为洋庄，即有洋人背景的茶行，税照上注明缴纳落地税后绝不重征，而内地商人就没有这个优惠，每过一卡必须纳一道厘金税，算上其他途中花费，货物到达目的地的成本起码翻倍，可见当时商民负担的苛重和营生的艰难。

在发生中日甲午海战与庚子事变，进而签订耻辱且天价赔偿的《辛丑条约》以后，各地为了筹集经费和赔款，以各种手段和项目加大厘金的课征，其中主要的有酒、烟、糖、茶及部分土产税厘。这些厘金征收品目，不仅征收对象很普遍，而且征收幅度不断提高。如直隶的糖茶厘金，在 1894 年加收20%，1902 年又加收 50%；酒和烟的厘金，1896 年加收 40%，1898 年接着加收 60%，1900 年又加收 130%。四川的酒和烟厘金，在 1895 年加收 30%，1899 年又加收 100%，1901 年再在原来基础上加征 30%。浙江则对本地各种土特产加抽厘捐，如加收"丝偿捐"（专用于辛丑条约赔款项），1902 年每丝1 包抽 1 元，1904 年每斤又加征 1 文，1907 年每斤再加征 6 文；1902 年绸捐则加征 30%；而浙江的茶糖厘金和烟酒厘金，1896 年加抽 20%，在 1900 年则

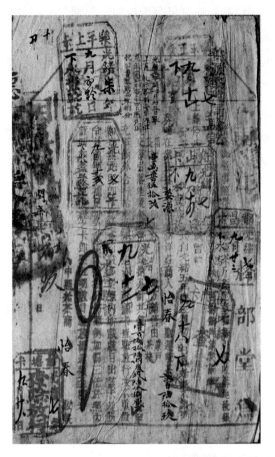

图 8 - 6　清光绪七年（1881 年）两江总督部堂洋庄落地税照

又加抽 20%，1901 年再加抽 30%，1904 年继续加抽 50%。广东的酒和烟厘金，1895 年加征 200%，1899 年又加征 100%，1901 年还加征 30%。[①]　可见，厘金抽收越来越变本加厉。

2. 酒、糖税的抽收。

清光绪三十年（1904 年），四川为筹备练兵费用，模仿直隶做法，对酒类开征生产税。在这之前，对酒只征收厘金税，专门的关于酒的征税机构并不存在。四川因北洋新军编练而对酒开征生产税，属于因新政用款而加抽赋税。四川对酒抽收生产税虽然加重了百姓的税负，但还是有一定的积极意义。在

---

① 王刚：《清末财税改革研究》，山东师范大学 2009 年硕士学位论文。

1904 年之前，虽然中央政府没有对酒征收生产税，但是地方政府却一直对产酒之家征收酒税，所征得款项全归地方财政，在开征酒的生产税之后，地方官抽收酒税中饱私囊的情况有所节制。《蜀海丛谈》记载，晚清时，四川省曾加收了三次烟酒税，首次在原税率基础上加征 3/10，第二次又加征 2/10，第三次因庚子赔款，在原加征的基础上，再加收一倍。四川省每年的酒税收入在 90 万两左右。

糖税以前只是采用抽厘的方式征税，糖厘相对于加征糖捐来说，其数额远小于糖捐。糖厘的税率很轻，1 万斤糖清，抽厘 1800 文。糖房、漏棚则比照制成品对半抽厘。糖类制成品的厘金，则由其经过及落地的关卡分别征收。自糖税改为统捐后，1 斤糖清，征钱 6 文。糖清出厂后，不管被制成何种糖类，运销本省境内，不再征税。由此推算，此时开征的糖捐相当于以往糖厘的 30多倍。虽然对于各种糖类制成品不再征收厘金（而且这只是规章上的，实际厘卡往往照征不误），但是糖类加工业的税负却比以往重的多，加重了糖类加工业的成本，间接影响到糖制品销路，阻碍了制糖工业的发展。

3. 关税加收。

出口税的税率遵循值百抽五原则，由于出口税率与进口税率相同，出口货物在国内运销过关还要加征关卡税，加重了出口货物的负担，不利于保护本国工商业。而且常关税增征较多，有名目繁多的附加和杂费，如盖印费、单费、验货费、补水费等，有的高出正税几倍，各常关纷纷采用特定税率，直到清末，各常关都没有统一的税率。

4. 矿税大兴。

清代有鉴于明末矿利荼毒亡国，深恐蹈其覆辙，故时禁时弛，兴废无常。清前期对开矿十分谨慎，指导嘉庆朝仍然实行限制的基本政策。道光后期，开矿之禁大弛，道光二十四年（1844 年），诏云南、贵州、四川、广东等省，除已经开采的外，如尚有他矿愿意开采者，照准现开各厂一律办理。道光二十八年（1848 年），又诏四川、云南、贵州、两广、江西各督抚，于所属境内确实查勘，广为晓瑜。其余各省督抚亦著留心访查，酌量开采，不准托词观望，至官办、民办、商办，应如何统辖、弹压稽查之处，朝廷不为遥制。一时矿禁大弛。清后期，清廷因财政需要，转向鼓励开矿。

道光二十八年（1848 年），云南银矿课税分为生课与熟课，所谓生课，即按卖矿所得，每百两官抽银 15 两；所谓熟课，按煎矿而成银数，每百两抽银 12～13 两不等。

咸丰二年（1852 年），为筹措军饷，解决财政困难，增加赋税收入，政府转向奖励开矿，准予各省招商开采金银各矿，并征收矿税。

咸丰三年（1853 年），开采热河遍山线银矿，每两收正课银 3 钱，耗银 3 分。咸丰四年（1854 年），每百两，加收正课银 35 两耗银 3 两 5 钱。咸丰六年（1856 年），正课加 5 两，耗银加 5 钱。咸丰八年（1858 年），开采和阗金砂 6 处，每年交课银 200 两；产金之噶尔等 6 处，每年交课金 300 两。

同治二年（1863 年），复准热河土漕子银矿每两加收正课银 3 钱，耗、解各费照旧。同治十一年（1872 年），题准广西桂甲县铁矿，设铁炉 1 座，每年纳炉税银 20 两。

光绪元年（1875 年）奏准，广西永宁州铁矿，招商开采，设铁炉 2 座，每年共输税银 20 两。光绪十四年（1888 年），曾做过云南巡抚、督办云南矿务的唐炯奏称，云南积弊甚深，故拟嗣后办铜百斤，抽课税铜 14 斤，官买 76 斤，准以 10 斤通商。光绪十六年（1890 年），三省金矿系派员设局招丁开采，从前旧章按三七收金，每出金 1 两，收金 3 钱，以六成解省，四成作为局用。光绪二十二年（1896 年），查热河矿务招商采办，每得沙炼银 1 两，以十成计算，三成为正课，3 分为耗银，1 分为解费，余银归商工本，其蒙古地方各矿得银，亦按十成计算，系以二成五为正课，1 分 5 厘为耗银，1 分 5 厘为解费，一成为蒙旗抽分。光绪二十九年（1903 年），外务部议复办矿章程，其一就矿征税；其二金、银、铜、铁、锡、铅各矿分交押课银，大者 600 两，小者 200 两，应令如数缴纳；其三并令值百抽五升课。光绪三十二年（1906 年），商部咨各省之规定：请领探矿执照，每纸缴银 500 两。请领开矿执照，10 平方里内者，应缴照费 100 两；多 1 平方里加费 10 两，以 3000 平方里为限。光绪三十四年（1908 年），改为五成解省，五成作为局用。

清晚期政府已认识到开矿征税对富国裕民大有裨益，一时矿务大兴，各路煤矿、铁矿纷纷试办。随着社会经济的发展，对矿产品需求甚为迫切，特别光绪年间推行新政，在民族工业兴起和洋务运动中发展起来的近代大工业，都需要煤铁等矿产原材料，开矿业从而得到了较大的发展，不仅官府、民间参与开矿，而且还采用招商集股的方法开矿。光绪二十八年（1902 年），外务部改定矿章，凡华洋商人得一体承办矿务，惟必禀部批准，乃为允行之据。允许外国商人在我国境内开矿，这为外国攫取在中国的开矿特权提供了法律依据，从此矿权多落于外国人之手。

开矿大兴，紧接着就是矿税的兴起。但清政府始终没有形成完善的矿税制度以及矿税政策。光绪二十四年（1898 年）公布的《大清矿务章程》，规定矿税分为矿界年租和矿山出井税，前者属于矿区使用费，后者类似产品税。但该章程根本没有执行，因矿的开采地和种类不同，征收税率和方法也不一样。终清一代，矿税极其杂乱，变化无常。

清后期的矿税岁入情况，因没有正式史料记载，即使有一些零散数据，也因其统计口径不一，很难采用来进行定量分析。但清后期矿税收入有以下方面值得注意：一是清后期的矿务，与民族工业、洋务工业、外国资本以及民间小本经营纵横交错，情况十分棘手，故矿税收入很不稳定。二是随着经济的发展，矿产事业的开发，道咸以来，矿税包括专卖收入和官办矿产之利润，增长幅度还是比较可观的。

5. 其他捐税。

清晚期除了征收厘金这项最大的苛捐杂税外，更有名目繁多的其他各种杂税，如洋灰公司货税、斗税、斗秤课、包裹税、渔税、鱼苗税、船税、渔船税、渡税、鱼油税、油税、交涉税、木税、木筏税、老税、硝税、活税、花布税、盈余税、贾税、牛税、炉税、新增税、膏盐税、黄腊课、门摊商税、石膏税、夏布税、苇湖税、河沟税、金课、铁税、磨课、榔税、葡棉税、房租税、厂税、板税、桂税、砂课、炭税、漕税、窑税、八角税、锅税、芦税、市税、碗花税等，数不胜数。

除了征收杂税外，还有各种杂捐，如车捐、货捐、火车货捐、妓捐、戏捐、茶捐、鱼捐、船捐、花艇捐、捕鱼船捐、船埠晓市摊捐、鱼团捐、船货捐、码头捐、斗捐、花生捐、肉捐、柴把出口捐、货床捐、木料捐、纸木捐、草捐、茶市捐、柴炭捐、卫生捐、硝卤捐、缸捐、戏捐、枣捐、城捐、会捐、布捐、桐油捐、驴马捐、牛行捐、鸭捐、驮捐、差徭捐、地亩摊捐、药商票捐、街捐、铺捐、夫行捐、京菜行捐、花行捐、枋板行捐、厂捐、摊捐、随粮捐、贾捐、纱捐、花捐、绸绉捐、杂货捐、房警捐、串票捐、税票捐、夫役捐、学捐、米捐、钱当业捐、大布捐、皮毛捐、斗秤捐、矾山捐、炭山捐、山价捐、地摊捐、祝捐、庙捐、行政盐捐、番摊山辅票捐、水银捐、饷押捐、客栈牌捐、清油捐、谷捐、场费捐、斗息捐、榨房捐、油行捐、钱铲捐、客栈捐、靛行捐、白布捐等，多如牛毛。

8.2.2.3 徭役沉重

鸦片战争后，差徭的征派越来越频繁，也越来越沉重。史载：咸丰时，粤西役起，征调不时，不得不藉民力，粮银 1 两，派差银数倍不等。事定，差徭繁重如故，且钱粮或有蠲缓，差银则歉岁仍征。可见派定差徭，既要民夫服役，又要缴纳银钱和实物。直隶省连年用兵，差徭甚重，大户则勒派车马，供支柴草；小户则摊派钱文，拗充长夫。劣绅勾通书役，因缘诈索。车轮有出无归，贫户十室而九逃。今虽军事大定，尚复派修城之赀，索前欠之费，诛求不已。另载，自咸丰初军兴以来，东三省奉调征兵过境无虚岁，供用皆资民力，吏胥浮收，地甲中饱，加至数十倍不止，以致闾阎凋敝，民岁鲜饱。

光绪四年（1878 年），山西巡抚曾国荃疏陈晋省疮痍难复，请均减差徭以纾民困，其略曰：晋省右辅畿疆，西通秦、蜀，军差、饷差、藏差，络绎于道，州县供亿之烦，几于日不暇给。车马既资之民间，役夫亦责之里甲。而各属办理不同，有阖邑里甲通年摊认者，资众力以应役，法尚公允。有分里分甲限年轮认者，初年摊之一甲一里，次年摊之二甲二里，各年差徭多寡不等，即里甲认派苦乐不均。豪猾者恃有甲倒累甲，户倒累即之弊，将其地重价出售，而以空言自认其粮。三五年后，乘间潜逃，于是本甲即代赔无主之粮，又代认无主之差，贻害无穷。

清后期的差徭可谓是名目繁多，如江南地区的河工役，按亩派夫，几于无岁不役，无役不巨，周而复始。云贵地区有夫马之役，最为病民，其弊在地方官之苛派，各府厅州县，平时肩与旗锣伞扇，以至看堂看门看监卡押犯，下至洒扫刍牧，派用民夫。因公晋省新旧赴任去任，用夫更多。派夫之外，又复派马。派夫派马，还派徭钱，大县制钱五六万缗，小县亦万缗至数千缗不等，按粮摊派，官吏明分。河南、直隶等省有专职官府的流差、杂差。凡省使往来，及本省客省官员奉公差遣，及并无公事而持有差信者，支应车马，与兵差同，皆由衙役代雇，乡民出钱，各牌轮流值差。

上述的清晚期各种差徭，仅仅只是一部分，其实清后期的差徭不比前代轻，可以说是更重了。

8.3 清末半殖民地半封建化税制对商民生活的影响

清晚期，由于清政府政治上腐朽无能，军事上外强中干，在西方列强的炮舰枪口下屈服，被迫签订一个又一个屈辱的不平等条约。西方殖民主义者在中国国土上取得开商埠、辟租界、造铁路、办银行等多种特权。外国列强经过新技术革命之后，经济实力大大增加，中国面临实力更为强盛的资本主义扩张，更为价格低廉的外国优质工业品的输入。西方列强生产力的提高，依靠武力获得的越来越大的在华特权，埃及苏伊士运河的开通与海底电缆的连接，外国银行的扩张，买办商业网的建立，都加持了洋货在中国这个巨大市场的竞争力，生产、运输和营销成本等皆明显降低，不断进步的交通通信方式使中国市场成为全球市场的一部分。发达国家资本向中国工矿和运输等行业持续渗透，外国银行则在华不断扩张。1870～1894 年，清政府和外国签订了近 100 个条约。如 1876 年中英《烟台条约》，大规模开放腹地口岸，扩展了外商在西南、西北和长江流域的活动范围，获得了许多新特权。世界经济的不断变化对中国进出口贸易影响愈来愈大，中国经济愈来愈深地融入全球市场，在 1873 年和 1882 年那两次世界经济危机发生的时候，中国的进出口贸易也下降明显。而且，外国势力逐渐把持海关、掌握治外法权等种种特权，操纵了中国的政治、经济命脉，中国从一个独立自主与自给自足的封建主权国家变成了由外国列强势力逐渐控制的半殖民地半封建国家。自此，中华民族陷入了灾难与危机的深渊，中国的领土和主权完整遭到凌辱和破坏，中国原有的经济基础逐渐瓦解，以小农业和家庭手工业相结合为基础的自然经济遭受到了外国资本主义的强烈冲击。然而，封建制度却顽固地保持下来，中国城乡的商品经济仍有一定的发展，新的商品市场和劳动力市场逐渐形成，民族资本得到了一定程度的发展。但由于外国资本、封建制度和官僚资本的压榨和宰割，使其始终不能成为中国社会经济的主要形式。鸦片战争后，中央权力下降，地方势力上升，赋税的征收、调拨、上解，则逐渐在督抚的统一指挥下进行。在此情况下，中央更难实行集权制和控制地方政府，造成地方各自为政的局面，甚至在关键的时候不受约束，通过自辟财源，自订税率，自行征收来扩充地方财税，原来高度中央集权的财税体制走向瓦解。

晚清税制是封建税制向半殖民地半封建社会税制过渡的税制。税制对商民生活的影响，主要体现在对工商业发展和人民生活的影响两方面。

清朝前期，政府征得的货币税赋总额约为 4500 万两，实物赋税总额约为 630 万石，折合货币约为 1500 万两，以漕粮和兵米两项为重，也就是说，货币赋税是实物赋税的 3 倍。自秦汉以来，中国就建立并形成了高度集权的封建专制制度，清代更是达到了封建专制的顶峰。重农抑商的思想指导着国家的经济政策，国家财政收入主要来源于田赋而非工商税收，太平天国运动发生之后，关税、盐税和厘金三大收入构成了财政收入的重要组成部分。

逢卡抽厘、过路缴钱的厘金税，使运销商不堪重负。货物价格因厘金税的征收必然有不同程度的上涨，与价格低廉的洋货相比削弱了竞争力，销量减少，也随之降低了生产商扩大再生产的可能性。在税负沉重的情形下，资本积累的速度也越来越慢。而货物因失去价格优势导致的销量锐减，也使得生产商失去了改良生产技术，提高效率，扩大生产规模的积极性。厘金税的征收在一定程度上抑制了商业的蓬勃发展，也阻碍了社会生产技术的进步和生产效率的提高。

从一件清末光绪年间直隶总督袁世凯颁发的护照（见图 8-7）中可清晰地了解厘卡对粮食价格上涨的影响。

这是一张颁发给商人向南方购米粮免税运北方平抑粮价的护照，其内容如下：

钦差大臣太子少保办理北洋通商事务直隶总督部堂袁

给发护照事。照得顺直各属迭年灾歉，复遭非常兵劫，又值银短钱荒，粮价久昂，亟应派委大员于上海、苏州、常、镇等处办运。米石免纳税厘，陆续北来，分设平粜，以济民食为根本。先务经本部堂于光绪二十八年二月初八日具奏，奉硃批："酌照所请，户部知道。钦此。"应即刊发护照招商，分头办

运。官为收买，或另筹购运，以平粮价。兹据　　　办运米　　石由　　运至

报关出口，装至天津进口，请给护照前来。为此填给该商持赴办米，地方于经过沿途各关卡并出口海关，验明照内所填米数，分别免完厘金、免缴税银，均随验随即放行，毋稍留难，仍由出口海关加盖监督关防，以严稽核。按月由各出口、进口各关道开报此项米数，互相查考，俾杜影射夹带等弊。该商切勿违犯，干咎须至护照者。

右照给　　收执。

光绪二十　年第

此照米数运竣，由进口海关收回裁去右首上角，该照由监督移送办理招商购运平粜米石事务前任通永沈道汇核呈缴验销。

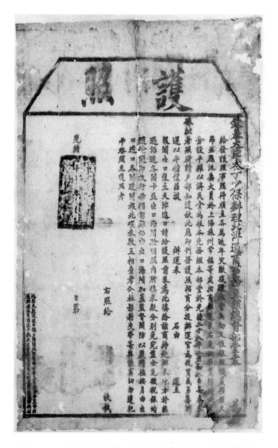

图 8-7　清光绪年间直隶总督袁世凯颁发的护照

从护照中的内容可看出，在当时中国国内常关和海关关卡林立，运销过关都需要查验和征收捐税。要从南方贩粮到北方平抑粮价，必须免纳沿途厘金和海关税银，否则难以用平价粮平粜来缓解北方灾荒。

然而，工矿企业在同样的社会经济背景下，发展局面稍好一些。在清朝的最后 20 年间，工矿企业的发展呈欣欣向荣之势，原因有：一是晚清政府在这20 年间有重大的制度调整。对商业采取了很大的支持态度，清末新政对工商业发展的支持力度日益加大，出台了很多支持鼓励政策。二是沉重的税赋，使得以农补工成为可能。政府数次加征田赋、盐税、契税、肉厘，相对来说农民是这些税赋最大最直接的承受者。在晚清 20 年间，政府开展洋务运动的一些资金依赖于各省筹款，而各省主要靠田赋等农业税收来筹集资金。于是，社会形成了以农业转移的财富来发展军工企业及民用企业的局面，对工商业发展还是有一定的促进作用的。

随着田赋不断加征，农民生活必需品的价格一直攀升，农民需承受不断加征的赋税，每年的收入除去付地主的田租，供养不起父母妻儿，这严重打击了农民的生产积极性，影响了农业的生产及发展。盐税、契税、百货厘、各种杂捐、酒、糖、米、油等物品赋税不断地加重，导致这些物品的价格不断上涨，百姓节衣缩食，体能下降，进而导致劳动效率低下。胡善恒在《赋税论》中提到："人民之所得有三种处置方路：第一，投之于必要的消费，这宗财富之使用，从经济上看来是为了维持一国人民之生产力，如果这种费用之负担增重，人民得不着适当的消费，即是减损人民的生产力。"[1] 也就是说，赋税的加征使得人民生活水平下降，实质上是对社会生产力的损害。[2] 由于总体税赋苛重，经济的发展和人民生活水平的提高都受到严重影响。

---

① 胡善恒：《赋税论》（上册），商务印书馆 1948 年版，第 87 页。

② 周育民：《晚清财政与社会变迁》，上海人民出版社 2000 年版；万伟：《晚清赋税加征及其影响》，广西师范大学 2013 年硕士学位论文。

第 9 章

税制改革与清末宪政

9.1　国势衰微与西学东渐

从 16 世纪到 19 世纪的 300 余年中国处于明清时期，在此之前，中国无论是在科技、经济还是文化方面，在世界都是居于十分领先的地位，但是在此之后，中国在世界上的地位发生了巨大的变化，逐步变得落后了，其中最主要的原因就是明清时期实行了闭关锁国政策。国势日渐衰微，最终促使西学东渐，揭开了中国近现代历史的序幕。

清朝采取闭关锁国政策的目的可以通过划分两个阶段来讨论：前期的目的在于预防大陆反清势力和台湾郑氏反对势力相互勾结而对新兴清政权的再度威胁；后期的目的在于严防"民夷交错"，也就是预防沿海海盗，沿海居民"片板不许下海"，谕令西洋商人只可以在广东通商，即广州"一口通商"政策，且外商只能通过殷实富商设立的"公行"从事进出口贸易，同时，限制出口商品的数量和种类。清政府标榜的自卫作用，实际上隔绝了中外交流的渠道，并且在长久的几乎是"与世隔绝"的状态中，渐渐落后于日新月异的世界而不自知。

中国的资本主义萌芽产生于明朝时期，当时一些纺织业比较发达的沿海城市已经出现了雇佣关系，国内商品经济得到短暂的发展，综合国力有所提升，这可以从明朝郑和七下西洋的壮举看出。然而，外贸的不断发展也让当权者觉得频繁的国家间交往会对统治者的地位造成威胁，进而开始限制对外贸易，实施严格的"海禁"政策。清朝情况更甚,虽然自称为"天朝上国",但是统治者仍然担心随时被取而代之的危险性,将闭关锁国政策发挥到极致。这种政策本质上凸显了统治者对自身政权稳固的不自信,闭关的出发点是自保,锁国的目的在于控制人民的思想,而人为地造了一张温床,视他国为"蛮夷",断绝了解世界的机会,重农抑商的思想根深蒂固,扼杀了资本主义萌芽茁壮成长的机会,经济逐渐落后,并最终败给了先进的资本主义列强。愚昧落后的思想长期统治着这个国家,在近代的世界交往中处于极为不利的地位。

清朝科技文化的发展落后于世界,加剧了国势的衰微。清代中晚期,正当西欧各国采取各种手段进行经济扩张和经济革命时,中国社会依然是自给自足的自然经济,仍将先进科技视为"奇技淫巧"。正如鲁迅先生所说:"外国用火药制造子弹御敌,中国却用它做爆竹敬神;外国用罗盘针航海,中国却用它看风水;外国用鸦片医病,中国却拿来当饭吃。"此时在天文、医药、化学、数学等领域取得长足进步的各资本主义国家正如火如荼地进行各种发明创造,西方有众多的传教士来到中国,传播西方先进的科学知识,试图引起统治者的重视,应该说,当时的清政府不缺乏向西方学习的机会。但是统治者却把先进科技定性为脱离主流的下九流派学说,并禁止在国内流传西方的书籍,而对科技发展的动态视若无睹,这导致了科学的广泛传播在国内严重受阻,科技文化也失去了创新、发展的土壤。

统治阶级腐败成风,劳动人民积贫积弱,致使中国国力大大倒退。由于当时清廷严格禁止对外贸易,沿海地区的商人一方面不再满足于正常的经商,另一方面也反感于定期上供以谋求商业利益的经营模式。商人便开始和官员相互勾结,走上非法走私的道路,这导致当时外贸的管理变得极为混乱,部分官员借机私开各种税目来求取自身利益,还广开捐纳以聚敛钱财。图9-1为清光绪二十九年(1903年)广东省以赈灾名义卖官发放的正实收(捐官票证),捐官人缴纳银43两2钱获报捐"减成监生"资格,而做了监生即有机会获取一官半职。官员还大量收受贿赂,营私舞弊,给人民的生活带来了极大的不便。此外,官员同僚之间,上下级之间也存在多层级的利益压榨,贪污腐败屡见不鲜,卖官鬻爵成为一种公开的行为,机构累赘且腐朽不堪。军纪也因受到腐败的官吏制度的牵连大大松弛,军队的战斗力更是大大削弱。官场内腐败成风，官员往往欺上瞒下，对百姓的疾苦不仅视而不见，还为了政绩和私利而增加各种苛捐杂税，导致人民的经济负担大大加重，使小农经济下的劳苦大众的生存变得更加困难，广大百姓辛苦劳作除了获取最基本的生活资料外，还要缴纳大量的苛捐杂税，而苛捐杂税进一步导致了生活的贫穷，然后必须更加辛苦地劳作，广大贫苦百姓一直处于这种恶性循环之中。

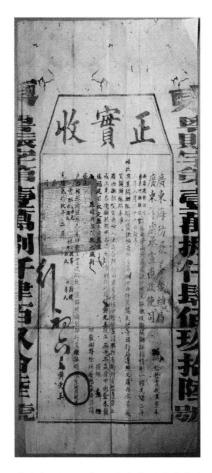

图 9 - 1　清光绪二十九年（1903 年）广东省以赈灾名义卖官发放的正实收

与此同时，一大批外国人开始来到中国这块让他们梦寐以求的热土，一批批先知先觉的中国人也开始迈出国门向发达国家学习，一股"西学东渐"的风潮无声降临。首先是一批外国传教士把西方的科学技术和文化介绍到中国，出版的中文书籍与报刊达到了 100 余种，其中，《贸易通志》《东西洋考每月统计传》等为人所熟知，且对于想了解世界各方面知识的学生很有帮助。第一次鸦片战争爆发之后，有更多的西方人士来到中国，传播西学。在中国知识分子中出现了主动了解吸收西学的群体，如以林则徐和魏源为代表的早期维新派，率先提出了"师夷长技以制夷"的口号，虽然有其落后性，但是诸如《海国图志》等介绍世界地理和历史等情况的书籍的出版，还是给了国人以文明的启迪。1861～1900年，第二次鸦片战争战败后，西学东渐的进程明显加快，增开牛庄、南京、汉口、登州、淡水、台南、潮州、九江、琼州、镇江等为通商口岸，外国人在这些地区居住、建造礼堂和医院，外国军舰、商船可以深入内地，在加强政治侵略的同时，也便利了西方的文化渗透。该阶段的西学东渐呈现多样化传播方式的特点，最主要的是各种西书翻译、出版机构，有教会系统的广学会、美华书馆等，清朝政府系统的上海江南制造局翻译馆与京师同文馆等和创办的译书机构，以及民办的商务印书馆和时务报馆等，做了大量的西学传播工作。林则徐等人曾经受"中体西用"的影响尝试过吸收西学方面精华，但不具备长期性，没有具体的长远规划，仅作为短期的应急举动。而从19世纪60年代起，清政府积极主动地通过设置京师同文堂和江南制造局翻译馆来更好地了解世界。教会和本土商人分别开办的新式学校比比皆是；报纸、杂志等载体传播西方风俗、文化、思想等；传播西医知识的教会医院大量地建造起来，西医的理念和技术传播更加广泛；西学影响逐渐扩大到社会基层，通过遍布各地的新式学校和形形色色的报纸杂志、品种繁多的西学书籍，连光绪皇帝也研读西书，从种种社会现象中都可以看出西学的影响在逐步扩大。1900～1911年，接连发生的戊戌变法和八国联军侵华事件都对清朝政府的威信打击很大，其统治基础也不再牢固。革命风潮席卷了华夏大地，西学东渐的内容与方式都出现了明显变化，译书数量空前，超过了此前90年全国译书总量的两倍以上，社会科学和自然科学书籍占比巨大，1902～1904年，共翻译文学、哲学、经济和法学等书籍327种，自然科学书籍112种，应用科学书籍56种，说明输入到中国的西方学问已从自然科学技术转向以思想和学术等精神文化为主。[1] 而在这一时期，有关西方财政税收内容的书籍和资料也逐

---

① 熊月之：《晚清西学东渐史概论》，上海社会科学院学术季刊，1995年第1期；鲁尧贤：《明清闭关锁国的危害和教训》，《安庆师范学院学报（社会科学版）》，1985年第3期。

渐翻译和传播到中国来，启迪了财税制度的西学东渐。

9.2　清末税制改革的主要内容

9.2.1　清末税制改革的原因

清朝后期，国家处于内忧外患的境地，尤其是光绪以后，政府的财政入不敷出，然而，不仅原有的税种杂乱无章，新开征的"恶税"更是让民众痛恨和抵触。在这样的境地下，清政府为了筹集到所要的财政收入，开始尝试借鉴西洋的税制，试图推行所得税、营业税、印花税等新税种。但受制于当时的政治、经济、社会环境，大多数都胎死腹中或不得广泛推行，大部分借鉴的税种直至民国初期或中期才得以举办成功。尽管清政府的这些尝试困难重重，却昭示着中国正经历一场全方位的艰难抉择和制度蜕变，是我国传统税制向现代税制迈进的关键时期。

20 世纪初，义和团运动和八国联军侵华大大打击了清王朝的政权基础，进而不得不宣布希冀实行改革来脱离困境，这段改革期持续时间长达 10 年，史上称为"清末新政"，其涉及的领域包括政治、经济、财税、军事、文化教育等。八国联军的大举入侵致使慈禧与光绪不得不进行美其名曰的"庚子西狩"，而在此期间的光绪二十七年（1901 年）一月二十九日，慈禧太后假借光绪帝的名义颁布改革诏书，诏书中将当时的积弊简要概括为："中国之弊，在于习气太深，文法太密；庸俗之吏多，豪杰之士少。文法者，庸人藉为藏身之固，而胥吏为牟利之符。公私以文牍相往来，毫无实际；人才以资格相限制，而日渐消磨。误国家者，在一私字；祸天下者，在一例字。"[①] 并命令"军机大臣、大学士、六部、九卿、出使各国大臣、各省督抚，各就现在情弊，参酌中西政治，举凡朝国章政，吏治民生，军制财政，当因当革，当省当并，如何而国势始兴，如何而人才始盛，如何而度支始裕，如何而武备始精，各举所知，各抒己见，通限两个月详悉条议以闻"[②]。从中可看出，改革的期许还是很急切的，而其中，清政府尝试使"度支始裕"的举措便是财税改革了。

---

① ②　《光绪朝东华录》（四），第 4601 ~ 4602 页。

财税改革的需要十分紧迫。首先就是财政的严重赤字。根据赫德的统计调查，《辛丑条约》内包含的庚子赔款对于财政的影响很大，签订条约前几年，清政府每年的财政收入约为 8800 万两，财政支出约为 10100 万两，亏空约1300 万两①，而 1910 年，度支部制定的宣统三年财政预算收入为 2.96 亿两，支出为 3.39 亿两②，亏空达 4300 万两，与以往相比增加数千万两。在新政实施期间，清政府的主要财政支出除日常开支外，还包括庚子赔款、新军编制训练费用以及新政相关费用。而高达 4.5 亿两白银的庚子赔款，也正是由于清政府在无法抵御八国联军侵华后被迫签订屈辱的《辛丑条约》引致。战争导致的实际损失更是难以估量，仅仅盛京（现沈阳）一个地区，在这场变乱中就遗失了"库存金条、金锞四千二百余两"，此后仅仅找回 1015 两。③ 此外，不仅帝国主义列强的侵略军参与了这场劫掠，而且部分军纪败坏的清军也没有放过这场发不义之财的机会。据史料记载，直隶提督聂士成治下的部分军队趁着这次机会对天津大肆掠夺，其场面可用"铸钱银数十万，顷刻都尽"来形容，在见到联军来袭后，并未做出有效的抵抗，却将铸造局烧了；而在北京被联军攻破后，甘肃提督董福祥也纵兵大肆劫掠城内财产。编练新军所产生的庞大开支也是这一时期的支出大宗，比如海军的军费开支从 1899 年的约 500 万两增加到 1909 年的约 1050 万两，10 年的时间内差不多翻番。而这些庞大的军费开支中央扶持力度并不大，仅仅依靠地方的官员自筹，这必然导致中央对地方的控制力度进一步削弱，地方权力再度扩大，将沉重的军费负担通过赋税的形式压给老百姓来承担，也使得清王朝的统治危机日渐加深。其次是财政管理体制也面临危机。太平天国运动大大冲击了清王朝长期以来赖以生存的财政体制。太平天国运动前，清王朝的财政体制呈现中央高度集权，而户部通过在各省派驻布政使管理着全国财政。太平天国起义的冲击，使这种中央高度集权的财政管理体制被严重破坏，起义军占领了长江中下游的富庶地区，使得清政府失去对这些地区的控制权，进而导致税收收入锐减，部库空虚，在无款下拨的情况

---

① 中国近代经济史资料丛刊编辑委员会：《中国海关与义和团运动》，中华书局 1983 年版，第 64 ~65 页。

② 刘锦藻：《清朝文献通考》，商务印书馆 1935 年版，卷 68，考 8246。

③ 《德宗实录》卷 532，第 9 页。

下，中央不得不进行财权的下放，甚至对于地方截留也视而不见或无可奈何，这使得地方各省实质上都取得了独立的财政收支权，而原有的奏销制度也变得形同虚设。地方截留和自行筹饷的既成事实让中央不得不为保证经费的充足而将原有的"京协饷拨解"制度变革为"省级确定上缴、中央硬性指拨"的财政体制，变相承认地方督抚对于本省各种税种的征缴独立裁决权，这使得原来督抚暗地里攫取财权的做法合法化，进一步说明中央集权财政体制渐趋流于形式。[①] 最终形成了"以各省督抚为首领，以省为单位，各省包括藩、运、粮、关等机构和其他财政局的以'块块'为主的财政管理体系"[②]。

在这种财政管理体制下，地方各省一方面通过采取各种手段来增加财政收入，另一方面还费尽心思去截留上解的京饷和协饷，这导致解款协拨制度的运转严重受阻，中央对全国财政的掌控能力大幅下降，进一步加重了财政压力。清政府的财政自主权由于西方列强的不断侵略而逐步丧失，尤其是西方列强对关税制定权和海关行政管理权的掠夺，以及对中国重要税源的控制，使得清王朝政府的财政也显露出"半殖民地"的特征。具体地来说，《南京条约》等一系列不平等条约的签订剥夺了清政府自主确定进出口商品税率的权力；海关税务司制度的确立，掠夺了海关行政管理权；列强还通过贷款由税收担保控制了中国的重要税源，清政府对外欠下的各种巨额债款，不得不向列强举借外债，并且以关税、盐税等作为担保，使列强对中国财政命脉的控制迅速扩展。以上种种，都是清末财税改革势在必行的理由。

9.2.2 清末税制改革的主要方面

鸦片战争的失败一方面使中国的社会性质从封建专制主义社会转变为半殖民地半封建社会，另一方面对外战争战败所附带的战争赔款也打破了当时中国财政经济的平衡，使得中国的财税结构发生了根本性的转变。在清朝的末期，整个国家的财政状况极其恶化，甚至到达濒临破产的地步，混乱至极的税收制度以及恶税横行严重妨碍民生百业，改良税制呼声迭起。"厘金存废"问题掀起了一场朝野上下对于税制改革的大讨论，众多学者就现行税制的弊端进行深

① 彭雨新：《清末中央与各省财政关系》，《社会科学杂志》9 卷 1 册，1947 年 7 月。
② 刘克祥、陈争平：《中国近代经济史简编》，浙江人民出版社 1999 年版，第 285～286 页。

入剖析，积极探索税制变革的新路径，借助西方书籍包含的税收理论，建言献策，提倡摒弃厘金、鸦片税等恶税，转而开征鼓励及支持民族工商业发展的新型税种，进而提供给清政府税制整理以充分的思想根基。清政府试图建立统一规范新税制的举措主要有对现行混乱税制的清理、工商新税的开征以及分税制的推行。[①]

9.2.2.1 现行税制的整理

自鸦片战争以来，洋务运动、戊戌变法及清末新政对民族工商业的发展有很大的促进作用，也给清政府带来了大量的工商税收收入，但是民族工商业所承担的各种税收负担及非税负担，不仅种类名目繁多，杂乱无章，而且缺乏透明度，其中典型的是三大"暗税"，即厘金、盐税和关税。而千夫所指的恶税便是厘金，它严重阻碍着"实业救国、振兴民族工商业"任务的推进，因此，工商业界希冀整改现行税制由来已久，而整改的侧重点便在于裁撤厘金，用开征现代新税的办法弥补裁厘的收入损失。就厘金制度多环节、多税率的弊端，各地都开始尝试就减少征税环节和统一税率两个方面着力探索出改良的税种，比如上海、天津等的商会就曾有过"统税、认捐、统捐"的倡议，将工商税的征税环节限于批发和零售环节，进而实现货物的单环节或双环节征税，达到"民无加税之累，而商有便通之利"的效果。

税制的变化主要体现在厘金改办统捐和印花税等税种的引进上，而现行税制的整改侧重点在于将厘金改办统捐，部分省相继改办统捐，对于大宗货物，一般只在产地或销地进行统捐征收，此后不再进行重征，体现出货物税或统税的典型特征。但由于各省确定的统捐征收方式不一致，导致同一货物仍然存在多次征税的情况。统捐改革比较特殊的地方在于：鉴于鸦片的害处太多，清政府为实现逐步禁绝而对烟土仍施以重税。清末鉴于厘金征收管理混乱，影响国内商业的发展，清政府为了加强对厘金的管理，开始推行厘金改办统捐。

光绪二十九年（1903 年），江西率先进行了税制改革，提出废除厘金制度，转变为统捐（统税）制度。该年，当时在江西主政的署理巡抚兼布政使

---

① 龚汝富、曾耀辉、戴丽华：《辛亥革命前后税制变革及其启示》，《江西财经大学学报》，2012年第 3 期。

周浩主动上奏要求将江西省境内的厘金制改为统捐制，具体来说，包括将木植、夏布、土靛、瓷器等土特产品类的大宗商品以及外省运来的麻、福建产的烟丝等都一并改为统捐制。而统捐的征收办法，则因地制宜，采取添设专卡、原厘卡兼办以及由州县就地办理。而对于已经缴纳统捐的货物，要贴上印花，其后过卡时只允许查验，不允许私自加收，对于逃税漏捐的货物则全部充公；各官卡都剔除掉往年的厘金收入，让专门负责统捐的关卡统一征收。在统捐逐步发展得较为成熟时，商民都体会到了其中便利，随后江西大宗土特产茶叶、纸张等一切土货都改为了统捐，清末官方裁厘并改统捐的最初尝试便是从赣省这里开始。在边界过关时，总理江西全省税务总局开具的边界各货进口出口各货统税执照，全省边界各处设立统税分局并分口征收水陆出入货税。进口货物报完统税后，填给执照并粘贴印花，经过内地分口查验放行，不准稍有需索留难。至出口各货业已在内地完纳统税，查明货税相符，填给执照，不再缴税。未完统税及仅完半税已过两分口者，应分别补税填给执照，倘有意欺瞒，货物解局充公。因此可以看出，统税已经不像厘金那样逢卡抽厘，而是交完统税后凭开具的执照查验即可，不用重复交税，但不得隐瞒偷税，否则一经查实，货物充公。

　　除江西省外，广西、湖北、甘肃等地也纷纷加入统捐试点的队伍当中，其中，湖北的统捐执行得最好，光绪三十一年（1905 年）八月，湖广总督张之洞在就办理统捐情况的奏折中，将统捐制度视为厘金改革的唯一出路。湖北省在改革的过程中，裁撤了 29 处厘金局卡，保留了大小 20 处的关卡，一律实行统捐制度。湖北统捐制度的具体规定如下：外省商人流入的货物统捐征收环节确定为入境第一卡，本土商人生产的货物其统捐征收环节确定为由产地运出内河第一卡。统捐数额的确定方式为：将原有厘金制度下所有局卡的数额合计，仅在第一卡中征收，以后不再重复征税。

　　统捐在近代厘金向统税演进的过程中起了不容忽视的作用。虽然规定在产地或销场征收统捐之后不再重征，但因为没有全国统一的统捐征收办法，依然存在跨省经营的商人多次缴纳的情况，这也可以看出统捐办法从某些方面来看，仍仅仅作为过渡阶段。

9.2.2.2　尝试开征工商新税

　　西方税收理论在中国的广泛传播为清政府后期谋求改革原有税制提供了良

好的思想和舆论基础，于是清末政府开始仿效西洋税制，筹划开征工商新税。清王朝开征工商新税的探索历程，可以概括为"舆论鼓吹—税收立法—尝试推行"三个步骤。1889～1896年，李鸿章、谭嗣同和陈璧都曾提出效仿东西洋开征印花税的建议，其中，谭嗣同于《湘报》发表了《试行印花税条说》，该文大力推崇印花税，认为其"最合中国之古法"，并且逐一列出了课征印花税的八种益处。与此同时，《申报》《东方杂志》等新闻报刊更是登载了包括所得税、营业税、消费税、印花税和奢侈品税详细介绍的系列文章，在普及民众西方现代税收知识的同时，也为当局的税制改革提供了参考借鉴。不少西方最新税种都被纳入筹议开征范围，一些工商新税，像印花税、所得税、消费税、营业税等都在清朝末期得以尝试推行。

1. 筹议和试行印花税。

1）试行过程。印花税是对经济活动或经济交往中书立、领受具有法律效力的凭证的行为所征收的一种税，其一般的具体处理方式是在凭证上贴印花税票。印花税也算是一个古老的西洋税种，起源于1624年的荷兰，之后因被认为是"世之良税"，世界各国纷纷仿效。19世纪末，印花税方面的知识传到中国并开始引起社会各界和清政府的注意，因当时财政款项筹集艰难，御史陈璧曾在光绪二十二年（1896年）上过开征印花税的奏折，奏折中提到：印花税由荷兰创始，在英国及其遍布全球的殖民地得到广泛使用，发达国家纷纷仿行，连日本仅该项税种每年就可筹集2000余万两，那么如果中国仿效他们的做法，开征印花税的话，"总计每岁所集，当不下一万万两，则不特洋债易于清还，从此罢抽厘停捐纳，举数十年除而未能之弊，一旦廓清，全局转机必在于此矣"①。虽然陈璧对开征印花税的财政收入预计过于乐观，但对于上述以印花税代替厘金的建议，后人也多有认同并援引。该时期的大臣和名士，许多都提倡过开征印花税。光绪二十七年（1901年），湖广总督张之洞和两江总督刘坤一一起上奏《遵旨筹议变法，谨拟采西法十一条折》，奏折的第八条即为推行印花税。② 在直隶总督袁世凯的支持下，直隶候补道陆树潘在光绪二十八年（1902年）也曾提议，停课房捐与丁税，改行印花税，引起朝野广泛讨论。

---

① 陈璧：《清仿行印花税折》，《时务报》，第7页。
② 段志清、潘寿民：《中国印花税史稿》（上册），上海古籍出版社2007年版，第12－13页。

谭嗣同也提到过印花税的好处，并建议先在某个地区试行一段时间，再逐渐向全国推广。义和团运动之后，清政府欲行新政，张謇撰写《变法评议》，其中便提到了实行印花税而裁撤厘金。

光绪二十八年（1902 年）十二月，清朝廷批准当时的北洋大臣兼直隶总督袁世凯在管辖区域内开始试办印花税。清政府这一次的举动可谓是具有突破性的，这是印花税第一次得到清政府的批准试行，也是印花税得以试行的确切时间。[①] 可是，首先因商人和民众对印花税总体没有足够的了解，自然而然地把它与其他苛捐杂税相混淆，进而导致了商民对该税种的强烈抵抗；其次试行的地方其征收机关对课征印花税的确切对象不明确，而不少官吏又想借机大肆聚敛，本来勒索民财的现象就比比皆是，而朝廷内部对是否应开征印花税也没有达成统一的意见，使试行推行十分艰难，首次试行的时间是光绪二十八年十二月初六日（1903 年 1 月 4 日）到光绪二十九年三月十四日（1903 年 4 月 11 日）[②]，试行不到几个月，就不得不被叫停了，以至于难以见到首次试行印花税的纳税实物佐证，是否真正付诸实施也存在疑问。

新政开始之后，资金缺口巨大，且筹款练兵也已迫在眉睫，征收印花税终于又提上日程。禁烟运动的深入开展使得洋药税和土药税的收入逐年减少，为抵补财政收入亏空，光绪三十三年（1907 年）清政府下旨要求度支部开始研究印花税相关政策的制定，而后度支部拟定出《印花税则十五条》与《印花税办事章程十二条》，并由清朝廷正式颁布，对印花税的施行办法、印花税票式样与种类、开征日期等细节有明确的规定。从两个章程来看，印花税开征的准备工作较为充分，只是当时政局不稳，影响了实施。

由于袁世凯的积极筹备，为试点开征印花税提供了有利条件，清度支部决定拟于光绪三十四年（1908 年）八月开始在直隶试行印花税。但是，在照会天津商会之后，遭到天津商会强烈反对，商民抵触情绪很大，试行进展得很不顺利。本来朝廷要求印花税于宣统元年（1909 年）在全国各省推行，然而随

---

① 陈璧：《清仿行印花税折》，《时务报》，第 14 – 16 页。
② 李向东：《印花税在中国的移植和初步发展（1903—1927）》，华中师范大学 2008 年博士学位论文，第 65 页。

后又由于各省督抚不断上奏请求缓办，清朝廷只好表示对课征印花税应当谨慎从事，不可贸然举办。[①] 事实上，全面开征印花税就此搁置下来，这就是清廷第二次试行印花税的过程，由于阻力重重，这次尝试也不尽人意。从1889年李鸿章提议征收到1907年开始着手征收，前后历经18年有余。[②] 因受到各方的阻滞，这次试行最后也未得到进一步推广。1911年辛亥革命爆发，清政府迅速垮台，清代印花税在全国的全面开征终未实现。到了民国初年，印花税才在全国逐渐推广开来。

清政府为了开征印花税，开始印制发行印花税的纳税凭证——印花税票。而中国第一套印花税票比西方晚了近50年。说起我国首套印花税票，不少人都以为是名声在外的海关红印花原票，但根据详细考证，红印花原票只是海关的一种收费凭证，可能在邮票层面归入印花类，但实际上算不上真正意义上的印花税票。

光绪二十九年（1903年），清政府在日本印制了中国第一套双龙戏珠图印花税票，其样式和日本印花税票类似，一套下来共有6枚，税票内的图案为双龙戏珠（见图9-2）。由于试行印花税没能成功，所以这次印制出来的税票并没有真正使用过。

图9-2　清代日本版双龙戏珠图印花税票

---

① 蔼庐：《印花税之理论与实际》，《银行周报》，1929年第13卷第21期。
② 刘增合：《鸦片税收与清末新政》，生活·读书·新知三联书店2005年版，第183页。

光绪三十四年（1908 年），清政府在美国印制了我国第一套实际使用过的云龙风景图印花税票，一套共计 3 枚，其具体图案为云龙风景，还包括了中英文两种文字的标注（见图 9-3）。尽管这套印花税票存世量高于日本版印花税票，市场上的收藏价值不算高，但由于清政府真正试行印花税的时间并不长，在市场上真正流通使用的数量并不多，因而这套税票的实用单据还是十分珍贵的。

图 9-3　清代美国版云龙风景图印花税票

2）试行失败原因。清末试行印花税可以说是以失败而告终。印花税在清末的两次试行始终限制在比较狭小的区域，难以加以推广实施，从税收本身考虑，其根本原因是当时的经济发展程度有限，商业不够发达，契约社会没有完全形成，民力不足以承受过多的税赋。① 另外，开征印花税有其深刻的政治原因，清政府之所以这么热衷于试行印花税，主要是基于弥补巨大的财政亏空考虑的，然而，当时的清政府并没有意识到自身的内部原因，只想着试行印花税可以增加国家的税收总数，以此偿还外债。因此，政府在设置印花税之前不仅没有真正实现裁并、去除苛捐杂税，而仅仅是以印花税抵补洋土药税考虑，立新而不废旧必然招致商民的反对。② 这样一来，无论政府把印花税鼓吹得多么完美，税率多么轻微，对商民而言，都是显而易见增加的一项负担。特别是，在政府又缺乏必要的税收宣传和引导的情况下，商民根本就不知印花税为何物，经常和苛捐杂税混为一谈，必然使得抗税现象时有发生。加之商民长期以

---

① 《各国与中国开办印花税之比较》，《申报》（时评），1911 年 10 月 17 日。
② 《反对印花税之研究》，《申报》（评事），1911 年 10 月 5 日。

来形成的经营习惯与政府之间存在强烈的信息不对称情况，政府只是在"纸上谈兵"式地认为商民日常经营的较多簿据必然会给政府创造较大数额的印花税。而实际上，虽然印花税可以为商人交易时发生的纠纷提供诉讼保障，但是，近代中国契约化的社会基础远未形成，大多数的情况下，发生交易时都是和熟人打交道，或在当地找个威望较高的中人（他们被称为"习惯法中权威机构"），或长期以来形成了一种亲缘集团纽带，普遍认为和陌生人打交道是件不可思议的事情。① 因此，许多情况下的交易就算不签订契约，同样是有保障的。特别是在试行印花税时，契约反而是缴纳印花税的凭证，这样他们为了逃避印花税也往往会选择不签订契约。②

　　另外，由于清政府的社会性质是半殖民地半封建社会，所以清末的财政也具有明显的半殖民地半封建性质，西方列强对如何瓜分和控制中国时常各怀鬼胎，有时又服从于利益均沾的"大局"，而苟延残喘的清廷百般讨好帝国主义，对任何一方都不敢随意怠慢，以此换取它们的支持，因此，西方列强的建议经常左右着清政府统治者的决策，这在对中国试行印花税的问题上体现得十分突出。如 1889 年 9 月，李鸿章曾建议开征印花税以筹海军之饷，此建议得到了总理海军事务衙门大臣奕劻的采纳，并要求征求英国人海关税务司赫德的意见。然而，赫德 1889 年 10 月在写给中国海关驻伦敦办事处的金登干的信中却这样提到："总理衙门正采纳我原先的关于印花税以及土鸦片税的意见，要把这些想法形成行之有效的东西。"③ 随后又询问了一些推行印花税的细节问题，并通过金登干邮寄了一套《邦德印花税手册》及英国印花税收统计数据等材料。另外，根据赫德的建议，印花税票将由英国印制再邮寄至中国，因此，金登干还积极联系了英国印制印花税票的厂商，商讨中国印花税票的印制问题。由此可知，从一开始赫德所代表的外国势力就都对中国开征印花税表现出了极大的热情。但由于赫德等人及清政府都担心印花税的开征会招致西方列强的反对而不得不搁置。这说明清政府最初在考虑开征印花税时就很在乎西方

① ［美］杜赞奇：《文化、权力与国家——1900—1942 年的华北农村》，王福明译，江苏人民出版社 2004 年版，第 131 页。

② 戴丽华：《清末试办印花税失败的原因分析及启示》，《江西财经大学学报》，2013 年第 5 期。

③ 陈霞飞：《中国海关密档》，中华书局 1994 年版，第 114 页。

列强的立场，甚至在后来的试行中，清政府时而下令试行，时而缓行，都有基于害怕西方列强反对方面的考虑。又如，八国联军侵华后，各国都为中国赔款问题争吵不休，有的国家建议成立国际管理委员会来共同掌管中国财政，以赫德为代表的英国感到了前所未有的压力，这将对一直由英国操控的中国海关不利，因此，他也积极向清廷建议广开税源，并认为印花税是最容易征收的税种之一，建议清政府在全国加以推广，可以充当赔款的担保。但这一建议受到华俄道胜银行经理璞科第的反对，他认为印花税只适合在通商口岸开办，不适合推广到内地，只能当作清政府的一种新税源而不适合作赔款的担保。最终清政府拟在通商口岸先行试行，认为通商口岸商民风气略开，或肯遵从；若行于内地，百姓不会接受，派差役随时抽查又会引起差役索扰百姓之弊，于国家税收毫无裨益。[1] 实际上，清政府认为对商民的担忧是次要的，担心引起西方列强的不满才是其真正的原因，明知英国对中国税收管理权操控已久且势力日益膨胀，但面对多国列强的介入亦无所适从，又不敢得罪任何一方，只能采取一种英国及其他国家都能接受的折中方式，既同意赫德的建议开征印花税又不完全按照赫德建议的细节，如在内地进行推广改为在通商口岸试行，由英国负责中国印花税票的印制改为由日本印制等。[2]

此外，对于是否开征印花税，清廷内部的意见也存在不同声音。一方是有出国留洋经历且受西洋财税理论影响较深的维新派（以江苏补用道程仪洛及康有为、谭嗣同等为代表），他们比较激进地鼓吹印花税制的诸多益处，忽视了中国当时的特殊国情，认为开征印花税是一种可以让政府永绝财政亏空后患的绝佳选择；另一方则是传统的保守派（这些人主要集中在清廷的最高层，以摄政王载沣、度支部载泽及张之洞等人为代表），他们普遍认为，试行印花税实属因为弥补国家财政亏空不得已而为之下策，如若时间长久必将使得民力乏困，不堪重负，商民必将群起抗税，势必会使早已岌岌可危的清政府面临内外矛盾夹击的状态，危及其统治地位，这些正是当时他们最担心的事，因此，对将印花税进行全国推广的前景并不乐观。

从印花税则的制定过程来看，清末印花税则出台较为仓促，属财政应急措

---

① 戴丽华：《清末试办印花税失败的原因分析及启示》，《江西财经大学学报》，2013 年第 5 期。

② 戴丽华：《民国时期印花税研究》，江西财经大学 2013 年博士论文。

施，具有临时性和过渡性的强烈色彩，缺乏立法的透明度和科学性。特别是印花税的相关法律法规颁布机构实质上都属于行政机关而不是真正意义上的立法机关，一般都是由度支部颁布，这就相当于现在的财政部颁布，属行政部门规章。在这种情况下，其制定规章的程序比较简单，财政目的性强，随意性大，稳定性差，更多地关注于自身政府职能的需要，纳税主体只有绝对服从的义务而毫无权利可言，这样很难博得社会的认同，无形中增加了执法的难度和成本，最终引起抗捐现象，试行印花税不得不被叫停也就不足为奇了。因此，在制定税法的过程中，财税机关首先应把有关涉税情况（主要指税制立法的目的及对现行税收法律法规的意见等）及时地反映给立法机关，立法机关根据这些具体情况制定税法；税法草案制定后应通过各种媒介（如报刊等）充分征求广大民众的意见，使民众能够参与到立法过程中，甚至在存在质疑的情况下能够通过法定程序参与税法草案的修订，如果有可能则可以采纳西方的立法听证方式，使各方利益在充分的对话和交流中达成一致，再组织具有财税和法律方面的专家学者对草案进行论证和必要的补充，这样才能有效地提高立法的质量及使税法条款更趋科学性和可行性，降低税收执法成本，民众才能真正意识到自己作为纳税人的权利和义务，税收举措才能顺利稳步持续地进行。但在当时半殖民地半封建社会的现实当中，这些措施都难以实施，甚至没有这种意识，造成试行印花税出台而民众知之甚少，甚至强烈抵触试办，就不足为奇了。[1] 向西方引进印花税尽管经历了较长时间筹议，在税法的制定上也有所起步，但当时的清政府以筹款为急务，将印花税当作一种新的敛财工具，立新而不废旧，两次试行均归于失败，这应是必然之理。[2]

3）试行意义。虽然清政府两次试行印花税都以失败而告终，但可以肯定的是，试行印花税或多或少地增加了国家的财政收入，据统计，由于前期两次试行印花税的倡议，1912 年，全国印花税的收入为银 93187 元[3]，这一数字比 1913 年全面正式开征印花税的收入还高出许多（1913 年全国印花税的收入为银 57561 元）。[4] 更为重要的是，晚清印花税的试行虽不成功，但在税法建设

---

① 戴丽华：《清末试办印花税失败的原因分析及启示》，《江西财经大学学报》，2013 年第 5 期。

② 陈勇：《晚清印花税探析》，《江苏商论》，2004 年第 10 期。

③ 贾士毅：《民国财政史》，商务印书馆 1924 年版，第 3 页。

④ 杨汝梅：《民国财政论》，商务印书馆 1927 年版，第 39 页。

上却略有尝试，留下了几个较为重要的关于印花税的文件，这无疑在当时具有进步意义，也为民国初期印花税法的颁布打下了基础。① 晚清政府尽管没来得及颁布一部现代意义上的印花税法，但其在一开始就企望把印花税的制度与推行纳入法制轨道，在清末多次倡议和试行印花税的过程中形成了印花税则的基本框架，先后制定了两个较为重要的税收文本，即赫德建议的"大略七条"与第二次试行中度支部颁布的《印花税则》，皆为民国出台《印花税法》提供了蓝本。晚清试行印花税是中国引进西方税种的一次有益尝试，也可看成是中国税制跟国际现代税制接轨的一个起点。印花税并没有给清政府带来多少财政收入，但却是近代中国引进的第一个西方近代税种，它的出现标志着中国的财税体制已经慢慢向现代财税体制演进，清末大量的筹划在民国期间都落实了，如 1915 年的印花税收入已高达 300 万元②，印花税也成为中国近现代税收体系当中的一个重要税种。

2. 筹议开征所得税。

所得税是把纳税人的所得作为征收对象的直接税，因有收入确实、纳税普及、负担公平和征纳便利等几大优点而被世人公认为良税。有些学者认为这种性质的税收形态，在远古时代的中国和外国就存在，如民国学者张志樑认为，中国远古时期的贡、助、彻和犹太人的什一税（Jewish tithe）就是简单的所得税。③ 只不过古代没有使用明确的税收概念来区分，更没有像近现代那样表述为"所得税"。现代意义上的所得税历史并不长，从在英国产生至今也才 200余年。1799 年，这年是清朝的嘉庆四年，英国颁布了世界上有史以来第一部所得税法，这标志着所得税的称谓得以明确。当时正值英法战争期间，需要筹集大量的战费，所得税因此应运而生。

英国所得税的首创为世界其他国家提供了借鉴的模板，战争的发生也使德、澳、俄、加等国相继推行所得税以筹集军费。南北战争使得美国财政陷入困境，联邦政府也借鉴英国税制于 1861 年制定颁布了联邦所得税法，并于

---

① 戴丽华：《民国时期印花税研究》，江西财经大学 2013 年博士论文。

② 《奉命裁并税捐现拟试办统税情形折【A】清朝宫中朱批奏折》：财政类，北京，中国第一历史档案馆藏。转引自杨华山：《论晚清"裁厘统捐"与"裁厘认捐"的尝试与夭折》，《史学月刊》，2004 年第 2 期。

③ 张志樑：《所得税暂行条例详解》，商务印书馆 1937 年版，第 4 页。

1862 年正式开始课征，这之后又进行了多次修订，直至 1913 年才形成较为完善的新所得税法，并且沿用到现在。日本于 1887 年开始制定所得税法，经过多次修改，一直到 1920 年才公布出台新所得税法，为日本现行所得税法奠定了良好的基础。在这段时间内，越来越多的国家都加入开征所得税的队伍中来，到了 1926 年，40 个欧洲国家、32 个亚洲国家与绝大多数美洲国家皆课征了所得税。[①] 中国开征所得税可谓历经坎坷，从清朝末期就进行过引进所得税的筹划，直到民国才开始创办，并一直到 1936 年才算正式举办。

1）清末所得税筹议开征的环境。清末所得税的筹议开征，是与当时的经济、政治、社会与税收制度变革密不可分的。

一是国家财政支出的巨幅亏空激发政府开征新税。无论哪一个国家，出台新税的出发点往往是为解决国家财政困窘的局面，而这种窘迫多半是因为金额巨大的战争军费支出及战败赔款，例如，英国课征所得税的起因亦为与法国开战而需要大量军费。清朝末年，中国处在内忧外患和战乱频仍的境地，列强的入侵迫使清政府签订了一系列的不平等条约，丧失了边关和口岸的关税自主权，财政收入锐减，而用于支付战争赔款和军事开支的财政支出急剧增长，形成大额赤字，国家财政陷入困境的泥潭。为填补赤字，清政府大大加重了广大人民的税收负担，但税收加征和滥征苛捐杂税又引起民众激烈反抗，摧残经济民生。进而，清政府希冀通过开征所得税、印花税和营业税等较为合理的新税来增加税收收入，支付庞大的军费开支和战争赔款。而为保护自己不被列强消灭，清政府也投入了大量财政资金来提升自身的整体军事实力，这势必导致清政府进一步加重人民的税收负担以满足军费需求，该时期内的所得税等各种新税收制度的筹议讨论也是在这样的背景下进行的。

二是工商业的持续发展使课征所得税具备了一定的经济基础。两次鸦片战争以后，尤其在进入 20 世纪之后，中国近代商品经济得到了较为明显的发展。工场手工业脱离了扮演资本主义萌芽角色的束缚，得到迅速的发展，到 20 世纪初，已遍布各行各业。清朝末期，中国近代民族工商业进入了较快的发展时期，新创办的实业公司资本额超过 1 万元的就高达 400 多家，而且商办企业超过 80%，改变了之前官办企业一家独大的局面，使民族资本逐渐成为本国工

---

① 蔡问寰：《所得税的开征及其前途》，《时代论坛》，1936 年第 1 卷第 9 期。

商业资本的主力军。而在华的外商也凭借特权在中国迅猛发展，有 100 多家资本超过 10 万元的外资工厂在中国成立。资本主义经济的发展，导致工商业薪给、利润、地租、利息等各种所得大幅增加，为中国开征所得税等提供了初步的经济基础，进而为中国的赋税制度由以间接税为主体的传统税制转型为以直接税为主体的现代税制提供了实现的可能性。

三是改良民主思潮为税制变革提供必要社会基础。鸦片战争以后，外国列强对中国的侵略和欺侮逼得知识分子和统治阶级中的开明人士逐渐开始转变观念，希望通过改良来改善华夏积贫积弱的状况，比较典型地体现在开展洋务运动和戊戌变法改革。洋务运动的侧重点并没有财税制度改革相关内容，但其在促进工业化发展的同时，客观上促进中国从农业税体制转变为工商税体制，并培养出一批经济和财税领域的人才，为以后税收体制改革打下一定的基础。①戊戌变法在经济财税领域提出很多有重要意义的经济主张，其中包括改革财政、引进西洋现代税制、编制国家预算与决算等。其中的典型代表人物康有为在税收领域的变革方面很有见解，其在《大同书》中曾经写道："公中更未尝向一人而收赋税，扫万国亘古重征厚敛之苦。"而且，他还向清统治者建议："商兴才能国富"，应轻税负来保证商人的利益。对于逢卡必抽的恶税——厘金税，他予以严厉的驳斥，强烈建议对于这种不利商、不利农和不利国的恶税必须坚决裁撤，并力主借鉴西洋先进税制的经验来开征新税种代替厘金税。而同时期的改良派著名人士梁启超、谭嗣同和张謇等人亦主张摒弃恶税，通过实行平税、轻税措施以振兴实业。②

"德先生"（民主）与"赛先生"（科学）思想的大力发扬对我国的思想发展具有重要意义，它一方面推动了我国政治、经济、社会的发展，另一方面也使得学者对于各个领域包括税收领域的讨论有极大的热情。清朝末期，厘金的存废问题引发了朝野上下和舆论界对整理国家税制的持续讨论，借助西洋先进税收理论与新式税制的引进，以及对当时国内税制弊端的自我剖析，许多人士都建议课征促进工商业发展的新税种，为税制革新打下了较为扎实的思想基础。

---

① 曾耀辉：《民国时期所得税制研究》，江西财经大学 2012 年博士论文。
② 王成柏、孙文学：《中国赋税思想史》，中国财政经济出版社 1995 年版，第 618 – 631 页。

尽管清政府曾经尝试利用清理财政和推行分税制来调整税制结构，但封建政权也因辛亥革命的隆隆炮声而葬送，这些改革也就此终止。然而，虽然民国政府是以推翻封建政权而产生的，但依然沿袭了清末分税制的基本结构，将盐课、田赋、关税、契税和厘金税等划作国家税，并准备渐次把印花税、所得税和营业税等纳入国家税的体系中来，而将商税、田赋附加、牲畜税、当税及当捐、牙税与牙捐以及其他杂税作为地方税。①

四是通过引入西方税种来改善中国新税制。东西方列强的坚船利炮轰开了中国国门，迫使中国滑入了半殖民半封建社会的深渊，广大民众饱尝西方列强的压迫与剥削，全国的政治、经济、文化受到很大冲击，但同期，发达国家的先进理念、技术与政治经济制度（其中财税制度是重要方面）也让国人脱离"天朝上国"狂妄自大和蒙昧无知的状态，转而去认知、学习、借鉴。

清朝末期，成体系的西方税制得到了媒体和学界的充分推介，给民众普及了西方现代税收知识，为执政当局进行税制改革奠定了良好的思想基础。而由于所得税多方面的优点，使得所得税在国内推介后，引起很多人的兴趣和广泛的认同，遇到了较少的阻力，诸多因素使得开征所得税的拟议在清朝末期就得以进行。

2）清末所得税章程的拟议。引进所得税这个问题，清朝末期的许多官员和专家学者都进行了理论探讨，还提出了各种可行性建议。光绪二十八年（1902年），梁启超写了《中国改革财政私案》一文，提出借鉴西洋税制设立所得税等新税种。宪政大臣李家驹在宣统年间提出了比较完整的资本主义税制改革方案，这个方案包括营业税、财产税和家屋税等收益税，所得税、特别税和兵役税等直接税。② 然而，因客观条件受限，特别是清政府迅速败亡，清末税制改革大都停留于初步筹议阶段。③

受欧美税制改革影响，朝野上下都投入到筹议引进新税制的大讨论中来，清政府抓住这个良机，积极筹备税制改革，提出课收所得税等新税种，并令度支部着手制订有关所得税的草案。宣统二年（1910年），度支部参考西洋税制

---

① 金鑫等：《中华民国工商税收史纲》，中国财政经济出版社2001年版，第51－52页。
② 《宣统政纪》卷四七，中国书店2001年版，第8－12页。
③ 邹进文：《民国财政思想史研究》，武汉大学出版社2008年版，第85页。

与学者和官员在所得税方面提出的建议，草拟出《所得税章程草案三十条》，以谋求税制结构的改善和财政压力的缓解。所得税章程草案规定的课征项目与税率共分成三类：第一类是公司所得与债票利息，依照2%的税率课收；第二类是廉薪所得，含俸廉公费，各局所、学堂薪水和从事行政衙门及公共机关者的收入，依照1%~6%的八级全额累进税率课收；第三类是其他所得，依照第二类的税率课收。①该章程草案尽管已送交资政院审议，然而议而未决。其后辛亥革命爆发，清王朝迅速覆灭，清政府开征所得税的打算也就随之夭折。②

　　引进所得税的开始阶段坎坷重重，一方面是因为中国落后的政治体制以及老旧的朝野观念，另一方面是因为萧条的经济和尚不发达的工商业。而民国政府成立后对新税的大力宣传和20世纪二三十年代快速发展的工商业，使得所得税的正式开征水到渠成。民国国民政府于1936年7月21日明令公布《所得税暂行条例》，条例的内容有：把营利事业所得、薪给报酬所得与证券存款利息所得等三类所得作为应税所得，并且规定从1936年10月1日起针对第二类所得中的公务人员薪给报酬所得和第三类所得中的公债与存款利息所得征税，全面课收的时间是1937年1月1日。此后，中国所得税制在不断改进的过程中，经历了简单到复杂、分类到综合的发展过程，并最终成为中国现代税制两大主体税种之一，其中，清朝末期朝野上下对于筹议所得税制的讨论和拟议功不可没。

　　3. 分税制的推行。

　　清朝末期，为了集中中央的财权和税权，解决国家财税权力过于分散的问题，清政府借清理财政契机，尝试推行分税制。清政府试图继清末新政与预备立宪之后再来一次大规模的财税体制改革，即以清理财政为契机，在这个过程中对全国财政情况有深入的认识后，再使中央和地方的财权与事权相互匹配，从而实现各级政府权、责、利相互统一的施政目标，进而将国家税和地方税分税制的财政体制改革提上议事日程。根据光绪三十四年（1908年）八月由资

---

　　①　金鑫等：《中华民国工商税收史纲》，中国财政经济出版社2001年版，第112页。

　　②　曾耀辉：《中国从西方引进现代所得税历程与启示》，《赣江财税论坛》，经济科学出版社2016年版。

政院和宪政编查馆合拟的《逐年筹备事宜清单》规定，清政府计划在宣统二年（1910年）厘定地方税章程，试办各省预算决算；宣统三年（1911年）会查全国收入和支出，颁布地方税章程，基本确定国家税章程；宣统四年（1912年）颁布国家税章程。在宣统三年一月改作五年预备立宪之后，分税制的预定进程改作宣统三年即拟订国家税和地方税各项章程，国家税和地方税的预计划分进程进一步加快，但随着辛亥革命的爆发和清政权垮台而无法再推进下去。清末在分税制上虽没有颁布正式法令或法规，但计划至宣统四年的预算基本确定，各省清理财政说明书也已有初步意见，这为中华民国政府1912年11月制定公布《国家税及地方税税法草案》奠定了基础。

1）分税制宣传与酝酿。地方税这一概念在我国原来并不存在，清末关于如何划分国家税、地方税这一问题，并没有现成的答案或历史借鉴经验。当时，国内影响越来越大的主张是，明确划分国家税和地方税以实行西式预算，官方一些开明官员也屡有奏章，但最初一般民众知晓的很少。因此，有识之士加强了对地方税的介绍和宣传，在当时的报刊等舆论界有着诸多的讨论。其中有人认为，欲划分中央税与地方税，必须首先明确地方税的性质。一是地方税仅仅负担对内经费，对内经费是用于地方治理的建设费用，而不能负担对外经费，即对外的军事费用和外交费用，这些费用应当由国家筹集中央税来负担。二是地方税仅对国内课收，而不对国外课收。① 赋税可分为对内的其他一切税和关税。地方税课收的目的，在于用一方的财力办一方的事务，因此地方税的课收，只限于地方。而对外费用既悉出自国税，则对外课税权应归于中央。三是地方税对于地方民众从总体来说具有有偿性。地方政府从事的事务，可以给予地方民众可视的直接利益，如造桥、修路以及投资教育等。地方政府应以取自地方的财富为地方谋取福利，而人们在纳税时则考虑到纳税程度以所受权利为标准。

比较早提出国地税划分建议的是奉天将军赵尔巽，在光绪三十二年（1906年）已经明确提出国家税与地方税分类征收和分类使用。监察御史赵炳麟则在光绪三十四年（1908年）上奏朝廷，请求划分国家税和地方税，还有其他

---

① 印少云、顾培君：《清末民初分税制思想述评》，《徐州师范大学学报（哲学社会科学版）》，2001年第2期。

一些官员也提出了类似建议。可是，当时度支部正忙于整顿各省外销款项，没有将其列入议事议程。其后，度支部感到全国不断增收的财政收入仍然无法弥补巨大的财政亏空，中央财政与地方财政纠结不清的情况非常严重，又想不出其他解决的办法，于是转而开始积极筹划举办预算，开展分税制筹备工作。

2）分税标准。划分国家税和地方税首先遇到的一个问题就是分税的标准问题。因为中国从古代以来就从来没有西洋税制体系中的"国家"与"地方"概念，同样也就从来没有区分过中央财政和地方财政的确定界限，清朝的财政亦不例外，其财政体制都是中央集权模式，除了清末管理混乱的时期之外，各项财政收入都要收归国用或由国家核销，没有真正的地方税概念，几乎所有地方财力在制度上完全受中央控制，于是要确定国地税的划分标准就十分困难。

清末设置的税捐主要有田赋、关税、盐税和厘金，厘金虽然由中央允许开征，事实上地方自收自用，另外各级地方官府还大量征收各种名目的附加税、杂税杂捐等，划分国家税和地方税，就是要在满足中央和地方财政支出的前提下，把数不清的税、租、捐、厘等分别妥当清理整顿，简化和归并为两类，这其中的难度是显而易见的。主要的难度在于：清末的财税收支体制与西洋各国的税收章程明确、收支脉络明晰相比，形成了很大反差，国家与地方之间收支纠葛不清，款项来源和用途互为混杂，地方与地方之间更是千差万别，要划分好国家税和地方税犹如清理乱麻。

来自各方的势力对怎样划分好国家税和地方税的标准，往往意见相左，而主管部门度支部跟各个省的清理财政局，各省清理财政局之间，由于利益出发点和归属明显不同，都各取所需地私相提出对中央和地方各自有利的国地税划分标准，主张很不统一，而且随着对这个新生事物认识的加深，各个时期提出的标准往往很不相同，争论与探讨很多，但如何确实划分国地税，还是难以明晰。

美国和德意志联邦两个国家的税收制度是端方和戴鸿慈等五位大臣出洋考察宪政时着重关注的，在端方与戴鸿慈合辑的《列国政要》之中，认为中国的财政改革可以借鉴美、德的分税制财政体制。奉天省财政正监理官熊希龄在光绪三十三年（1907年）也对德国和美国两税划分方法颇为关注，熊希龄则认为在中央税和地方税划分上，最关键的是必须兼顾中央和地方的利益，不可偏重一方。熊希龄参考《列国政要》的内容，认为可以在兼顾中央与地方财政需要的前提下仿照美德两国税制，以保证中央和地方事务都有财力支撑。具体到税种，中央税可涵盖田赋、漕粮、茶税、盐税、烟税等，而地方税则包括车船税、销场税、印花税、房屋税和其他杂税。虽然具体划分国地税税种要落到实处很艰难，但熊希龄兼顾中央和地方财政需要的国地税划分观点还是切中时弊，即对中央和地方来说，事权和财权要相匹配。

度支部在光绪三十四年（1908 年）底奏定颁布了《清理财政章程》，在这个章程里，也没有明确切实有效的国地税划分标准。负责指导各省国地税划分工的清理财政处对推出的《清理财政章程》进行了解释和进一步补充，粗略地提出了国地两税划分的办法，即原来用于国家行政的正税与杂税，应划分为国家税，原来用于地方行政的税捐，应划分为地方税。但实际情况十分复杂，不少税捐用途混乱，仍然难以划分。

清末除了不同意分税制体制的势力之外，总的来说，对如何划分国家税和地方税有各种主张。第一种主张认为，一切赋税都定作国家正税，而地方只在国家正税之上征收附加税，如果地方拥有独立的财源，就无法统一财权，并且实行附加税的做法能够节省经费。第二种主张认为，应当把课税效率的高低作为划分标准。凡是课税对象确定且少移动的课地方税，其余则课国家税。第三种主张认为，应从支出的用途来推定税项的性质，凡税项充全国经费者为国家税，而税项充地方经费者为地方税。第四种主张认为，应以法律规定国家、地方的征收权力，凡征收权属于国家者为国家税，而征收权属于地方者为地方税。

而清政府的度支部则认为，唯有把固有的税项作为划分的基础，再考虑国家税与地方税收入规模，以达到各级财政规模大体合理。度支部的主要理由是，中国赋税体系不够完备，只有收益税和消费税比较发达，而行为税跟所得税还处在萌芽时代，不能光以学理为依据来划分国家税和地方税，应当因时因地制宜，使国家税和地方税的划分更切合实际。这种观点事实上是从确保国家财政收入出发，为以后分税标准的确定提供了借鉴。由此可见，清末探究国家税和地方税划分问题，是从先定国家税还是地方税的探讨开始，延伸至划分标准的初步探讨，后又进一步深入到国家税与地方税性质的专题研究。那时候的精英阶层对西方财政体系特别是地方财政制度开始有了越来越多的了解，这也为民国实行分税制奠定了较为扎实的基础。①

　　3）地方税分级。地方税是否应该分级以及如何分级的问题，也是清末全国争论的热点。当时，全国许多地方大员都对划分地方税层级问题发表了意见。由于大家的学识背景、对西洋分税制理论的认识不同，在地方税分级的意见上自然也看法不尽一致。有建议分省、府、厅州县三级的，这得到大多数地方大员的认同，而且认为日本的国家、府县、市町村税制模式可供参照。也有的官员认为，考虑到国家地域大、层级多，地方税可分省、府、厅州县和乡镇四级。

　　由于政局不稳、地方阻滞、经济在苛征暴敛下备受摧残等多重因素，清末分税制并没有付诸实施。尽管清政府并没有实现分税制的财政体制改革目标，但在尝试推行分税制过程中做了不少整理与规范财税的尝试，进而为民国税制改革打下了较为扎实的基础。

9.3　清末税制改革的失败

　　清末开始筹备和逐步推行新政，这是一次全方位、大规模改革运动的肇始，在财税方面考虑逐步引进西方先进的财税制度，更是重要国家制度变革的一件好事。但由于清末的政治制度特别落后，经济发展水平也没有大的起色，将西方先进的财税制度引入东方末代封建帝国这个仍然在各方面还很落后的国度里，出现各种问题和阻滞是可想而知的。包括财税体制改革在内的清末新政没有挽救清王朝的灭亡，因为其整体改革目标超出了清政府所能担负得起的国力与财力，只有通过越来越加重民众负担来解决，致使新政改革无法得到广大民众的拥护，甚至成为扰民之举，更加激化了官民矛盾，从而在很大程度上削弱了清政府的统治基础。税制的改革，政府的主要目的在于增加财政收入用于弥补不断加大的财政赤字，实际上还是在剥削人民的利益，最终是无法真正起到促进社会发展作用的，于是税制改革就难免逃脱失败的命运。

---

　　① 印少云、顾培君：《清末民初分税制思想述评》，《徐州师范大学学报（哲学社会科学版）》，2001 年第 2 期。

一是清末的税制改革缺乏近代经济和财税理论的指导，当时清政府严重缺乏组织领导税制改革的中央和地方大员，掌权的央地官员大都缺乏近代公共财政理论、近代财政与税收理论和近代经济理论知识，这也使得当时对于西方财税制度的学习仅限于表层，只学到皮毛，没学到筋骨。如清末政府引进西洋的财政预算制度，这可以说向近现代财政管理迈出了实质性的一步，但没有考虑到西洋近代预算制度是近代民主政治的产物，民主国家政府的财政预算是需要详细透明的，并接受社会各界特别是广大民众的监督，使财政收入用得合理和适当，并不仅仅是一种纯粹的国家财政收支手段。皇权领导下的清政府不可能设立有效的监督机制，预算即使列出来，行政与军费开支一定是巨大的，急需发展的教育、科技和实业支出难以得到保障，而在各种利益集团的侵蚀下，即使是这样财政支出严重不均衡的预算也难以履行下去，庞大的财政支出又倒逼税收不断加码而形成恶性循环。西洋税制中的近代税收原则中很重要的一条为纳税公平原则，在实际税制设计中，需要将征税额度与各层面纳税人的税收负担能力相配比。但是在清末税制改革中，却只考虑到设置新税种，增加财政收入，未曾将纳税公平作为税种推行应考虑的范畴，完全忽略了人民的纳税能力。

二是清末朝廷中的满族贵族等保守势力不仅竭力维护过时的封建法制，没有变法图强意识，而且竭力阻滞改革，被八国联军打进北京后，逼得走投无路，才慢慢容纳了一些变法新政的思想。而从封建旧体制到新政，期间跨度非常大，内容也特别繁杂，可以说是百废待兴，而且形势急迫，新旧势力的交锋造成各种矛盾交叉纵横与盘根错节，加上国家财政空虚，庞大而虚弱的帝国经受不起激烈的折腾。清代实行的是高度的中央集权制，财权亦高度集中于中央，但清晚期中央政府对地方的控制力越来越弱，无论是军政权力还是财权，中央都难以有效掌控，这就加深了中央与地方的矛盾，在财税改革上自然不能形成一致意见，更难以顺利推行。

三是清朝末期，朝野内帮派林立，财税领域的改革没有也很难出现一个强有力且兼具近现代化意识的领导者。而在近现代化改革中领导者的领导作用对于实现近现代化较晚的国家显得尤为重要，因为这些国家改革时往往面临着内外双重的巨大压力，比较成功的例子是德国、俄国和日本，相比之下，清政府由于封建腐朽的制度，改革的力量一直被掣肘着，无法向更深更远的地方走，直到八国联军攻入北京才如梦方醒，被迫改革，尝试实行新政。新政内容包罗万象，既无先后次序，也无轻重缓急，结果是什么都想抓却什么都做不好，此时国内势力盘根错节，错综复杂，中央对地方的控制越来越弱，相对应的，中央的命令得不到有效的执行，加之国外诸多因素的干扰，任何改革都犹如逆水行舟，不进则退。

四是官民失信，造成疑虑重重，也让清末的税制改革困难重重，不少新的税种在筹议、设计、立法或者推行当中基本流产。统治者新政改革的出发点跟老百姓的期望相差太大，加上沟通协调机制不够，导致各项税制改革的方案皆由于相互的对立而搁浅，比如在裁撤厘金增加新税的过程中，江苏省的总督和巡抚衙门曾经提出用开征统捐来替代恶税厘金，而该省谘议局提出苏州商会建议的认捐制，官方要求税额更具稳定性且税权更易掌控，而商民则要求更多的自由便利，由于协商沟通不畅，进而导致在谘议局议决时势成水火。此外，封建帝国统治下对于商人的长期打压抑制使得官方每次筹划新税的举动都使商民生怕加重负担，比如清末试行印花税，这本来是裁厘增税讨论中被官府和舆论鼓吹为便民利商利国的良税，但作为厘金的替代税种，民众就有税负不降反升的担忧，害怕给商民带来新的负担，进而遭到强烈的抵制。比如在光绪三十四年（1908 年）于直隶开始试行印花税期间，天津商会不但联合多家本地商号要求政府缓行印花税，并串联了汉口、常州、广州和成都等商会一起来抵制，使得印花税的试行陷入了尴尬的境地。

总的来看，清政府引进西方先进财税制度的举动出发点是好的，但受限于先进制度和落后环境的不匹配，从而难以避免诸多问题的出现，严重阻碍着财税制度的施行。

清末十年，岁入由 1 亿两增加到 3 亿两，虽然有经济发展的因素，但最根本的还是对广大人民进行盘剥的结果。为了筹备新政款项，清政府加重征收田赋、盐税、厘金等旧税，有许多省份都将兴办巡警和学堂的经费在田赋中加以摊派，在田赋中推行随粮自治捐、铁路捐、矿务费等新政费用，致使清末田赋直线上升，庚子之前不超过 3000 万两，到了宣统三年（1911 年）增加到近5000 万两，比庚子前增加了将近2/3。新政各项改革给广大民众带来的沉重负担严重恶化了官民关系，并且因此使新政改革失去了群众基础，至 1911 年辛亥革命爆发前夕，广大人民抗税抗捐、抗租、反洋教、反户口调查、反饥饿、抢米风潮等各种形式的"民变"层出不穷，严重地动摇了清政府的统治基础。清末新政的改革，诸如经济政策，预备立宪政治改革等，都没有起到巩固统治的作用，反而加速了王朝的灭亡。清朝的统治者尝试过通过"中体西用""戊戌变法""清末新政""预备立宪"以及税收领域改革的举措来扭转中国贫穷落后的局面，但积重难返，终究以失败告终。在清政府被推翻以后，由于特殊的历史环境，中国在很长的一段时间里处于战乱和动荡之中，没有诞生一个稳定的、具有权威性和合法性，能够领导中国走上一条适合中国国情的近代化道路的新政权，从这个意义上来说，清末新政完全失败了。[①] 而清末的税制改革，也同清王朝其他新政一样，逃脱不了失败的命运。但从新政对后世税制变革的影响来看，又成为从传统税制向现代税制过渡的先声。

9.4　清末税制改革产生的社会影响

自晚清以来，清政府的高度集权政治体制受到强烈冲击，突出表现在地方权力逐渐扩大，甚至对中央形成制约。1840 年以后，西方列强用坚船利炮洞开了中国门户，这些列强给中国造成了越来越大的压力，官民的生存环境都变得越来越差，变法图强逐渐在国人中形成共识，于是各项改革势在必行。清末税制改革与古代以往的任何一次税制改革都不相同，打下了借鉴外国先进制度和逐渐现代化的烙印。一是设置了较为现代的专门税收机构。1903 年，设立财政处，统筹中国的财政税务；1906 年，设立税务处，详细规定有关税务的所有申请和缴纳都必须在此处核办；1909 年，在中央成立财政处与督办盐政处，还于各个省也设立了清理财政局；1910 年，清政府又通过设立财政总处集中收回分散到各省的税务权，这为后来民国政府明确划定中央税与地方税打下了相应基础，同时，对在全国推行分税制财政体制提供了不少借鉴。二是建立海关监督与税务司并立的二元体制。通过对职能权限的划分，并将职能权限

---

① 崔志海：《清末十年新政改革与清朝的覆灭》，《社会科学辑刊》，2013 年第 2 期。

与税收的各个环节相联系，形成相互监督制衡机制，其中，估税权由税务司掌控，海关关税收缴、保管与分配之权则由海关监督掌控；三是筹议分税制的财政体制。将税收划分为国家税和地方税在社会各界的呼声很高，因而社会各界对宪政编查馆和资政院于 1908 年编制和颁布的国家税和地方税章程条款开展了广泛讨论。1910 年，清政府以各省财政收支的实际情况为基础，开始筹划一种新的分税制财政体制，通过明确划分国家和地方在税收方面的职能，来明确相应的权限，规范各自的财政支出。[①] 在中国近代史上，分税制财政体制改革可以说算得上是第一次相对完整的现代财政税收体制改革，亦为首次涉及统治者对央地双方财力进行筹划和分配的积极举措，从以往的中央集权制财政体制逐渐向分税制财政体制的转变，从而在实际上推动了中国税收现代化的进展。

据《清史稿》记载，度支部着手试办宣统三年（1911 年）预算，从编制的预算中，可反映出当时清政府在财税政策改革上的巨大努力与可能的丰厚回报，从预计的税收收入总金额大幅上升可以证明借鉴资本主义性质的税收制度来调整税种的设置，在当时有着先进的历史进步性。[②] 本来，度支部还再次上奏清朝廷试办宣统四年（1912 年）的全国预算，这进一步表明了政府将财税制度朝现代化方向转变的决心。尽管新税制度由于社会环境、经济条件等种种因素未能得以实行，但其提出停征鸦片税，开征所得税和印花税的举动，其历史地位和意义是不可被抹杀的。[③] 这些积极的尝试，为后来民国税制的实施作了较好的铺垫。

清朝末期，中央政权在增加相互独立、自成体系的各省收入规模同时，也使征税范围不断扩大。清朝末年的地方财政收入，大致包含"常例征收"减掉上解京饷后的余额、厘金、捐纳款项以及杂捐等，当然，各省还都开征了各种新税捐。但由于地方政府的财权与事权不相匹配，使得征收权与使用权的矛盾越来越突出，最后地方反而只能依靠非制度化的杂税杂捐收入来维持财政支出，这更加重了广大民众的负担，增加了各种不稳定因素，成为清政权垮台的

① 印少云、顾培君：《清末民初分税制思想述评》，《徐州师范大学学报（哲学社会科学版）》，2001 年第 2 期。

② 付志宇、章启辉：《清末政府税收政策调整探析》，《宁夏社会科学》，2008 年第 5 期。

③ 陈诗启：《清末税务处的设立和海关隶属关系的改变》，《历史研究》，1987 年第 6 期。

重要推手。

随着国外势力的强势介入，自然经济也随着资本主义的快速发展而逐步解体，呈现出了明显的半殖民地经济特征。全国大多数商业城市与国外的贸易往来比较频繁，尤其是各种不平等条约的签订导致与外国的商业往来一直处在一个比较高频的阶段，交往一多便不可避免地因为种种原因产生矛盾，税务机构便在此时体现出其突出的价值，由于税收能够调节各方的利益，税务体系对于清朝末期经济统治的协调作用是不容忽视的。

清末税制改革事实上一定程度地增加了国家的财政收入，从空间范畴来看，中央到地方的各个层面都有涉及；从时间范畴来看，新政的十年中，有逐步发展的趋势，但是在清王朝濒于覆亡之时，中央政府瓦解，地方各自为政，地方税收又呈现出混乱不堪的局面，最终改革的效果很不理想。[1] 清末的税制改革是中国税制史上富有戏剧性的一场制度蜕变，演进过程可能看似紊乱失序，但其推进封建税制向现代化税制发展的历史贡献应当予以充分肯定，并给后人留下了弥足珍贵的历史启示与借鉴。

---

① 阳宏润：《论清末税务政策的改革》，《湖南工业职业技术学院学报》，2015 年第 3 期。

第 10 章

经验教训与当代启示

中华文明上下五千年，历史源远流长，清代上演的一部由繁荣到衰弱的悲喜剧，在历史的长河中既独特又令人感到似曾相识。清代一系列令人扼腕叹息的变化与税收制度的嬗变密不可分，其中的经验教训和启示很值得后世铭记和借鉴。

10.1 清代税制变革的经验

明末清初一直战乱不断，给百姓带来的损失是不可估量的，也是中国历史上极为罕见的。再加上清政权作为北方少数民族政权强势入主中原，汉族人不免对其产生敌对、排斥情绪，不利于团结统一，增加了清政府的治理难度。但是清政府却十分聪明，并不是只懂得沙场征战、游牧放羊，还善于总结其他游牧民族在治国理政方面的经验，对比分析，扬长避短。

可以说，清初是中国历史上税收变革的重要时期，与明末政权横征暴敛不同，大清帝国持续改革税收制度。首先，清代朝廷实施了免除三饷加派等一系列减免税政策，减轻了百姓的税负，赢得民心。其次，清政府还制定了较为完善的"一条鞭法"和"摊丁入亩"制度，改进税收管理制度，达到降低税收成本、增加财政收入的目的。明万历年间推行的一条鞭法税制在清初得到沿用，部分丁银摊入地亩，然而改革不太深入。从康熙朝开始实行摊丁入亩制度，采用固定全国丁银征收总额的办法，把丁银和人口增加问题截然分开，取消了按丁按地分别征收赋税的双重标准，使征收内容、征收程序和征收方法更为简便，并宣布以后滋生人丁永不加赋，不仅解决了定额丁银问题，而且有效限制了贪官污吏与土豪劣绅转嫁丁赋、苛剥百姓、中饱私囊的不法活动。其后又将丁银摊入田亩征收，完成了赋役合一的农业税改革。① 摊丁入亩制度的推行，有利于调节收入，规范管理，提高了农民的就业率，缩小了农业和城市的发展差距，财政收入稳步增加。

在清代前期，清政府充分运用税收这个手段来收买人心和巩固政权。一方面，清初政府宣布取消三饷等税赋，其实质是收买人心，而同时又通过加强、改进税收管理制度来增加财政收入，维持原有的开支。另一方面，研究并推行一系列鞭法促进经济发展，保持税收稳定增长，鼓励垦荒，通过有效的举措激励人心，战胜其他顽固势力，巩固自己的统治地位。

清代前期，统治者通过借鉴明代田赋制度来逐渐建立和改革税制。清统治者首先沿用明代比较成熟的一条鞭法农业税制度，而且在此基础上实施了一系列改革与完善，即先固定丁银，然后摊丁入亩与地丁合一，丁银摊入地亩征收这一政策由广东先为试行，再面向全国范围推广开来。康熙五十二年（1712年）二月二十九日，康熙皇帝还正式以诏书的形式，宣布"滋生人丁永不加赋"，这项政策对中国人口大繁衍、农村向城镇大迁徙创造了有利条件。

此外，清政府通过适当减免税收，鼓励垦荒，刺激经济。事实上，从清初到清中期都一直贯彻这个政策。当时，清军刚刚打进山海关，但还未迁都，摄政王多尔衮就迅速颁布《大清国摄政王令旨》，宣布取消明王朝的各项不合理加派，包括辽饷、剿饷和练饷等。在顺治元年（1644年）举行的开国大典上，清代政府便以顺治皇帝的名义颁布了登基诏书，再次申明了自顺治元年五月一日开始，地亩钱粮以明朝《会计录》记录的原额，按土地面积征税，对之前加派征收的辽饷、剿饷、练饷等给予减免。在顺治皇帝执政期间，多次提及要废除明末的各项不合理加派。

为了提高农业生产效率，清代政府制定了奖励垦荒的税收优惠政策。在康熙九年（1670年）左右，康熙皇帝颁布规定，谁开垦无主荒地，谁就有该土地的所有权，免除税赋和田租。政府大力鼓励百姓开垦荒地，并给予开垦的劳

---

① 曾耀辉：《税制嬗变对清代兴衰的影响》，《税收经济研究》，2015年第4期。

作工具，减免赋税，适时将免税期限逐渐延长至 6 年，康熙皇帝还采纳了御史徐旭龄的建议，新开垦的荒地 3 年内开始课税，而积荒之地则 5 年内开始课税，极荒之地永不课税。朝廷于康熙十二年（1673 年）又昭告天下，民众的垦荒田亩，10 年之后才开始征税。随后，康熙皇帝又颁布了农业税普免的政策，在 3 年内各地轮免一遍。而在乾隆时期，政府先后多次对农业税进行普免，或者依次轮免。垦荒免税年限的不断增长，以及全国范围内的普免和轮免，不仅减轻了农民的生活负担，还使得大片废弃的荒地得到开发和利用，提高了土地的利用率以及农业生产效率。

清代前期，名义上政府"永不加赋"，而在实际上还是进行了田赋加派，主要有耗羡和漕粮附加等，但因取消了三饷加派，并推行了一些鼓励垦荒与应对灾害的减免税政策，田赋税负相较之前减轻了不少。而在这一时期，工商税收也随之发展起来，既对盐、茶、矿课税，又有一些专卖收入。在清前期，盐税沿用的是明朝的法则，在不同地方和时期稍有不同，在工商税中所占比例也很大，盐税收入较多。清前期对茶的课税，包含课和税两个方面的内容。对有茶引者征收茶课，茶课又分作引课与纸价。各个地方对茶引征税的税率不一样，差别很大。没有茶引而销茶的商人则缴纳茶税，茶税的税率一般要高于引课的税率。在清朝前期，政府禁止开矿，自然也不征矿税。虽然朝廷明令竞争开矿，但是许多百姓仍然不顾政策擅自开采。迫于形势，康熙年间清朝廷放宽了开矿限制，改由官府监督百姓采矿。清政府规定，大部分的矿产品必须交到政府或是政府来统销，商人可买卖的部分被限定在 40% 以内。[①] 实际上，清初朝廷对于采矿的限制并不严格和统一，有的地方未按规定执行。只要没人举报或严查，地方政府便管得很松。在清朝前期，朝廷还课收过内地关税与国境税这两种关税，还课收过契税、牙税和牲畜税等其他税捐。总的来说，清前期的整体税负相较于中后时期都是较轻的，有利于当时的经济发展，民心统一。

同时，清前期朝廷还改进了相应的税收征管措施，汇编《赋役全书》，重定赋额，普遍采取归户制度，实行联保连坐制，规定各级官府在官衙前张贴国家税法告示，普及税法，实行易知粮单制度，明确税额、税率以及征税对象

---

① 付志宇、章启辉：《清末政府税收政策调整探析》，《宁夏社会科学》，2008 年第 9 期。

等，征税之前一个月发给农户，方便税收征收管理，降低征税成本，并建立税收奖惩制度，加强内部监控，防止私派滥征。

　　清前期统治者通过实行包括税制变革在内的一系列政治、经济措施，使清政权从一个数百人的部族不断发展壮大，最终战胜明王朝、农民起义军、郑氏集团、吴三桂叛军等各种敌对势力，清王朝的统治地位在惨烈战乱之后得以确立，老百姓的认同感逐渐增强，经济复苏，社会稳定，国家强盛，逐渐形成了康乾盛世。据《清实录》统计，顺治十八年（1661 年）、康熙二十四年（1685 年）、雍正二年（1724 年）、乾隆二十年（1755 年），全国耕地面积分别是 549 万顷、608 万顷、723 万顷、780 万顷，呈直线上升之势。而人口也呈明显增长之势，全国人丁数在顺治十八年（1661 年）为 1913 万，随后缓慢增加，到康熙五十年（1711 年）逐渐增到 2462 万，雍正、乾隆年间加速增长，经过约 70 余年时间，到乾隆末年即增加到约 3 亿（此为人口数，包括女性和小孩），成为世界人口巨无霸。康乾盛世中，王朝的国库收入稳定在 6000 万两以上，手工业、商业、文化事业发展规模较之前得到快速发展。[①] 中国的疆域明显扩大，成为世界范围内的经济强国，雄踞世界东方。

10.2　清代税制变革中的教训

　　清后期的税收乱象，其深刻教训很值得当代中国在实现强国梦的进程当中借鉴。

　　乾隆皇帝统治的后期，是中国这个封建帝国最为繁荣的时期，但却渐渐走向衰败。由于乾隆时期战乱不断，养军费用过高，再加上官员腐败之风盛行，财政入不敷出，加征赋税越来越频繁，百姓叫苦连天。久而久之，致使清嘉庆之后，民众骚乱与起义不断增多，甚嚣尘上，为平息战乱，不得不加课旧税与开启买官卖官的捐纳，并酝酿推出新税。特别是第一次鸦片战争爆发前后，自然经济已遭到严重破坏，而伴随着田赋的加课，百姓的生活负担又进一步加重。随着外国的政治及商业的入侵，清晚期呈现出一种内忧外患的状态，清政

---

　　① 曾耀辉：《税制嬗变对清代兴衰的影响》，《税收经济研究》，2015 年第 4 期。

府处于被动地位，被迫签订多个不平等条约，大量机器涌入中国市场，冲击着中国的传统的自给自足经济，使中国逐步沦为半殖民地半封建社会。在财税方面，中国呈现出一种恶性循环的状态，随着赔款不断增多，民众的税收负担也不断加重，陷入内外税收负担不均、财政日益短绌的危机，国内经济受到很大摧残，社会矛盾越来越激化。农民起义不断爆发，最为熟知的便是太平天国起义，为平定内乱，朝廷不得不支付巨额军费，财政状况更加令人担忧，催生横征暴敛盛行。随着中国演变成半殖民地半封建社会，封建赋税的性质也发生了转变，由原来自主的赋税变成半殖民地半封建赋税。中国人民生活在水深火热之中，遭受着国内强权和外国列强的双重剥削，痛苦不堪。

在清后期的税收制度中，虽然田赋仍为主要税收来源，但是随着朝廷的日渐衰败，财政赤字不断加大，附加税捐持续加重，名称各式各样，课收数额通常超出都正赋。另外，田赋加重之后，地主为转嫁负担，就以撤田相要挟，通过提高地租把负担压在佃户身上，地租往往高达收获量的六成以上，佃农苦不堪言。中国战败后的割地赔款巨额支出，亦大多来源于田赋加派，于是，晚清的一些田赋税票上，常常可看到"加捐赔款"和"教案赔款"等字样，这些赔偿其实还是由最底层的百姓承担。

随着清代后期工商业的发展，工商税源不断增加，课税对象变得越来越广，关税、盐税、茶税、矿税和厘金等普遍课收，在财政收入的比重上已超过了农业税，成为国家财政的主要来源。

在关税方面，在原有的关口的基础上，鸦片战争以后被迫开通了许多新口岸作为海关，这些海关都要征收海关税。海关往往受到洋人的牵制和控制，为维护洋人自己的利益，增加商品竞争力，各帝国主义列强通过威逼利诱，使进口税率设置得很低，仅为 5%，而子口税、复进口税税率则比这更低，仅为 2.5%，远低于中国国内货物承担的税收，洋货竞争优势明显。随着各国列强不断侵占国内市场，关税税额在清后期快速增长，成为该时期财政收入的重要组成部分，但却只能作为赔款和贷款的担保，或是直接抵缴赔款和贷款。

盐的经营方式也在发生改变，由原来的世袭引商经营改为审批进入，按规定课征盐税，盐商只要取得盐票，即可成为票商，允许经营盐的运销业务。随着农民起义风起云涌，清政府为筹措农民起义的军费，开始实行盐税抽厘与食盐加价，通过增加盐课收入补充军费，又再次加重了盐商的税负。盐税加征和盐过卡抽厘，其课收税率都无统一规定，但各地税负都普遍加重。

除了盐税，于1853年在江苏扬州首先实行的厘金也是清政府为筹集镇压各地百姓起义的费用而创立的新型商税，自此在各地盛行，由扬州渐渐推行至全国范围，包括货厘、坐厘、茶厘落地税等。厘金的名义征收率很低，仅仅为1%，但全国各地遍布厘卡，逢卡收厘，导致税负苛重，征税范围很广，涉及各种货品，从百姓生活所需的物品到各类奢侈品，无所不至，因此，厘金成为清后期第一大恶税，严重危害百姓的正常生活，使百姓抗争朝廷的决心更加强烈。

清政府为了达到广开财源的目的，不惜一切手段征税，甚至开征鸦片税，只要商人缴纳过鸦片税，鸦片就可以在市场上抽税后自由买卖，对国人身体健康的危害可想而知。两次鸦片战争的失败，大量鸦片涌入中国内地，晚清政府逐渐衰败，已无力阻止颓势，转而靠征税鸦片税来维持财政收入。清朝末期，各级政府财政收入都增加很多，其中对鸦片征税成为增收的重要方面。清政府上上下下都把鸦片税作为增收的重要财源，因财力短绌，各级政府和官吏对鸦片税的依赖就像吸食鸦片一样难以自拔，直接影响到晚清社会的演变。鸦片税的课征使得鸦片贸易合法化，使鸦片在中国加速泛滥，显著降低了近代中国人口的素质。鸦片泛滥和鸦片税课征，更加重了广大民众的负担，使得原来就度日维艰的广大民众更是不堪重负。鸦片泛滥使鸦片税源充盈，造成邪恶的鸦片产业一业兴旺，而百业萧条，抑制了中国经济的发展。鸦片税的不断膨胀，牵制了清末禁烟措施的顺利实施，更让禁绝鸦片的目标要实现起来困难重重。中国这个泱泱大国因鸦片泛滥和鸦片税大量课征，堕入民贫国穷的深渊，广大民众与政府的矛盾不断激化，加快了大清王朝覆亡。

清代末期，随着清代社会逐渐沦为半殖民地半封建社会，地方割据的现象十分明显，朝廷已无法掌控大局，中央税收管理除了下放给地方，还有一部分交给了洋人，帝国主义列强控制着海关和关税，税收收入进入他们的囊中，中国从此丧失了税收管理的自主权。尽管清朝统治者和知识阶层渐渐打开国门，学习先进的西方文化、制度和技术，变法维新，实行宪政，改革旧有的税制，筹议与试办营业税、印花税和所得税等新税种。但是，因经济发展还难以达到新税种开征的要求，新税税源不足，且内外部环境较为恶劣，致使新税种的推行十分艰难，国家财政收支逆差不断加大，这成为大清王朝崩塌的重要因素之一。

10.3　清代税制变革影响政权兴衰和社会演变的当代启示

21 世纪的中国正在经历一场深刻的政治、经济和社会大变革，税收越来越受到国家和民众的关注，在民生社会当中发挥着越来越重要的作用，无时无刻不在深深地影响着经济持续发展、社会稳定安康和国家政权稳固强盛。因此，制定和实行完备有效与促进经济社会可持续发展的税收制度，充分发挥税收职能作用，为国家提供充实的财力保障，为经济社会和谐发展创造良好环境，对巩固我国人民民主专政的政权，不断增强国力，改善人民群众的生活和环境，推动科学发展，全面建设小康社会，实现社会和谐稳定发展和民族复兴大业，确保国家长治久安，显得非常必要和重要。

历史科学的一切命题都具有深刻的现实意义。有着数千年历史承传的中国，走进了人民当家做主的新时代，国体与封建王朝以及农民政权具有本质上的不同。但任何政权的运行，又都有其运行的不少共性。对于曾饱经沧桑、正走上复兴之路的新时代中国来说，反思和借鉴历史经验尤为重要，并且有着其他许多国家和政权不具备的独特优势。而从我国悠久文明历史中，总结税收制度影响政权兴衰存亡的历史规律与经验教训，探寻有助于新时代国家政权稳固与民生改善的智慧与启示，对建立健全和完善适应新时代发展的税收制度非常有益。[①] 清王朝政权由兴盛转为衰亡的历史，在中国的历史进程当中具有典型性与相对全面性，值得正处于高速发展的新时代中国深思。税收制度的嬗变与大清帝国的兴衰相辅相成，互相影响，给追逐强国梦过程中的新时代中国诸多启示。

10.3.1　与生产力进步相适应的税制变革是推进社会发展的不竭动力

清朝前期，清政府为维持统治，采取了一些休养生息的措施，广大民众所承担的税负总体趋于减轻，推动了经济社会发展，清政权得到不断巩固。从历

---

① 曾耀辉：《税制嬗变对清代兴衰的影响》，《税收经济研究》，2015 年第 4 期。

史上重要的社会更替来看，税收作为一个调节经济的因素，发挥着重要的作用，推动着社会的发展与变革。特别是，要进行深层次变革，调整利益在各方的分配，就必须改革税收制度适应多方面的协调发展。中国近现代税改更是与社会沧桑巨变息息相关，而清末的税收制度也随着整个社会性质的变化，深深地打上了半殖民地半封建的烙印，税负不断加重，百姓饥寒交迫，处于水深火热之中，官逼民反，骚乱和起义不断。辛亥革命推翻清王朝，建立了中华民国，税收制度也在经济社会转型的大背景下，逐渐从以农业税为主体的传统税制向以工商税为主体的现代税制转型，不断的税制变革助推历史车轮滚滚向前。在加速发展变化的新时代，全面深化改革的战略部署成为实现中国梦的不竭动力。2013 年 11 月，党的第十八届中央委员会第三次全体会议通过的《中共中央关于全面深化改革若干重大问题的决定》中，7 处提到税改；2014 年 6 月，中央政治局又通过《深化财税体制改革总体方案》，明确了 2016 年基本完成深化财税体制改革的重点工作和任务；2018 年，深入进行国税地税征管体制改革。税制改革成为全面深化改革的重要组成部分，这在以往党的重要决定当中是前所未有的，也进一步印证了税制改革在推进经济社会发展中的重要作用。① 因此，要实现中华民族的伟大复兴的目标，必须遵照中央全面深化改革的总体部署，不断深入进行税制改革。

10.3.2　休养生息的税收制度有助于国家中兴

明末清初战争给人民生活造成的巨大损害是不可估量的，是世界历史上少有的，再加上满族建立的政权替代明朝，建立由少数民族统治的政权，多多少少会在汉族人民心中产生反抗的情绪，从而给国家治理带来重重困难。但就是这个通过强权入主的民族，吸取了以前野蛮强权的统治教训，以及明朝崩溃的前车之鉴，采取了不少有效的政治治理、经济复苏与文化认同举措，明显减弱了人口比例占绝对优势的汉人的抵触情绪，在一定程度上做到了各个民族互联互通，友好共处。在这些治国强国举措中，促使经济与社会复苏的得当税收制度，起到了重要作用。② 采取免除三饷加派等一系列税收优惠政策措施，与明

---

① 曾耀辉：《税制嬗变对清代兴衰的影响》，《税收经济研究》，2015 年第 4 期。
② 欧阳秀兰：《明末清初税制影响政权兴衰的启示》，《科教文汇（中旬刊）》，2008 年第 12 期。

末朝廷暴虐的行径形成了巨大反差，减轻了民众的生活负担和精神负担，赢得了大多数汉人的好感。在清朝，政府沿袭了明代较为成熟的一条鞭法田赋制度，并进而改革创新，实行更加完善的摊丁入亩税制，不仅公平了税负，而且使管理变得更为规范，促进了农业和商业的发展，保持了经济的稳定增长。而鼓励垦荒等税收优惠措施以及大蠲赋税的富民举措，更加加速了社会经济的增长，成就了经济总量在世界上遥遥领先的康乾盛世。

　　休养生息的税收政策措施暂时帮助大清王朝度过了开端时期，稳定了一段时间的国情，也取得了历史上的少数民族统治中国所无法望其项背的政绩。由此可见，税收制度的得当，对建立和巩固政权是多么重要，这些治道经验是任何一个后来的政权都必须牢记与实实在在吸取并借鉴的。

10.3.3　繁课重敛必致国家衰乱

　　从大清王朝的兴衰轨迹可以看出，发展是硬道理，清前期在国家不断发展进步的过程当中，国家政权就会越来越稳固，其中与社会经济不断发展相适应的税收制度也起到了重要作用。但自乾隆中期以后，赋税制度逐渐从宽松变为苛索，社会经济发展也变得停滞甚至开始衰退，整个国家和社会失去了向上的活力，动乱开始不断发生，为遏制动乱不得不增加军费，而入不敷出的财政又迫使官府加征税收，民众税负大幅增加，进一步走到官逼民反的地步，整个社会形成恶性循环。

　　中国历史上各个朝代之末的乱象虽然情形有所不同，但在统治者需索无度的胃口和残暴手段这两点上都大同小异。清后期与许多朝代的末世一样，赋税苛重致使百姓穷困，经济萧条，民怨沸腾，天下大乱。繁课重敛对政权贻害无穷，不仅引起广大民众愤恨和激烈反抗，还摧残经济，枯萎税源，最终国家财力无着，走向败亡，这是任何一个想有作为的政权都要切记的。然而，历朝历代的统治者中不少对此也心知肚明，或贪欲膨胀，或时势所迫，还是走上了赋税加征苛派的老路甚至死路，真是令人扼腕叹息，也不得不让所有后来的执政者深思，如何真正跳出古今兴衰的怪圈。① 作为以社会发展和民众幸福为根本

---

　　①　欧阳秀兰：《明末清初税制影响政权兴衰的启示》，《科教文汇（中旬刊）》，2008 年第 12 期。

出发点的人民民主政权，不应该也绝不会走繁课重敛的老路，在税收征收上，应确保广大民众负担适当并总体逐步减轻；在制度设计上，使公共产品、公共服务和公共福利的增加与税收负担成正比，不断增进人民福祉。

10.3.4　税收制度平稳运行是国家兴盛的重要基石

大清政权打进关内之后即建立了一套集传统税制诸多优点的得当税制，且持续推行，逐步改善。清初统治者凭着包括税制在内的一系列政治、经济制度措施的推行，使老百姓得以安居乐业，经济不断恢复和发展，社会渐趋安定和认同，国家统治得到巩固，甚至走向康乾盛世。而清后期税收征收紊乱苛酷，在原有税收制度之外的临时加派数倍于正赋，百姓民不聊生，对官府切齿痛恨，最终引发太平天国等农民起义。而且，国家监察机制失灵，甚至监察官员多贪赃枉法，成为地方任意苛索的保护伞。外国列强的入侵更是打破了原有封建统治格局，税制也随之发生重大变化，不断加征旧税和想方设法开征新税亦难以弥补财政的日益短缺，内外压榨使民众承受了更加沉重的税捐，同时，压得大清王朝这搜"破船"摇摇欲坠。在政治转型的过程中，确保中央政府在财税方面的绝对权威是非常关键的。近代以来，地方主义的兴起对国家整体政治的损害，必须引起足够的警醒。虽然统一集权有可能造成地方自主性、积极性和灵活性降低，但地方割据状态对于国家的危害往往更大。在中央和地方关系得到更有效的设计和政制安排之前，保持中央政府的集权和强大是十分必要的。① 在新的历史发展时期，要保障税制良好运行，应当以制度手段加强中央集权并逐渐实现中央与地方关系的法治化，税务部门必须牢记"为国聚财，为民收税"的神圣使命，坚持依法办税，深化信息管税，优化办税服务，构建和谐的征纳关系，建立和完善税收经济分析、企业纳税评估、税源监控和税务稽查的互动机制，大力推行税收科学化、精细化管理，做好税收征管基础工作，加强税收预测和能力估算工作，进一步落实对重点税源的分析监控，及时发现和解决税收征管中存在的问题，不断提升征管质量和效能，提高纳税人的满意度和遵从度，确保税收促进经济社会协调发展。② 通过确保税收制度平稳

① 郭绍敏：《清末改革和国家转型对当代中国的启示》，《党史文苑》，2009 年第 6 期。
② 曾耀辉：《税制嬗变对清代兴衰的影响》，《税收经济研究》，2015 年第 4 期。

运行，使人民政府税收工作获得更多人民群众的拥护，确保税收收入随着经济
持续发展稳定增收。

10.3.5　实现国家中兴应建立健全科学、公平、高效的现代税收制度

一个政权要稳定健康地运行下去，就必然要有财力作经济基础，也就必然
要取得稳定的财政收入。而取得财政收入的手段多种多样，包括没收敌产、接
受捐赠、摊派、打土豪筹款、发行债券等。但这些手段都是一次性的或有偿性
的，终非长久之计，很容易坐吃山空。只有税收这个取得财政收入最主要和最
长久的手段，才有可能为政权的稳固提供源源不断的财力。

清政权虽然是从偏远的落后之地打进关内，其科学文化水平远不及汉人，
但他们却能够听得进汉人臣僚的建议，定鼎中原之初即建立起一套税收制度，
且这套税收制度吸取了中国几千年特别是明代封建税收制度的许多长处，摒弃
了三饷加派等横征暴敛措施，不仅得到了政权赖以存在和稳固的财力保障，还
赢得了爱护百姓的好名声，客观上逐渐得到了包括汉人在内的广大民众的认
同，经济和社会也不断复苏和发展，区区几十万人的少数民族成功地统治了数
千万人的泱泱大国。清前期税收制度对经济复苏起到了突出的作用，且长期得
以推行，经济和社会得到稳定持续发展，使一个人数较少的满族建立的政权也
能够长期稳固。至少，从税收制度的建立来看，清政权是更先进和更符合社会
历史发展的。① 而在清后期，则走了一条背道而驰的税制嬗变之路，致使矛盾
丛生，繁课重敛助推政权和社会衰败。因此，要保持国家和政权长治久安，必
须建立与经济社会发展相适应的税收制度。在我国阔步迈向民族复兴和国家中
兴的进程当中，税收制度应按照实现科学发展的要求，不断深化税制改革，为
了更好地促进经济社会发展，必须在注重效率的同时，围绕改善民生和人与自
然的和谐发展不断改进与完善。从发达国家税制的演变过程来看，经历了一个
由简单直接税到间接税再到现代直接税为主的演变过程，现代直接税总体来说
更公平、更科学，效率更高。这在清代以来的税制演变过程中也能看出端倪，
我国当代税制的发展同样在循着这样一条路径。当前在抓好营改增、消费税、

---

①　欧阳秀兰：《明末清初税制影响政权兴衰的启示》，《科教文汇（中旬刊）》，2008 年第 12 期。

资源税、环境保护税、个人所得税、国税地税征管体制等改革的同时，还应持续深化改革，使宏观税负趋于稳定，有选择性地逐渐降低部分间接税税负，逐步提高直接税在税收收入中的比重。加快建立综合与分类相结合的个人所得税制，适时开征和优化房地产税，提高高污染、高耗能和资源性"两高一资"行业税负，降低战略性新兴产业税负。在税制的整体设置上，应以现代直接税（所得税）为主体税种，以间接税为辅助税种，并辅之以财产税和社会保障税，使新税制成为一个能够更好实现应有职能的税收体系。① 同时，与之相适应深化税收征管改革，加快推进综合治税平台建设，加速建立和完善征管信息共享机制、统一的公共资源交易平台、统一的信用信息平台、公民统一的社会信用代码制度，确立以风险管理为导向、以征纳双方权利义务为前提、以重点税源管理为着力点、以信息化支撑为保障的新型现代化征管体系，不断提升税收征管和纳税服务效能。② 通过不断深化税收制度改革，促进中国经济社会科学可持续发展，促使国家综合实力持续增强，全体国民更加富裕幸福，助推中国梦最终实现。

从清代税制的整个变革发展过程，我们可以看出，税制变革在清代政权和社会由盛转衰的整个过程中扮演着很重要的角色，既是国家中兴的强大动力，也是政权衰亡的关键推手。税制变革是推进社会发展的强大动力，促进了经济增长，稳固了国家政权，发挥了收入分配作用；课税过重对政权的稳固来说可谓有害无益，不仅引起广大民众愤恨和激烈反抗，还阻碍了经济的增长，侵蚀了税基，最后只能是恶性循环。税收制度必须遵循公平原则和效率原则，才能真正起到对财力的支撑作用。中国当代税收工作应以习近平新时代中国特色社会主义思想为指导，遵循科学发展观，积极稳妥地推进改革，建立健全合乎实情的现代税收制度，切实履行好税收筹集财政收入、调控经济和调节社会分配的职能作用。

---

① 曾耀辉：《税制嬗变对清代兴衰的影响》，《税收经济研究》，2015 年第 4 期。
② 肖捷：《服务科学发展 促进改善民生》，《求是》，2008 年第 4 期。

参考文献

［1］蔡劲松：《明朝崩溃与财政保障失控》，《内蒙古财会》，2003 年第 8 期。

［2］陈锋：《清代中央财政与地方财政的调整》，《历史研究》，1997 年第 5 期。

［3］陈光焱：《中国赋税发展研究》，中国财政经济出版社 1996 年版。

［4］陈诗启：《海关总税务司对鸦片税厘并征与粤海常关权力的争夺和葡萄牙的永据澳门》，《中国社会经济史研究》，1982 年第 1 期。

［5］陈诗启：《清末税务处的设立和海关隶属关系的改变》，《历史研究》，1987 年第 6 期。

［6］陈霞飞：《中国海关密档》，中华书局 1994 年版。

［7］陈勇：《晚清印花税探析》，《江苏商论》，2004 年第 10 期。

［8］崔志海：《清末十年新政改革与清朝的覆灭》，《社会科学辑刊》，2013 年第 2 期。

［9］戴丽华：《清末试办印花税失败的原因分析及启示》，《江西财经大学学报》，2013 年第 3 期。

［10］戴丽华：《辛亥革命前后税法检讨与税制立法——以〈申报〉为视点》，《经济研究参考》，2013 年第 4 期。

［11］邓绍辉：《晚清财政与中国近代化》，四川人民出版社 1998 年版。

［12］邓绍辉：《晚清赋税结构的演变》，《四川师范大学学报》，1997 年第 4 期。

［13］邓亦兵：《清代前期税则制度的变迁》，《中国史研究》，2003 年第 3 期。

［14］丁进军：《中国最早的印花税票》，《紫禁城》，2001 年第 3 期。

［15］Douglass C. North，Structure and Change in Economic History，W W Norton & Company Incorporated，1981.

［16］方行、经君健、魏金玉：《中国经济通史》（清代经济卷），经济日报出版社 2000 年版。

［17］冯尔康：《清人生活漫步》，中国社会出版社 2005 年版。

［18］费鸿萍：《试析晚清财政》，《云南财贸学院学报》，1999 年第 1 期。

［19］付志宇、章启辉：《清末政府税收政策调整探析》，《宁夏社会科学》，2008 年第 5 期。

［20］顾炎武：《日知录》卷十。

［21］龚汝富、曾耀辉、戴丽华：《辛亥革命前后税制变革及其启示》，《江西财经大学学报》，2012 年第 3 期。

［22］龚汝富：《近代中国国家税和地方税划分之检讨》，《当代财经》，1998 年第 1 期。

［23］龚书铎、方攸翰：《中国近代史纲》，北京大学出版社 1993 年版。

［24］顾炎武：《天下郡国利病书》原编第十二册《扬州府》。

［25］谷应泰：《明史记事本末》卷六五《矿税之弊》。

［26］郭绍敏：《清末改革和国家转型对当代中国的启示》，《党史文苑》，2009 年第 6 期。

［27］何平：《清代赋税政策研究》，中国社会科学出版社 1998 年版。

［28］胡善恒：《赋税论》，商务印书馆 1948 年版。

［29］《皇朝经世文编》卷三十四《户政九·屯垦》，刘余谟：《垦荒兴屯疏》。

［30］黄天华：《中国财政史纲》，上海财经大学出版社 1999 年版。

［31］黄天华：《中国税收制度史》，华东师范大学出版社 2007 年版。

［32］黄天华：《中国财政制度史纲》，上海财经大学出版社 2012 年版。

［33］贾士毅：《民国财政史》，商务印书馆 1917 年版。

［34］蒋良骐：《东华录》。

［35］计六奇：《明季北略》卷二十《吴三桂请兵始末》。

［36］金鑫等：《中华民国工商税收史纲》，中国财政经济出版社 2001 年版。

［37］李长江：《天下兴亡——中国奴隶社会封建社会赋税研究》，内蒙古出版社 2005 年版。

［38］李胜良：《税收脉络》，经济科学出版社 2004 年版。

［39］李向东：《印花税在中国的移植和初步发展（1903—1927）》，华中师范大学 2008 年博士学位论文。

［40］李兆贵，王申筛：《明朝以来的赋税票据》，中国税务出版社 2004 年版。

［41］廖声丰：《清代榷关税收制度述论》，《江西财经大学学报》，2009 年第 1 期。

［42］刘佛丁：《中国近代经济发展史》，高等教育出版社 1999 年版。

［43］刘克祥、陈争平：《中国近代经济史简编》，浙江人民出版社 1999 年版。

［44］刘佐：《中国税制概览》，经济科学出版社 2007 年版。

［45］刘增合：《鸦片税收与清末新政》，生活·读书·新知三联书店 2005 年版。

［46］陆路：《试论洋务运动中期的经济调整和改革》，《学习与探索》，1981 年第 5 期。

［47］罗玉东：《中国厘金史》，商务印书馆 1936 年版。

［48］马金华：《中国外债史》，中国财政经济出版社 2005 年版。

［49］马雪：《晚清财政竞争与鸦片贸易的经济学分析》，山东大学 2012 年博士学位论文。

［50］［美］费正清：《剑桥中国晚清史：1800—1911 年》（上下卷），中国社会科学院历史研究所编译室译，中国社会科学出版社 1985 年版。

［51］《明会典》卷三十五，《商税》。

［52］《明神宗实录》卷三四九。

［53］《明史》卷二三七《田大益传》。

［54］倪玉平：《清代漕粮海运与社会变迁》，上海书店出版社 2005 年版。

［55］彭泽益：《十九世纪后半期的中国财政与经济》，人民出版社 1983 年版。

［56］彭泽益：《清代财政管理体制与收支结构》，《中国社会科学院研究生院学报》，1990 年第 2 期。

［57］《清朝通志》卷八十一。

［58］《清实录》，《清世祖章皇帝实录》及《清圣祖仁皇帝实录》卷一至卷四十二。

［59］《清圣祖实录》卷三十六、卷二百四十九。

［60］《清世祖实录》卷三十二。

［61］《清文献通考·征榷考》。

［62］饶立新、曾耀辉：《中国印花税与印花税票》（第二版），中国税务出版社 2002 年版。

［63］饶立新、曾耀辉：《清末民初引进西洋税制的尝试》，《涉外税务》，2008 年第 8 期。

［64］饶立新：《印花税国际比较》，《涉外税务》，2009 年 12 期。

［65］［日］滝野正二郎：《清代乾隆年间の常关征税额に关する一考察》，日本九州史学会报告。

［66］［日］山本英史：《明清农村社会制度研究的现状与课题》，载《首届国际徽学学术讨论会论文集》，黄山书社 1996 年版。

［67］尚春霞：《清代赋税法律制度研究（1644 年—1840 年）》，中国政法大学 2006 年博士学位论文。

［68］申学峰：《晚清财政支出政策研究》，中国人民大学出版社 2006 年版。

［69］宋寿昌：《中国财政史资料选编》第九辑清代前期部分，中国财政经济出版社 1990 年版。

［70］孙承泽：《春明梦余录》卷四二。

［71］孙翊刚、王复华：《中国工商税收史资料选编》第七辑清代前期部

分，中国财政经济出版社 1993 年版。

［72］孙翊刚：《中国财政史》，中国社会科学出版社 2003 年版。

［73］孙翊刚：《中国赋税史》，中国税务出版社 2003 年版。

［74］孙文学、齐海鹏等：《中国财政史》，东北财经大学出版社 2008 年版。

［75］王成柏、孙文学：《中国赋税思想史》，中国财政经济出版社 1995年版。

［76］王刚：《清末财税改革研究》，山东师范大学 2009 年硕士学位论文。

［77］王庆云：《石渠余记》卷三《纪赋册粮票》。

［78］王铁崖：《中外旧约章 12 编》第一册，生活·读书·新知三联书店1957 年版。

［79］王兴福：《厘金和太平天国商业税》，《浙江学刊》，1987 年第 5 期。

［80］翁礼华：《礼华财经历史散文》，浙江文艺出版社 2000 年版。

［81］翁礼华：《皇粮国税——解读中国税史四千年》，浙江古籍出版社2006 年版。

［82］吴廷燮：《清财政考略》，商务印书馆 1914 年版。

［83］熊月之：《西制东渐——近代制度的嬗变》，长春出版社 2005 年版。

［84］徐建生、徐卫国：《清末民初经济政策研究》，广西师范大学出版社2001 年版。

［85］徐渭：《徐文长文集》卷十八《户口论》。

［86］严中平：《中国近代经济史统计资料选辑》，科学出版社 1984 年版。

［87］严中平：《中国近代经济史（1840—1894）》（上下），人民出版社2001 年版。

［88］杨国桢：《明清土地契约文书研究》，人民出版社 1988 年版。

［89］杨希闵：《中国工商税收史资料选编》第八辑枟清代后期部分，中国财政经济出版社 1994 年版。

［90］杨德才：《中国经济史新论（1840—1949）》，经济科学出版社 2004年版。

［91］阳宏润：《论清末税务政策的改革》，《湖南工业职业技术学院学

报》，2015 年第 3 期。

[92] [英] 莱特：《中国关税沿革史》，姚曾廙译，商务印书馆 1963 年版。

[93] 印少云、顾培君：《清末民初分税制思想述评》，《徐州师范大学学报（哲学社会科学版）》，2001 年第 2 期。

[94] 余同元：《王朝鼎革与英雄悲歌》，河北大学出版社 1999 年版。

[95] 袁良义：《清一条鞭法》，北京大学出版社 1995 年版。

[96] 袁飞：《论嘉庆时期漕政的腐败——以通仓舞弊案为中心的分析》，《社会科学战线》，2002 年第 9 期。

[97] 张国骥：《清嘉庆、道光时期政治经济危机研究》，湖南大学 2011 年博士学位论文。

[98] 张莉：《清代及民国时期的税制变革与财政治理学术研讨会综述》，《近代史学刊》，2018 年第 1 期。

[99] 张廷玉等：《明史》卷七十八，《食货二》。

[100] 赵尔巽：《清史稿（第十三册）》，中华书局 1976 年版。

[101] 赵士锦：《甲申纪事》（外三种）附录第二十七页《塘报》。

[102] 曾耀辉：《康乾盛世的税收制度文化诱因》，《财经理论与实践》，2012 年第 2 期。

[103] 曾耀辉、欧阳秀兰：《明王朝衰亡的苛税诱因与启示》，《税收经济研究》，2011 年第 4 期。

[104] 郑廉：《豫变记略》卷一。

[105] 郑天挺等：《明末农民起义史料》，《山东巡按李近古题为再报官兵奋勇荡平流寇等事》，中华书局 1954 年版。

[106] 郑学檬等：《简明中国经济通史》，黑龙江人民出版社 1984 年版。

[107] 郑仲兵、孟繁华、周士元：《中国古代赋税史料辑要》（记事篇）（上下册），中国税务出版社 2004 年版。

[108] 查继佐：《罪惟录》传三十一，《李自成传》。

[109] 邹进文：《民国财政思想史研究》，武汉大学出版社 2008 年版。

[110] 朱英：《晚清经济政策与改革措施》，华中师范大学出版社 1996 年版。

［111］左治生：《中国财政史资料选编》第十辑清代后期部分，中国财政经济出版社 1988 年版。

［112］周育民：《晚清财政与社会变迁》，上海人民出版社 2000 年版。

［113］周育民：《清季鸦片厘金税率沿革述略》，《史林》，2010 年第 2 期。

［114］周志初：《晚清财政经济研究》，齐鲁书社 2002 年版。

［115］周伯棣：《中国财政史》，上海人民出版社 1981 年版。

［116］周健：《清代财政中的摊捐——以嘉道之际为中心》，《中国经济史研究》，2012 年第 3 期。

后 记

　　本书基于笔者承担的清代财税史研究项目，在项目研究报告基础上，做了进一步修改充实。曾耀辉、戴丽华、欧阳秀兰分工撰写了本书的初稿，戴丽华、胡芳参与了部分章节的初审，由项目负责人曾耀辉终审定稿。尽管大家克服重重困难，认真负责地开展研究，并能充分运用税收票证（书中税收票证图片均源于笔者自己的收藏品）实物作为第一手研究资料，但因水平所限，定有疏漏和不足，恳请专家和读者不吝指正！

　　在研究过程当中，得到王乔、蒋金法、李春根、龚汝富、匡小平、魏明孔、曹文、席卫群、汪柱旺、伍红、舒成等领导和老师的关心、支持与帮助，在此深表谢意！

曾耀辉谨识于江西财经大学蛟桥园

2019 年 9 月